RESEARCH ON THE BASIC PROBLEM
OF REPEATED OFFENSE

多次犯基本问题研究

刘建朋 著

图书在版编目（CIP）数据

多次犯基本问题研究／刘建朋著．—北京：知识产权出版社，2023.9
ISBN 978-7-5130-8731-5

Ⅰ.①多… Ⅱ.①刘… Ⅲ.①犯罪学—研究 Ⅳ.①D917

中国国家版本馆 CIP 数据核字（2023）第 065623 号

责任编辑：秦金萍	责任校对：谷 洋
封面设计：杰意飞扬·张 悦	责任印制：刘译文

多次犯基本问题研究

刘建朋 著

出版发行：知识产权出版社有限责任公司	网　址：http://www.ipph.cn
社　址：北京市海淀区气象路 50 号院	邮　编：100081
责编电话：010-82000860 转 8367	责编邮箱：1195021383@qq.com
发行电话：010-82000860 转 8101/8102	发行传真：010-82000893/82005070/82000270
印　刷：北京九州迅驰传媒文化有限公司	经　销：新华书店、各大网上书店及相关专业书店
开　本：720mm×1000mm 1/16	印　张：15.5
版　次：2023 年 9 月第 1 版	印　次：2023 年 9 月第 1 次印刷
字　数：245 千字	定　价：78.00 元
ISBN 978-7-5130-8731-5	

出版权专有　侵权必究
如有印装质量问题，本社负责调换。

序

PREFACE

刘建朋博士是我在中国海洋大学法学院指导的刑法专业博士研究生，他撰写的《多次犯基本问题研究》即将付梓问世，邀我作序。建朋博士攻读法学博士学位期间，笃学慎思、求真务实，致力于把学问做到良法善治理论建设之中。博士学业完成后，他满腔热血投身检察事业，常年奋战在办案一线，把所学理论与司法实践切实结合起来，不断增强调查研究和解决问题能力，积极服务贡献社会。今天，我非常高兴看到他在刑法研究上努力取得的新成果，欣然为他的作品作序。

实践中多次犯罪现象比较常见、多发。在我国刑法中，从犯罪形态视角看，传统意义上的多次犯罪，包含连续犯、继续犯、集合犯、同种数罪、累犯、再犯等不同样态。自《中华人民共和国刑法修正案（八）》（以下简称《刑法修正案（八）》）[①]肇始，我国刑法增加了多次（违法）行为入罪的不法行为类型，如2011年《中华人民共和国刑法》（以下简称《刑法》）第264条盗窃罪修改后增加"多次盗窃"类型。此后相继颁布的正式解释和刑法修正案逐步扩大、延伸多次犯的适用范围，数量和罪名皆有所增加，总体上呈现一种扩张发展趋势。关于多次犯的研究遂有指导刑事司法实践的现实意义，在社会治理中发挥着非常重要的作用。通过考察域外主要国家刑法典对于多次犯罪的规定，我国刑法及有关正式解释规定多次（违法）行为入罪可谓独树一帜。但我国刑法总则尚未确立多次犯罪的指导性规定，这种立法缺失造成在具体案件适用法律场合出现相对不统一的解释和结论，如建朋博士在书中列举的两起多次盗窃案例。究其缘由，"多次犯"并非刑法规定的

[①] 下文中针对不同时间发布的刑法修正案，直接使用简称。——编者注

概念，且正式解释对多次犯犯罪构成要件要素规定不明确或互相矛盾。由是，刑法学界对多次犯的认识和理解存在分歧，进而影响到司法实践中对多次犯法律规范的统一适用，有碍于刑法发挥惩治多次犯、保障人权的机能。

为此，建朋博士从我国刑法及有关正式解释关于多次犯的规定切入，研究内容包括多次犯罪的立法沿革、犯罪分类、立法依据、立法价值、多次犯概念与既遂形态等基本问题，在此基础上辨析多次犯与罪数形态类型之间的联系与区别，避免司法实践中出现混淆和差错，并就多次犯立法缺陷和多次犯预防提出具体的完善建议。最后，建朋博士从我国现行《刑法》[①] 和司法解释中全面摘录了有关多次犯罪的刑法条文并进行整理汇编，旨在方便研究人员和司法人员查询多次犯涉及的罪名和具体内容。

社会危害性理论是我国刑事立法的理论基石，在我国刑法学理论体系中占据重要地位。从研究思想上看，建朋博士以社会危害性理论贯穿全书各个章节，对我国多次犯基本问题的研究成果进行了细致梳理并予以积极回应。特别是在多次犯既遂认定问题上，强调实质阶段根据"但书"规定判断多次犯社会危害性程度的重要性，以减少司法实践中机械执法的现象——凡形式上符合多次犯特征的行为一律入罪。全书思路清晰、逻辑严谨、论证有力，具有较强的理论价值和实践意义。当然，作为一位青年学者的研究成果，本书还存在一些需要在后续研究中完善和提高的地方。

值此刘建朋博士作品即将出版之际，匆匆草成此序。同时也向广大读者推荐建朋博士这一著作，并希望他以本书出版为新的起点，潜心笃志，砥砺前行，不负韶华，创作更多高质量成果。

是为序。

2023 年 1 月
北京长阳寓所

[①] 我国现行《刑法》特指 2020 年修正后的《刑法》，下同。

前 言
PREFACE

本书的研究还要从现实中发生的两起真实案例说起。其中一起案件发生在广西省灵川县，毛某（男）因3次偷割别人家韭菜并获利8元，而被人民法院判处有期徒刑6个月，并处罚金1000元人民币；另外一起案件发生在河北省衡水市，张某（男）多次在火车站盗窃他人"外卖"充饥，在审查批捕阶段，衡水市某区人民检察院没有支持公安机关提请批准逮捕的意见，最终张某被无罪释放。在我国刑法中，犯罪构成要件作为判断犯罪是否成立的规格或标准，既是第一的，也是最终的。① 根据我国现行《刑法》第264条盗窃罪之规定，两起案件中，毛某和张某的盗窃行为各自均具备了"多次盗窃"的全部构成要件，按照"构成要件说"，皆应认定为盗窃既遂，那么为何毛某被判处刑罚，而张某最终被无罪释放？

中国海洋大学法学院教授于阜民认为，"构成要件说"以法定的构成要件去定义犯罪形态，得到的必定是犯罪既遂的形式概念。② 而我国刑法对犯罪概念是从犯罪的实质特征和法律特征的统一上定义的，法律特征是刑事违法性，也就是行为符合刑法规定的犯罪构成，所以犯罪既遂的形式概念只是表明了犯罪的法律特征，而没有揭示立法者界定这种形态的根据和理由，这不免失之于片面性。实践中按照"构成要件说"认定多次犯犯罪既遂，必然出现如上述两个案例中同样多次盗窃且均符合刑事违法性而最终结果不同的尴尬局面。

"多次盗窃"最早规定于2011年《刑法修正案（八）》中，作为盗窃罪

---
① 马克昌主编：《犯罪通论》（第三版），武汉大学出版社2013年版，第71页。
② 于阜民：《犯罪论体系研究》，科学出版社2014年版，第95页。

· I ·

的情节之一。纵观当前我国刑法和司法解释规定，诸如"多次盗窃"的不法行为类型林林总总，主要分散规定在刑法分则和一些司法解释中，但刑法总则尚未对多次犯的概念作出明确规定，也没有关于多次犯的指导性条款。由是，关于多次犯的规定主要存在以下两个问题：一是存在泛化现象，尤其是司法犯罪化趋势明显；二是多次犯的认定标准或含糊不清，或表述混乱。拜授业恩师于阜民教授指引，笔者遂对我国多次犯基本问题展开研究。

目前，刑法学界对多次犯罪的研究主要涉及以下几个方面。

一是多次犯罪的分类问题。学者们从不同视角，按照不同的分类标准，对多次犯罪有多种不同分类，如张小虎教授根据"多次"行为在犯罪构成中的不同地位，认为多次犯罪立法总体上可以分为三种类型：①基本犯罪构成要素；②加重犯罪构成要素；③累计数额处罚载体。何秉松教授从罪数角度认为，我国刑法中的"多次"大致可分为以下三种立法类型：①作为本来一罪的"多次"；②作为实质数罪的"多次"；③视具体情况才能决定是一罪抑或数罪的"多次"。

二是多次犯立法的理论依据。学者们对多次犯立法的理论依据持续进行了深入探讨，仍然存在着较大分歧，已经形成了诸多不同的学术观点。如有学者认为，多次违法构成犯罪的刑事立法，从社会关系被反复侵害出发，反映了违法的量的积累到犯罪的质的变化过程。[①] 也有学者提出，多次犯的理论基础，应当是主观主义学派的危险性格理论，注重行为人的主观恶性（即大错不犯，小错不断）。[②] 胡东平博士认为，多次犯必须通过强调表现行为人人格危险性的要件，来使行为从整体上达到犯罪的程度。[③] 归纳起来，学界对多次犯立法的理论依据的代表性的观点主要有：人身危险性说、人格责任论、法益侵害说、量变质变说、社会危害性说。

三是多次犯立法的价值。尽管我国刑法特别是司法解释中关于多次犯的数量不断增加，适用范围不断扩大，总体上呈现一种扩张发展趋势。但理论界仍不乏对多次犯立法表示质疑的观点，如张明楷教授认为，有关多次行为

[①] 李恩民：《多次违法构成犯罪初探》，载《人民检察》1999年第2期，第12页。
[②] 参见刘德法、孔德琴：《论多次犯》，载《法治研究》2011年第9期，第86页。
[③] 胡东平：《人格导入定罪研究》，武汉大学2010年博士学位论文，第104页。

入罪的司法解释是基于行为人具有特殊预防的必要性，但其不仅存在具体缺陷，而且存在路径选择的失误。① 总地来看，刑法理论界对多次犯的质疑主要存在两个观点：一种观点认为多次犯立法有违禁止重复评价原则；另一种观点认为多次犯立法与刑法应有的谦抑性品质相背离。

四是多次犯的概念。由于我国刑法总则缺少对多次犯的统领性规定，多次犯大多见诸于刑法分则和司法解释，所以多次犯并非刑法上的概念，而是刑法学界对多次犯刑法规范研究总结出的学理定义。学界对多次犯的理论（包括概念）研究已初显成效，但囿于学者们的研究范围、研究角度、理论基础等不同，形成了诸多相异且充满争议性的多次犯概念。从目前已有研究成果看，关于我国刑法上多次犯罪研究的论题中就包含了"多次犯""多次犯罪""'多次'犯罪""多次行为""多次型犯罪"等多种概念，这也反映出学界对我国刑法"多次"立法现象存在不同认知。另外，从多次犯相关刑法规范的表述方式看，其本身就是一个内涵和外延伸缩性很强的概念。

五是多次犯的犯罪形态。研究多次犯的停止形态的目的在于，在实践中能准确判断多次犯在不同发展阶段的社会危害性及其程度，进而有助于正确定罪量刑。刑法学界对多次犯研究的共识是，多次犯是我国刑法规定的故意犯罪类型，根据故意犯罪停止形态理论，现实中多次犯也会存在各种停止形态可能。目前学界对多次犯的犯罪形态的认识分歧主要集中在多次犯是否存在未完成形态以及多次犯既遂形态如何认定两个方面。

六是多次犯与相关罪数形态的联系和区别。多次犯是多次违法行为入罪的罪数形态。行为人通过反复实施危害行为侵害或威胁一定的社会关系，这种形式的犯罪在我国刑法中，除了多次犯外，还存在累计犯、接续犯、连续犯、继续犯、集合犯、同种数罪等多种形态。多次犯与该等犯罪形态存有相似之处，为了避免在司法实践中发生混淆和错误认定，学者们从各类罪数形态的概念、构成特征、处断原则等方面对多次犯予以辨析。

由此可见，目前学界对多次犯研究虽有一定的理论成果，但对多次犯的

---

① 张明楷：《简评近年来的刑事司法解释》，载《清华法学》2014年第1期，第11页。张明楷教授认为关于多次犯的司法解释是为了应对因劳动教养制度废除而可能带来的问题。

基本问题仍存在诸多争议。总而言之，多次犯立法及司法解释规定不明确或互相矛盾，学理上存在认识分歧，司法实践中适用法律不统一，这些原因使得刑法难以发挥惩治多次犯、保障人权的机能，因此仍需要对多次犯进行深入系统的研究。

笔者认为，由于多次犯是我国刑法规定的不法行为类型，所以本书研究以刑法对其立法为切入点比较适宜，先探究多次犯立法沿革，有助于从深层次理解其被我国刑法纳入犯罪的意义。由于我国刑法及司法解释关于多次犯罪的规定呈现纷繁芜杂的现状，因而多次犯罪的分类理论研究显得尤为必要，在分类基础上进一步明确本书的研究范围，继而围绕研究对象——多次犯展开理论研究。

本书正文共分七章。第一章"多次犯罪立法考察和研究"，探究多次犯罪立法起源，对其立法沿革进行梳理，旨在全面了解和掌握我国多次犯罪包含哪些具体规定。第二章"多次犯罪的理论分类"，由于多次犯罪相关条文呈现纷繁芜杂的现状，因而有必要从理论上对其进行分类，通过类型化归纳帮助司法审判人员较为准确地认识不同多次犯罪的特征，在分类基础上明确本书的研究对象。第三章"多次犯立法理论"，旨在对理论界就多次犯立法的理论根据的代表性学术观点进行深入、透彻的评析，从而正确揭示多次犯的立法动因。第四章"多次犯立法价值"，旨在积极回应刑法学界对多次犯立法的质疑，并对多次犯的立法价值予以正面评析。第五章"多次犯概念"，旨在通过正确认识和界定多次犯的构成要素"多""次""行为"等内涵，形成一个完整、准确、科学的多次犯概念，筑牢多次犯理论基石。第六章"多次犯既遂形态"，旨在为司法实践提供正确认定多次犯既遂的模式，促进刑法统一适用。第七章"多次犯与相关罪数概念辨析"，旨在辨析多次犯与相近罪数形态在概念、构成特征、处断原则等方面的不同，避免在司法实践中发生混淆。

目录 CONTENTS

第一章 多次犯罪立法考察和研究 …………………………… 1
一、立法起源考究 ……………………………………………… 1
二、立法沿革概览 ……………………………………………… 3
 （一）确立阶段 …………………………………………… 3
 （二）法典化阶段 ………………………………………… 5
 （三）扩张发展阶段 ……………………………………… 7

第二章 多次犯罪的理论分类 ………………………………… 10
一、多次犯罪理论分类 ………………………………………… 10
二、多次犯罪学说评析 ………………………………………… 12
三、多次犯分类标准 …………………………………………… 13
四、多次犯类型 ………………………………………………… 18

第三章 多次犯立法理论 ……………………………………… 20
一、多次犯立法的理论依据 …………………………………… 20
 （一）人身危险性说 ……………………………………… 21
 （二）人格刑法理论说 …………………………………… 26
 （三）法益侵害说 ………………………………………… 33
 （四）量变质变说 ………………………………………… 39

二、多次犯立法的理论基础 ·················· 44
　　（一）多次犯立法学说述评 ·················· 44
　　（二）社会危害性说重述 ·················· 45

第四章　多次犯立法价值 ·················· 55
一、多次犯立法质疑 ·················· 55
　　（一）禁止重复评价原则与多次犯立法 ·················· 55
　　（二）刑法谦抑性原则与多次犯立法 ·················· 59
二、多次犯立法价值 ·················· 64
　　（一）区别对待违法与犯罪，维护社会秩序稳定 ·················· 64
　　（二）弥补刑法不完整性，积极治理多次违法犯罪 ·················· 65
　　（三）加强预防多次犯发生，遏制多次犯实施犯罪 ·················· 66
　　（四）防控多次犯风险，符合风险刑法目的 ·················· 67

第五章　多次犯概念 ·················· 69
一、多次犯要素解析 ·················· 69
　　（一）多次犯之"行为" ·················· 70
　　（二）多次犯之"多" ·················· 79
　　（三）多次犯之"次" ·················· 83
二、"多次行为"性质 ·················· 91
　　（一）关于"多次行为"性质的观点分歧 ·················· 91
　　（二）犯罪构成要件要素说提倡 ·················· 93
三、多次犯概念 ·················· 95
　　（一）学界观点 ·················· 95
　　（二）重构多次犯既遂概念 ·················· 99

第六章　多次犯既遂形态 ·················· 111
一、多次犯是否存在未完成形态 ·················· 111
　　（一）故意犯罪的停止形态概述 ·················· 111

（二）多次犯未完成形态争议 ·················· 112
　　（三）多次犯未完成形态之否定——犯罪构成视角 ········ 115
二、多次犯既遂形态 ····························· 117
　　（一）犯罪既遂形态标准学说 ······················ 117
　　（二）多次犯既遂形态标准 ······················ 119
　　（三）实践中认定多次犯既遂形态存在的若干问题 ········ 124

第七章　多次犯与相关罪数概念辨析 ················ 134
一、多次犯属于单纯一罪 ························· 134
　　（一）罪数概述 ····························· 134
　　（二）多次犯属于单纯的一罪 ······················ 140
二、多次犯与相关罪数概念辨析 ····················· 141
　　（一）多次犯与累计犯 ························· 141
　　（二）多次犯与接续犯 ························· 143
　　（三）多次犯与连续犯 ························· 146
　　（四）多次犯与继续犯 ························· 149
　　（五）多次犯与集合犯 ························· 151
　　（六）多次犯与"同种数罪" ····················· 154

余　论 ··································· 157
主要参考文献 ······························· 163
附　录 ··································· 176

第一章 多次犯罪立法考察和研究

> 极为相似的事情，但在不同的历史环境中出现就引起了完全不同的结果。如果把这些发展过程中的每一个都分别加以研究，然后再把它们加以比较，我们就会很容易地找到理解这种现象的钥匙……①
>
> ——马克思

一、立法起源考究

从历史角度看，任何严重危害社会的行为被刑法确立为犯罪，是一个渐变的过程，先有严重危害社会的行为，后经由统治阶级制定的刑法对其进行否定性评价，成为刑法意义上的犯罪，多次犯罪亦然。多次严重危害社会的行为"犯罪化"，有着特定的历史发展渊源，探究多次犯罪的立法起源，有助于从深层次理解其被我国刑法纳入犯罪圈的意义。

我国现行的社会主义刑法，是在继承发扬革命根据地刑法优良传统的基础上，又总结了中华人民共和国成立后的新情况新经验而逐步发展起来的。② 经考究中华人民共和国成立前革命根据地的各个历史时期的刑法文献、刑事法规，多次犯罪最早见于《中华苏维埃共和国惩治反革命条例》，③ 具体表现在对反革命罪进行惩罚的量刑标准上，该条例第18条规定"领导和组织红色

---

① 《马克思恩格斯全集》（第25卷），人民出版社2001年版，第145－146页。
② 高铭暄主编：《刑法学原理》（第1卷），中国人民大学出版社2005年版，第35－36页。
③ 《中华苏维埃共和国惩治反革命条例》是第二次国内革命战争时期，工农民主政权制定的惩治反革命分子的法规。1934年4月8日由中华苏维埃共和国中央执行委员会颁布，共41条。参见《中国大百科全书·军事》编委会编：《中国大百科全书·军事》，中国大百科全书出版社2007年版。

战士逃跑，或红色战士跑至五次以上者，均处死刑"。中华人民共和国成立初期，镇压反革命活动是当时面临的一项十分紧迫的任务，根据当时的斗争形势，政务院、最高人民法院联合发布了《关于镇压反革命活动的指示》，着重提出了四项刑罚规范，其中包括对怙恶不悛的匪特分子和惯匪，依法处以长期徒刑或死刑。后运动转入处理反革命分子阶段，政务院制定并实施了《中华人民共和国惩治反革命条例》，该条例也包含多次犯罪的惩处规范，该条例第7条规定，解放前参加反革命特务或间谍组织，解放后继续参加反革命活动者，处死刑或无期徒刑；其情节较轻者处五年以上徒刑。此外，在全国规模的"三反"运动中，政务院还出台了关于惩治贪污的刑事法规——《中华人民共和国惩治贪污条例》，该条例第4条对"屡犯不改者"规定了从重或加重处刑原则。

这些刑事规范、文献表明了我国刑法惩处反复实施同种犯罪的犯罪分子的立场，这是党领导人民从长期与多次犯罪者斗争实践中积累的历史经验总结，形成了正确的从严惩治原则，初现刑法规制多次严重危害社会行为的雏形，对我国第一部刑法（即1979年《刑法》）的制定、完善具有直接历史渊源和重要借鉴作用。

在考察我国现行刑法多次犯罪的立法起源上，有学者从犯罪构成理论路径探寻，发现我国犯罪构成理论来源于苏联。就犯罪客观方面的内容而言，苏联刑法学者特拉伊宁认为，犯罪的客观方面因素除了侵害对象，实施犯罪的时间、地点、方法和环境之外，还有"其他选择因素"，如"屡次实施犯罪"和"再犯"都是犯罪的客观方面要素。我国1979年《刑法》并未引入"屡次实施犯罪"概念，而是本土化创设"惯犯"，[①] 之后于1997年对其进行修订时（即1997年《刑法》），删除了"惯犯"的概念，而代之以"多次"实施同种危害行为，其在理论上被称为"反复危害行为"，是犯罪的基本构成或加重构成不可缺少的要件，印证了特拉伊宁将"屡次"作为犯罪客观方面的选择要件的合理性。[②] 也就是说，我国刑法规定多次犯罪的理论渊源是

[①] 如1979年《刑法》第152条规定："惯窃、惯骗或者盗窃、诈骗、抢夺公私财物数额巨大的，处五年以上十年以下有期徒刑；情节特别严重的，处十年以上有期徒刑或者无期徒刑，可以并处没收财产。"

[②] 马克昌主编：《犯罪通论》，武汉大学出版社1999年版，第139页。

苏联学者犯罪构成理论中有关犯罪客观方面的内容。但需要注意区分特拉伊宁描述的"屡次"实施犯罪与我国刑法"多次"实施同种危害行为的提法,在我国刑法学理论中,屡次实施犯罪外延较宽,在以下场合均存在:①行为人多次实施同一罪名犯罪;②连续犯;③行为人多次实施不同类型犯罪;④对行为人量刑从重或加重处罚;⑤多次是某些犯罪客观方面的其他选择因素。显然,在前述第⑤种场合,证明了我国刑法理论与刑事立法采纳了特拉伊宁的这种观点。从立法表述技术要求而言,"规定犯罪的法律条文必须清楚明确,使人能确切了解违法行为的内容,准确地确定犯罪行为与非犯罪行为的范围,以保障该规范没有明文规定的行为不会成为该规范适用的对象"[①]。"多次"实施同种危害行为的立法语言具有预测可能性功能,符合刑罚法规明确性原则的基本要求,"而且这样一种倾向于对行为进行客观描述的提法,更符合刑法向'行为刑法'方向发展的历史潮流与趋势,同时也更适合其与其他犯罪理论的良性互动而不存在指称上的障碍"[②]。

二、立法沿革概览

从我国刑法多次犯罪立法的历史渊源与理论渊源看,行为人多次实施同种危害行为犯罪化并不是一蹴而就的。根据我国不同历史时期的司法实践需求,从纵向来看,我国多次犯罪立法的历史沿革大体上经历了从无到有,再到快速扩张的阶段。以下就对其逐步形成和发展的概况,作一简要阐述。

(一) 确立阶段

经过中华人民共和国成立前后几十年正反两方面丰富的司法实践经验总结,1979年我国第一部刑法公布施行。纵览1979年《刑法》全部刑事规范,并未找到关于多次犯罪的明文规定,但规定了与多次犯罪客观方面表现形式较为相似的惯犯概念,两者在客观上都表现为行为人反复实施某种犯罪。我

---

① [意]杜里奥·帕多瓦尼:《意大利刑法学原理》,陈忠林译,法律出版社1998年版,第24页。
② 王吉龙:《"多次行为"研究——以我国刑法典与有权解释为基础》,西南政法大学2011年硕士学位论文,第2-3页。

国刑法理论过去将常业犯、营业犯、常习犯统称为惯犯。[①] 一般认为，以某种犯罪为常业，或以犯罪所得为主要生活来源或腐化生活来源，或者犯罪已成习性，在较长时间内反复多次实施同种犯罪行为的，是惯犯。[②] 从惯犯相关具体刑法条文看，刑法主要惩治实践中6类高发的行为人反复实施的犯罪类型，包括1979年《刑法》分则第118条规定的"以走私、投机倒把为常业"、第152条规定的"惯窃、惯骗"、第168条规定的"以赌博为业"，以及第171条第2款规定的"一贯或大量制造、贩卖、运输前款毒品"。相比于同一犯罪性质的偶犯，在对惯犯量刑时，通常适用较重的刑罚。我国刑法规制惯犯并进行严惩，既是马克思主义、毛泽东思想、邓小平理论等关于刑法问题的一系列指导思想的立法实践，也是惩治该种犯罪的司法实践经验总结后的法制成果。1979年《刑法》规制行为人反复实施同种罪行使用惯犯概念，主要是基于该类犯罪行为人的犯罪习性、行为表现反复多次以及预防犯罪目的等方面的考虑，对比现行刑法多次犯罪的规定，言之惯犯是我国刑法多次犯罪立法的雏形是确切的。

随着改革开放的深入推进，我国在指导思想、政治环境、经济体制、外交政策、社会结构和思想观念等方面发生了重大转变，[③] 涌现出许多新情况、新问题。1979年《刑法》中的许多规定不能适应改革发展形势和惩治、防范犯罪的实际需要，尤其是新时期实践中时常发生一些行为人多次犯罪的现象。为了有效打击该类犯罪活动，全国人大常委会采用单一刑事法律立法模式渐次颁行了6个刑事法律修改补充规定和决定，包括：1988年1月《关于惩治贪污贿赂罪的补充规定》（已失效）和《关于惩治走私罪的补充规定》（已失效），对多次贪污、多次受贿、多次走私未经处理的，实行数额累计处罚评价机制，[④] 这

[①] 以某种犯罪作为职业或者业务反复实施的，称为常业犯；以营利为目的，反复实施某种犯罪的，称为营业犯；具有常习性的行为人反复多次实施犯罪行为的，称为常习犯。参见刘宪权：《刑法学》，上海人民出版社2008年版，第241-242页。
[②] 马克昌主编：《犯罪通论》，武汉大学出版社1999年版，第662页。
[③] 参见章百家：《改革开放与中国的变迁》，载《广东党史与文献研究》2019年第1期，第6页。
[④] 《关于惩治贪污罪贿赂罪的补充规定》第2条第3款规定："对多次贪污未经处理的，按照累计贪污数额处罚。"第5条规定："对犯受贿罪的，根据受贿所得数额及情节，依照本规定第二条的规定处罚。"《关于惩治走私罪的补充规定》第4条第3款规定："对多次走私未经处理的，按照累计走私货物、物品的价额处罚。"

是我国首次将多次犯罪明令于刑事法条之中；1990年12月《关于禁毒的决定》（已失效），对多次走私、贩卖、运输、制造毒品，未经处理的，毒品数量累计计算；[①] 1991年9月《关于严禁卖淫嫖娼的决定》（2009年修正），对多次强迫他人卖淫的，量刑上加重处罚；[②] 1992年9月《关于惩治偷税、抗税犯罪的补充规定》（已失效），对多次偷税未经处罚的，按照累计数额计算；[③] 1994年3月《关于严惩组织、运送他人偷越国（边）境犯罪的补充规定》（已失效），对多次组织、运送他人偷越国（边）境的，量刑上加重处罚。[④] 另外，1995年1月，最高人民法院出台《关于适用〈全国人民代表大会常务委员会关于惩治侵犯著作权的犯罪的决定〉若干问题的解释》（已失效），该解释第2条规定，因侵犯著作权曾经两次以上被追究行政责任或者民事责任，又侵犯著作权的，属于侵犯著作权罪的其他严重情节之一。这些单行刑事法律和司法解释的颁布施行，及时填补了1979年《刑法》中有关多次犯罪的漏洞，及时解了打击多次犯罪燃眉之急，对指导和规范打击多次犯罪司法实践、保护国家和人民的利益发挥了显著作用。至此，我国多次犯罪刑事化正式确立。

（二）法典化阶段

由于上述单行刑事法律及司法解释各自独立规定，多次犯罪内容分散于各个方面，加之与1979年《刑法》缺乏相互照应的情况又随之产生，引发了一些新的刑法适用难题和规制不平衡现象。司法实践经验证明，这种通过零散修补方式并不能从根本上解决问题。为更有效地发挥我国刑法的社会调

[①] 《关于禁毒的决定》第2条第5款规定："对多次走私、贩卖、运输、制造毒品，未经处理的，毒品数量累计计算。"第6条规定："非法种植罂粟、大麻等毒品原植物，经公安机关处理后又种植的，处五年以下有期徒刑、拘役或者管制，并处罚金。"

[②] 《关于严禁卖淫嫖娼的决定》（1991年）第2条规定："多次强迫他人卖淫的，处十年以上有期徒刑或者无期徒刑，并处一万元以下罚金或者没收财产；情节特别严重的，处死刑，并处没收财产。"

[③] 《关于惩治偷税、抗税犯罪的补充规定》第1条第1款规定："因偷税被税务机关给予二次行政处罚又偷税的，处三年以下有期徒刑或者拘役，并处偷税数额五倍以下的罚金。"该条第3款规定："对多次犯有前两款规定的违法行为未经处罚的，按照累计数额计算。"

[④] 《关于严惩组织、运送他人偷越国（边）境犯罪的补充规定》第1条规定："多次组织他人偷越国（边）境的，处七年以上有期徒刑或者无期徒刑，并处罚金或者没收财产。"第4条规定："多次实施运送他人偷越国（边）境的，处五年以上十年以下有期徒刑，并处罚金。"

整功能，1997年3月，经过全面系统修改的《刑法》应运而生，多次犯罪在此次刑法修订过程中也顺势完成了自我升级，正式进入《刑法》。具体表现为以下两个方面。

一方面，1997年《刑法》未沿用"惯犯"概念，而是以多次犯罪取而代之。究其缘由，惯犯是一个多学科的概念，除了法学外，在犯罪学中，其是一种犯罪人类型，根据犯罪人经历，分为初犯、再犯与惯犯；① 在犯罪心理学中，其指的是"反复实施同类犯罪并且已形成犯罪恶习的犯罪人"；② 在刑法理论上，西方国家刑法认定惯犯存在客观主义和主观主义之争，③ 且我国刑法对惯犯的构成要件未作明文规定，致使惯犯的内涵及外延在刑法学界与司法实践中饱受争议，具体到个案对惯犯的认定往往较为复杂。而1997年《刑法》明文表述"多次"，并配置了重于单次犯罪的法定刑，尽管其与惯犯立法旨意一样，在于强调行为人的人身危险性对罪责判断的重要性，在定罪中自觉不自觉地根据预防犯罪的需要，对人身危险性大的犯罪分子定罪施用刑罚，④ 但多次犯罪不必然要求行为人被一定的主观意思倾向（危险性）所支配，它在客观上涵盖了多种不同维度"行为"的类型与组合，遵循一定的法律解释原则，实践中可准确评判行为人犯罪的社会危害性，以实现惩治该类犯罪的立法目的。

另一方面，1997年《刑法》对前文论述的单行刑事法律中关于多次犯罪的规定进行了吸收和修改，在1997年《刑法》分则中共规定13个多次犯罪类型。根据多次犯罪相关刑法条文立法语言表述形式不同，这13个多次犯罪类型分别归属于两种立法模式。第一种立法例，1997年《刑法》条文直接表述为"多次……"，包括9个单罪名和2个选择性罪名：①第201条偷税罪；②第263条抢劫罪；③第292条聚众斗殴罪；④第301条聚众淫乱罪；⑤第318条组织他人偷越国（边）境罪；⑥第321条运送他人偷越国（边）境罪；

---

① 参见许章润主编：《犯罪学》（第四版），法律出版社2016年版，第97页。
② 罗大华主编：《犯罪心理学》，中国政法大学出版社2007年版，第193页。
③ 客观主义偏重犯罪行为，认为惯犯须有反复实施同一的数行为，行为人主观上是否有惯犯的意思倾向或概括故意，不影响惯犯的成立。主观主义偏重犯罪人意思，认为惯犯以反复实施同一犯罪的意思倾向为必要要件，行为人是否反复实施数行为，可以不问。参见马克昌主编：《犯罪通论》，武汉大学出版社1999年版，第662页。
④ 参见翟中东：《刑法中的人格问题研究》，中国法制出版社2003年版，第80页。

⑦第328条盗掘古文化遗址、古墓葬罪，盗掘古人类化石、古脊椎动物化石罪；⑧第347条走私、贩卖、运输、制造毒品罪；⑨第358条强迫卖淫罪；⑩第383条贪污罪；⑪第385条受贿罪。第二种立法例，1997年《刑法》条文表述为"（经过行政处理），又……"，包括：①第201条偷税罪；②第351条非法种植毒品原植物罪。从多次要素对上述各种犯罪定罪和处罚的功能看，一是多次作为基本犯罪构成的要件，如偷税罪；二是多次作为法定刑加重处罚的情节，如抢劫罪；三是多次作为犯罪数额累计处罚的载体，如贪污罪。这涉及多次犯罪的类型问题，下文将加以详细论述。

（三）扩张发展阶段

基于1997年《刑法》对多次犯罪的正式确立，根据司法实践中打击多次犯罪的需要，其后相继颁布的正式解释和刑法修正案逐步扩张、延伸了多次犯的适用范围，在数量和罪名上皆有所增加。由此，多次犯罪在《刑法》中总体呈现一种扩张发展趋势，在刑事司法中发挥着非常重要的作用，并在一定程度上预防和减少了该类犯罪现象的发生。

1. 正式解释（又称"有权解释""官方解释"）

据统计，1997年《刑法》施行至今，我国正式解释先后补充了144个多次犯罪内容，按照多次犯罪刑法条文的表述形式划分，大致规定了如下具体罪名。

（1）以"多次（含三次以上）……"形式表述的多次犯罪，体现在以下案件类型中。具体包括：强迫交易案，故意毁坏财物案，破坏生产经营案，寻衅滋事案，聚众淫乱案，故意损毁名胜古迹案，非法组织卖血案，采集、供应血液、制作、供应血液制品事故案，非法进行节育手术案，引诱、容留、介绍卖淫案，制作、复制、出版、贩卖、传播淫秽物品牟利案，传播淫秽物品案，组织播放淫秽音像制品案，聚众冲击军事禁区案，聚众扰乱军事管理区秩序案，战时窝藏逃离部队军人案，战时拒绝、故意延误军事订货案，战时拒绝军事征用案，妨害动植物防疫、检疫案，战时拒绝军事征收、征用案，内幕交易、泄露内幕信息案，利用未公开信息交易案，编造并传播证券、期货交易虚假信息案，诱骗投资者买卖证券、期货合约案，背信运用受托财产案，违法运用资金案，违规出具金融票证案，逃避商检案，虚假诉讼案，非法制造、买卖、运输、邮寄、储存枪支、弹药、爆炸物案等。

（2）以"多次……，……累计数量、数额处罚"形式表述的多次犯罪，体现在以下案件类型中。具体包括：违规披露、不披露重要信息案，妨害信用卡管理案，擅自发行股票、公司、企业债券案，操纵证券、期货市场案，逃汇案，伪造、出售伪造的增值税专用发票案，非法出售增值税专用发票案，非法购买增值税专用发票、购买伪造的增值税专用发票案，非法制造、出售非法制造的用于骗取出口退税、抵扣税款发票案，非法制造、出售非法制造的发票案，非法出售用于骗取出口退税、抵扣税款发票案，非法出售发票案，持有伪造的发票案，非法持有毒品案，走私制毒物品案，非法买卖制毒物品案等。

（3）以"（经过行政处理），又……"形式表述的多次犯罪，体现在以下案件类型中。具体包括：非法行医案，污染环境案，拒不支付劳动报酬案，非法采矿案，走私假币案，虚报注册资本案，虚假出资、抽逃出资案，伪造货币案，出售、购买、运输假币案，持有、使用假币案，变造货币案，非法吸收公众存款案，逃税案，虚开发票案，虚假广告案，串通投标案，非法经营案，提供虚假证明文件案，容留他人吸毒案，非法提供麻醉药品、精神药品案，危险驾驶案，铁路运营安全事故案等。

2. 刑法修正案

1997年《刑法》生效后，我国已对其进行了11次修正。其中，部分刑法修正案吸收了上文正式解释中一些关于多次犯罪的内容，刑事立法不断扩大多次犯罪处罚范围，以满足不断变化的社会生活事实的需要；也有刑法修正案删除了1997年《刑法》中已规定的多次犯罪①的情形。按照刑法修正案颁布的时间顺序，多次犯罪的立法情况如下。

（1）2009年《刑法修正案（七）》将第201条偷税罪改为逃税罪，并作了重大修改。即删除了"因偷税被税务机关给予二次行政处罚又偷税的"犯

---

① 如2015年《刑法修正案（九）》删除了2011年《刑法》第358条强迫卖淫罪"多次强迫他人卖淫"的加重处罚情节。

罪构成，增设了逃税罪初犯免责条款，同时规定逃税人存在"五年内因逃避缴纳税款受过刑事处罚或者被税务机关给予二次以上行政处罚"情形的，不适用该免责条款。

（2）2011年《刑法修正案（八）》增加了四处"多次……"的立法例，分别是：①在第153条走私普通货物、物品罪中，增加"一年内曾因走私被给予二次行政处罚后又走私"的成罪情形；②在第274条敲诈勒索罪中，增加"多次敲诈勒索"的犯罪构成；③在第293条寻衅滋事罪中，增加纠集他人多次实施寻衅滋事行为，严重破坏社会秩序的，加重处罚；④在第294条中，将"以暴力、威胁或者其他手段，有组织地多次进行违法犯罪活动，为非作恶，欺压、残害群众"作为界定黑社会性质组织的行为特征。

（3）2015年《刑法修正案（九）》增加了三处"多次……"的立法例，分别是：①在第267条抢夺罪中增设"多次抢夺"的成罪情形；②在第290条聚众扰乱社会秩序罪、聚众冲击国家机关罪第3款中增设扰乱国家机关工作秩序罪，该罪的基本构成特征为"多次扰乱国家机关工作秩序，经行政处罚后仍不改正，造成严重后果的"；③在第290条第4款中新设组织、资助他人非法聚集罪，并将罪状描述为"多次组织、资助他人非法聚集，扰乱社会秩序，情节严重的"。

（4）2020年《刑法修正案（十一）》在第237条第3款猥亵儿童罪增加了提升该罪的法定刑情形，其中包括"猥亵儿童多人或者多次"情形。

综上所述，我国多次犯罪刑事立法是由惯犯演变而来，产生和形成有其客观的时代条件、实践基础和理论渊源，经历了初步确立—法典化—扩张发展三个阶段。在刑事立法上，多次犯罪的数量不断增加，适用范围不断扩大，总体呈现一种扩张发展趋势，在刑事司法中发挥着非常重要的作用。同时，我们也注意到，多次犯罪基本分散于刑法分则与正式解释中，在刑法总则尚未确立多次犯罪的指导性规定，这种立法缺失造成司法实践中对具体案件在适用法律上存在相对不统一的解释和结论。

第二章 多次犯罪的理论分类

> 分类的意义在于，它比之单纯的识别具有更多的内容；因为在分类中，被识别的事物间的关系以分类关系的形式得以表示。[①]
>
> ——M. W. 瓦托夫斯基

从刑法理论研究上讲，对犯罪进行合理的分类，有助于从理论上阐释和探讨各种各类犯罪的立法意图、构成特征和社会危害程度，进而正确地解决各种各类犯罪的定罪量刑问题。[②] 然而，我国多次犯罪零星分散地规定于刑法分则各章节和诸多正式解释中，呈现纷繁芜杂的现状，甚至一些规定相互矛盾，导致人们对多次犯罪难以获得规律性的认识。其表现在刑事司法上，审判人员在评判多次犯罪的社会危害程度时缺少统一标准，从而影响对犯罪人的正确定罪量刑。因此，多次犯罪的分类理论研究显得尤为必要，通过类型化归纳帮助司法审判人员较为准确地理解不同多次犯罪的特征，正确区分罪与非罪的界限，做到罪责刑相适应，实现惩罚和预防犯罪的目的。

一、多次犯罪理论分类

刑法学理论研究界从不同视角，按照不同的分类标准，对多次犯罪有多种不同分类，较有代表性的分类主要有以下三种。

[①] [美] M. W. 瓦托夫斯基：《科学思想的概念基础——科学哲学导论》，范岱年译，求实出版社1982年版，第217页。

[②] 参见高铭暄、马克昌主编：《刑法学》（第六版），北京大学出版社、高等教育出版社2014年版，第314页。

第一，根据"多次"行为在犯罪构成中的不同地位，张小虎教授认为多次犯罪的立法在总体上可以分为三种类型。①基本犯罪构成要素：有权解释明确将多次行为作为基本犯罪构成的要素。包括多次行为直接属于定罪情节之一，多次行为属于行为对象要素。②加重犯罪构成要素：有权解释明确将多次行为，作为加重犯罪构成的要素。这主要是将多次行为解释为情节严重的情形之一，而情节严重是适用加重法定刑的必要条件。③累计数额处罚载体：有权解释明确将多次行为作为累计每次行为所涉数额予以处罚的依据。①

第二，从罪数的角度来看，起初何秉松教授认为，根据我国刑法的规定，多次的一罪（重复的一罪）在罪数的分类上属一罪，即同一个犯罪构成多次重复成立的一罪，我国刑法有不少关于多次犯罪的规定，原则上都是作为一罪的加重刑罚的情节。② 随着多次犯罪的适用范围扩张，我国刑法中的"多次"大致可分为以下三种立法类型。一是作为本来一罪的"多次"。对于这种类型的"多次"，行为基于自然的观察，在外观上虽属多次，但因刑法规定的犯罪构成要件所预定的内容原本就包括多次行为，故仍是一罪，如"多次盗窃"。二是作为实质数罪的"多次"。这种立法类型中的"多次"，其中每次行为都足以单独构成某一犯罪，故属于实质的数罪和本来的数罪，如"多次走私、贩卖、运输、制造毒品"。三是视具体情况才能决定是一罪抑或数罪的"多次"。这种类型的"多次"，其单次行为可能单独构成犯罪，也可能单独不构成犯罪，要视具体案情才能判断，如"多次贪污"。③

第三，依照条文语言表述出发，按照逻辑释义推理，将其划分为条文明示型与条文暗示型两种。条文明示型多次行为是指将"多次"一词明令于条文之中的立法类型，属于多次行为中的显性规定，如现行《刑法》第264条规定的盗窃罪。条文暗示型多次行为是指"多次"一词并未直接出现，但依照条文语言表述，按逻辑释义其犯罪当然地包含多次情形的立法类型，属于多次行为中的隐性规定。暗示型多次行为在我国刑法中通常表述为"……又……"，

---

① 参见张小虎：《多次行为的理论定性与立法存疑》，载《法学杂志》2006年第3期，第29页。
② 参见何秉松主编：《刑法教科书》，中国法制出版社1997年版，第425－426页。
③ 参见王军仁：《管窥我国刑法中的"多次"》，载《法治论丛》2007年第2期，第45－46页。

"又"字之前就是对行为的限定表述,且这种限定在我国的立法例中大多体现为前述行为受过刑事处罚或行政处罚等,① 如现行《刑法》第 153 条规定的走私货物、普通物品罪。

除上述学界的主要分类外,还有学者以先前行为是否受过处罚作为划分依据,认为如果据以定罪量刑的多次行为中,没有受到过刑事处罚或者行政处罚的,为单纯多次犯,反之为非单纯多次犯。② 对此分类,有学者进一步认为应当根据先前行为是否在一定期限内受到过行政处罚为标准,将其分为"受过行政处罚"型多次犯和"未受处罚"型多次犯。③ 依据多次行为不同功能,将多次行为划分为入罪型多次行为、加重处罚型多次行为、累计数额型多次行为三种类型。

二、多次犯罪学说评析

总体而言,上述学界从不同视角对我国多次犯罪进行的理论分类,表现出各自不同的特点,在一定程度上深化了多次犯罪的理论研究。其不仅为司法实践中的罪数判断难题提供理论指导,还为深入研究刑法学犯罪构成理论提供研究样本,也为我国多次犯罪刑事立法和正式解释的语言表述提供标准形式。然而,这些多次犯罪分类方式还是存在一定局限性。

首先,以"多次"行为在犯罪构成中的作用为视角作出的分类,其刑法原理是"特定的危害社会的行为,是一切犯罪构成在客观方面都必须具备的要件"[④]。该种分类有助于深化对多次行为在具体犯罪构成中的不同地位和作用的理解和掌握,进而有利于凝练和概括多次犯罪的基本内涵,同时也可为零散分布于正式解释中的各种类型多次犯罪提供划分标准。但该分类方式侧重于理论层面的分析研究,在回应解决多次犯罪实践层面的需求上显得比较乏

---

① 参见夏颖芸:《多次行为研究——以条文语言表述为视角》,华东政法大学 2014 年硕士学位论文,第 6 页。
② 参见娄云:《多次犯研究》,南昌大学 2009 年硕士学位论文,第 6 页。
③ 参见张志勋:《多次犯研究——以系统论为视角》,南昌大学 2016 年博士研究生学位论文,第 32 页。
④ 高铭暄、马克昌主编:《刑法学》(第六版),北京大学出版社、高等教育出版社 2014 年版,第 63 页。

力，且不能涵盖以"（经过行政处理），又……"形式表述的多次犯罪类型。另外，第三种多次犯罪类型不应归属于该分类方式，原因在于刑法评价累计数额、数量处罚的犯罪形态，仍以判断单次行为性质为必要前提和基础。

其次，按照罪数理论划分的多次犯罪类型，有助于在学理上探讨、确定多次犯罪罪数的科学标准，揭示多次犯罪中一罪与数罪之间的区分，阐明其与相关罪数形态的区别和联系，进而确定适用不同罪数形态的处理原则，对刑事审判实践过程中准确定罪、正确量刑、诉讼程序进行、时效制度适用等具有重要指导作用。但该分类标准没有关切多次行为的本身内涵，无法透视多次犯罪单次行为的性质以及在犯罪构成中的功能，也没有明确多次犯罪中一罪与数罪的标准，导致实践中难以正确判断多次犯罪的罪数。可见，按罪数理论分类缺少必要的前提和基础，合理解决罪数问题的理论方法，乃是需要首先确立区分一罪与数罪的标准。

最后，依照条文语言表述的分类方式虽然具有识别多次犯罪刑法规范的作用，但这种形式上的简单分类不能体现犯罪分类的目的和意义。其既不能准确理解和把握多次犯罪的内涵、特征以及在犯罪构成中的作用，也不能为司法实践正确评价多次犯罪提供理论支撑。美国学者 M. W. 瓦托夫斯基曾指出："分类的意义在于，它比之单纯的识别具有更多的内容；因为在分类中，被识别的事物间的关系以分类关系的形式得以表示。"① 因而，该分类方式真正发挥效用还需引入前两种研究视角来理解多次犯罪的内在规定性。其他对多次犯罪的分类成果有助于深化对多次犯罪的理论认识，其存在的局限性同依照条文语言表述分类一样，兹不赘述。

三、多次犯分类标准

通过深入分析上述学界对我国多次犯罪刑法规范的理论分类，笔者认为，学界之所以形成多次犯罪分类成果不统一的状态，不仅是由于他们研究视角各异，还归因于学者们对多次犯罪立法的研究范围不同。从目前已有的研究

---

① ［美］M. W. 瓦托夫斯基：《科学思想的概念基础——科学哲学导论》，范岱年译，求实出版社1982年版，第217页。

成果来看，关于我国刑法上多次犯罪研究的论题中就包含了"多次犯""多次犯罪""'多次'犯罪""多次行为""多次型犯罪"等多种概念，反映出刑法学界对我国刑法中的"多次"立法现象存在不同认知。在论述本书多次犯罪分类见解前，有必要对这些概念作一简要概述。

1. 多次犯

所谓多次犯，① 是指刑法规定行为人在一定期限内因实施两次以上性质相同的违法行为受过行政处罚后又实施该种性质的违法行为，从而构成既遂的犯罪。② 该定义认为多次犯是入罪的标准之一，是犯罪既遂的一种表现形式，其外延仅包括多次违法行为构成基本犯罪的立法类型。学者将多次犯与刑法、司法解释中规定的大量的多次犯罪③进行了概念区分，认为多次犯是定罪标准，多次犯罪是量刑情节，且不属于多次犯的范畴。

还有对多次犯进行定义的学者认为，刑法中的多次犯，是指因重复实施相同性质的犯罪行为而被刑法规定为犯罪或者被规定为情节严重的犯罪。多次犯不是泛指所有多次实施某一犯罪行为的犯罪，而是特指"多次"作为犯罪构成要件而存在的犯罪或者"多次"是犯罪的法定加重情节的犯罪。④ 该定义在外延上不包含上述学者定义的多次犯类型，也不包含刑法中多次犯罪未处理累计数额、数量处罚的立法类型，同时将多次犯"行为"的性质界定为犯罪行为，与刑法、司法解释中大量的多次犯罪规定不符，部分多次犯罪的行为人重复实施相同行为的性质是一般违法性。

2. 多次犯罪

"'多次犯罪'不是一种单纯的犯罪学意义的犯罪现象，也不是一种特殊的犯罪类型，而是指刑法规定的某一犯罪在行为人多次实施相同性质的客观

---

① 此处的多次犯是指规范的多次犯，学者以定罪为标准对多次犯划分为规范的多次犯与不规范的多次犯。不规范的多次犯是指，虽然以多次实施性质相同的违法行为作为入罪的条件，但没有规定多次行为的存续期间，也没有明确最后一次行为之前的两次以上行为是否受过行政处罚为限。参见刘德法、孔德琴：《论多次犯》，载《法治研究》2011年第9期，第90页。

② 参见刘德法、孔德琴：《论多次犯》，载《法治研究》2011年第9期，第84页。

③ 多次犯罪是指行为人在追诉期内，多次实施性质相同的犯罪，从而被作为加重法定刑的量刑情节。参见刘德法、孔德琴：《论多次犯》，载《法治研究》2011年第9期，第86页。

④ 参见曹坚：《多次犯形态的认定》，载《人民检察》2013年第14期，第17页。

危害行为时如何定性和处理的特殊刑法问题。"[1] 学者以刑法和司法解释规定的若干"多次"实施危害行为的犯罪情形为研究对象，是一种对刑法现象的归纳和统称。从犯罪成立与法定刑配置来看，多次犯罪中，一部分以"多次"作为基本罪构成的客观要素，另一部分以"多次"作为升格犯罪法定刑档次的原因。

3. "多次"犯罪

刑法中的"多次"犯罪应是指，以三次或三次以上已经构成犯罪的行为作为基本犯罪的法定刑升格条件，而符合加重的犯罪构成的犯罪形态。[2] 学者熊亚文认为，刑法中的"多次"犯罪，在本质上是将同种数罪以法律拟制的方式作为一罪加重处罚的刑法现象。"多次"犯罪与"多次"行为是不同位阶的概念，"多次"犯罪是"多次"行为的下位概念，即"多次"犯罪仅包括多次行为均已经构成犯罪并在此基础上再次符合加重犯罪构成的情形，不包括多次违法行为相结合符合基本犯罪构成的情形；而"多次"行为这一概念在不同的罪刑规范中，其内涵会发生相应变化，有的是指"多次"犯罪，有的是指"多次"违法，还有的是指"多次"数额累计。

4. 多次行为

刑法中的多次行为是指，同一行为人基于主观故意，数次实施同种性质的危害行为，构成一个整体定罪量刑要素的犯罪形态。[3] 学者赵蕊认为，多次行为作为一种立法现象，涉及各种类型的罪名，在有些罪名中是指多次一般违法行为，而在有些罪名中是指犯罪行为。鉴于多次犯罪各类型罪名行为模式和认定标准不同，遂概括采用"多次行为"的表述方式，统括了刑法上多次行为的罪刑规定。

5. 多次型犯罪

所谓多次型犯罪是指，以多次同种行为作为定罪量刑依据的犯罪形态，多次型犯罪是以"行为次数"为定罪量刑标准的犯罪的概括或者总称，是满

---

[1] 张正新、金泽刚：《论刑法中的多次犯罪》，载《湖北社会科学》2011年第7期，第151页。
[2] 参见熊亚文：《刑法中的"多次"犯罪问题研究》，载《贵州警官职业学院学报》2014年第5期，第42页。
[3] 赵蕊：《刑法上多次行为的理解与适用》，大连海事大学2017年硕士学位论文，第4页。

足一定构成要件的犯罪类型的集合。① 学者常生燕在上述"多次犯罪"概念的基础上，进一步认为多次犯罪是一种刑法类型的客观存在，但该表述不够准确、严谨，"行为次数"应是多次犯罪定罪量刑的要素或条件之一。关于犯罪构成与刑事责任的关系，马克昌教授认为："犯罪构成是确定刑事责任的根据的判断标准，并且是唯一根据。"② 笔者赞同这一见解。

由此可见，刑法学界对我国刑法中多次犯罪的有关规定进行分类的标准五花八门，对多次犯罪刑法规范的认识和定性有所偏差，致使司法实践中对多次犯罪案件难以做到定罪量刑上的统一。那么，如何划分多次犯罪类型呢？笔者认为，对具体的多次犯罪类型进行划分时，应遵循犯罪分类的基本理论，以增强多次犯罪分类的理论品质，彰显多次犯罪分类在司法实践中的实际应用价值。

在刑法学理论上，犯罪分类是指根据一定的目的和原则，按照一定的标准，对犯罪行为进行划分。③ 而我国刑法没有明确规定犯罪的分类，通说认为，我国刑法分则对犯罪进行分类的标准是犯罪的同类客体。④ 显然，以犯罪客体为标准划分多次犯罪，虽然符合犯罪分类多样性⑤原则，并且可区分出不同种类的多次犯罪的社会危害性大小，但是无益于对具体的多次犯罪的理解和适用，仍需另辟蹊径探寻并确立多次犯罪的划分标准。笔者认为，犯罪的两个基本特征⑥的主要意义在于将犯罪行为与一般违法行为区别开来，从其本质特征可解析区分罪与非罪、一罪与数罪的深意，从其法律特征也可

---

① 参见常生燕：《论多次型犯罪》，上海交通大学2012年硕士学位论文，第10页。
② 马克昌主编：《犯罪通论》，武汉大学出版社1999年版，第84页。
③ 狭义的犯罪分类仅指犯罪行为的分类，不包括犯罪人的分类。广义的犯罪分类应该包括犯罪行为、犯罪人和被害人的分类。参见姬忠彪、吴敬华：《论犯罪分类与刑事政策的关系及其发展趋势》，载《山东警察学院学报》2006年第6期，第95页。
④ 参见高铭暄、马克昌主编：《刑法学》（第六版），北京大学出版社、高等教育出版社2014年版，第312页。
⑤ 多样性是指犯罪分类可从不同角度、不同标准对犯罪进行划分，使之呈现多层次、多角度、多方面、多种类的特点。参见宣炳昭：《论我国刑法总则中的犯罪分类》，载《法学家》1996年第2期，第32页。
⑥ 本书赞同犯罪两特征说，即犯罪的两个基本特征应当是：①犯罪的本质特征——行为的严重社会危害性；②犯罪的法律特征——行为的刑事违法性。参见马克昌主编：《犯罪通论》，武汉大学出版社1999年版，第18页。

揭示区分此罪与彼罪的蕴意。因而，划分多次犯罪可以从其犯罪特征切入，一方面按照犯罪分类客观性与法定性[①]原则要求，区分规范的多次犯罪与超规范的多次犯罪，如"多次放火"，区分前文学者提出的从罪数角度划分的多次犯罪的立法类型，还可以根据行为的社会危害性严重程度区分各类型多次犯罪罪与非罪的界限；另一方面，行为符合刑法规定的犯罪构成，是多次犯罪区别于其他刑法类型犯罪的法律属性。这是从多次犯罪属性的角度划分的，但该种分类过于抽象且功能性不强，与犯罪分类的初衷不符，仍需进一步探求划分多次犯罪的具体标准。

通说认为，划分罪与非罪的界限，归根结底是由行为的社会危害性及其程度所决定的，而决定社会危害性及其程度的因素主要是犯罪构成的诸要件。[②] 该学说为确立多次犯罪分类的具体标准指明了方向，即应从我国刑法上各类型多次犯罪的犯罪构成寻找突破。不同的构成要件，有机结合成不同的犯罪构成，成立不同的犯罪类型。综合前文学界对多次犯罪分类的研究成果来看，笔者认为，从犯罪构成分类维度分析，我国多次犯罪的犯罪构成有三种类型：一是基本的犯罪构成，如现行《刑法》第264条盗窃罪"多次盗窃"的规定；二是附加的犯罪构成，如现行《刑法》第263条抢劫罪第4项规定的"多次抢劫"加重情形；三是实质的犯罪构成，如现行《刑法》第383条第2款规定的"多次贪污处罚"的规定。[③] 此外，从罪数角度比较多次犯罪的犯罪构成，属于基本的犯罪构成的多次犯罪是单纯的一罪，[④] 属于附加的犯罪构成和实质的犯罪构成的多次犯罪是包括性地评价为一罪。[⑤] 最后

[①] 客观性是指犯罪分类的对象是现行有效的刑法规范，是一种客观存在的法律事实。法定性是指犯罪分类的对象只能是法律规定的犯罪类型，犯罪学研究的犯罪现象并不全然被刑法所规制。

[②] 参见高铭暄主编：《新中国刑法学研究综述》，河南人民出版社1986年版，第105-106页。

[③] 此处犯罪构成类型采用了姜伟教授对犯罪构成的分类。其中，基本的构成，也叫独立的构成，是指刑法分则规定的普通犯罪的犯罪构成；附加的构成，也叫派生的构成，是指以基本的构成为基础附加某种条件而衍生的犯罪构成，主要表现为加重构成或减轻构成。实质的构成是指以特定的危害社会的结果为要件的犯罪构成。参见姜伟：《犯罪形态通论》，法律出版社1994年版，第5-6页。

[④] 单纯的一罪是指一个行为侵害一个法益的情形。参见张明楷：《刑法原理》（第二版），商务印书馆2017年版，第441页。

[⑤] 包括的一罪，一般是指存在数个法益侵害事实，但是通过适用一个法条就可以对数个事实进行包括的评价的情形。参见张明楷：《刑法原理》（第二版），商务印书馆2017年版，第454、457页。

从犯罪形态视野观察多次犯罪的犯罪构成，基本的犯罪构成是多次犯，① 附加的犯罪构成是情节加重犯，② 实质的犯罪构成是累计犯。③

关于刑法分类的目的讨论，张明楷教授一言以蔽之，即有助于进一步理解和适用刑法。④ 诚然，学界关于多次犯罪立法类型的研究既有一定的广度，也有一定的深度，但从服务司法实践考量来看，还没有拉近理论与实践之间的距离，犯罪分类更加注重从其产生的社会效益来评价和检验分类的科学性、系统性和实用性。故而，划分多次犯罪类型应当对司法实践中准确理解和适用多次犯罪刑法规范大有裨益，进而推动相关刑事立法的完善，促进多次犯罪理论丰富与发展。

综上所述，笔者主张，根据我国刑事立法和正式解释中关于多次犯罪的规定，秉持效力刑事司法实践需要的目标，结合学界多次犯罪分类的研究成果，按照多次犯罪的犯罪构成的形式标准，将我国刑法上的多次犯罪立法模式划分为三种类型犯罪形态，即多次犯、情节加重犯和累计犯。

四、多次犯类型

通过上文分析归类，我国刑法上多次犯罪包括多次犯、情节加重犯和累计犯三种类型犯罪形态。鉴于此，有必要明确本书的研究范围，而后围绕研究对象展开理论研究，阐明概念，讲清原理，分析和解决司法实践中存在的法律适用难点问题，以期实现研究成果服务于我国刑法治理多次犯罪实践。

开宗明义，笔者探讨的范围就是多次犯罪基本的法律模式——多次犯。关于多次犯、情节加重犯、累计犯之间的区别，基于文章结构的考虑，将在后文中予以详述，笔者在此也简短地加以比较说明，便于读者对多次犯形成

---

① "多次犯"概念最早见于学者刘德法、孔德琴撰写的《论多次犯》一文中。他们认为，无法将多次犯罪纳入结果犯、行为犯、举动犯或危险犯中，它应当是一种新型的犯罪既遂形式——多次犯。参见刘德法、孔德琴：《论多次犯》，载《法治研究》2011年第9期，第84页。

② 情节加重犯是指实施基本犯时，因具有某种严重的或恶劣的情节而加重刑罚的情形。参见吴振兴：《罪数形态论》，中国检察出版社1999年版，第82页。

③ 累计犯是指出于同样的犯意，实施数个符合同一罪名的构成要件行为，依据刑事法律规定犯罪数额或数量累计计算而作为一罪处罚的犯罪形态。参见于阜民：《犯罪论体系研究》，科学出版社2014年版，第104页。

④ 参见张明楷：《刑法原理》（第二版），商务印书馆2017年版，第3页。

初步认识。

在多次犯场合，行为人实施违法行为①的次数是多次犯成立的要素之一，其法律特征是行为人反复实施同一性质违法行为严重危害社会，单次违法行为均不构成多次犯，被刑法评价为一罪。情节加重犯相对于基本犯而言，是以犯罪情节作为适用加重构成的条件。② 其结构的基本形式和内容是：基本的犯罪构成+加重情节+重于基本犯的加重法定刑。加重情节是基本犯罪行为的犯罪事实，也就是说，在多次犯罪场合，加重情节是存在数个性质同一的基本的犯罪构成的犯罪事实，刑法却规定了重于基本犯的加重法定刑而未数罪并罚，所以其本质是形式上的数罪、实质上的一罪。累计犯场合，单次行为不一定是违法行为，也可能是犯罪行为，因而根据行为性质不同，一罪处断抑或数罪并罚。虽然在法条中使用"多次"的表述，但是最终还是落脚于数额的计算，所以其本质不是依托单次行为的反复实施，而是其客观数额累计相加后达到严重危害性度而需要刑法规制或者加重法定刑的问题。③

可见，多次犯罪的以上三种犯罪形态在行为性质、社会危害性认定、犯罪成立、罪数、量刑等方面存在差异，但从这些区别中发现，多次犯罪的情节加重犯与累计犯定罪量刑仍需要以多次犯理论为基石，因为犯罪构成的具体要素"多""次""行为"等是它们三者共同的内容，这也是笔者选取多次犯立法模式研究的重要考量。实践中，需要注意判断多次犯罪的犯罪形态，避免定罪量刑出现偏差。

---

① 此处的行为是指刑法意义上的行为，后文会详细阐述多次犯的行为要素。
② 犯罪情节是指犯罪过程中决定某种行为的社会危害性及其程度的各种犯罪事实。参见姜伟：《犯罪形态通论》，法律出版社1994年版，第383页。
③ 参见成添翼：《论作为犯罪构成要素的多次行为》，武汉大学2018年硕士学位论文，第4页。

第三章 多次犯立法理论

既然存在着人们联合起来的必要性,既然存在着作为私人利益相互斗争的必然产物的契约,人们就能找到一个由一系列越轨行为构成的阶梯,它的最高一级就是那些直接毁灭社会的行为,最低一级就是对于作为社会成员的个人所可能犯下的、最轻微的非正义行为。在这两级之间,包括了所有侵害公共利益的、我们称之为犯罪的行为,这些行为都沿着这无形的阶梯,按从高到低顺序排列。①

——贝卡里亚

一、多次犯立法的理论依据

自1997年《刑法》创立多次犯后,理论界就对多次犯立法模式颇为关注,但对其评价褒贬不一,既有赞成,也有质疑。学者们对多次犯立法的理论依据进行了持续地深入探讨,但仍然存在较大分歧,已经形成了诸多不同的学术观点。如有学者认为,多次违法构成犯罪的刑事立法,从社会关系被反复侵害出发,反映了违法的量的积累到犯罪的质的变化过程。② 也有学者提出,多次犯的理论基础,应当是主观主义学派的危险性格理论,注重行为人的主观恶性(即大错不犯,小错不断)。③ 胡东平博士认为,多次犯必须通过强调表现行为人人格危险性的要件,使行为从整体上达到犯罪的程度。④

---

① [意]切萨雷·贝卡里亚:《论犯罪与刑罚》,黄风译,北京大学出版社2008年版,第18页。
② 参见李恩民:《多次违法构成犯罪初探》,载《人民检察》1999年第2期,第12页。
③ 参见刘德法、孔德琴:《论多次犯》,载《法治研究》2011年第9期,第86页。
④ 参见胡东平:《人格导入定罪研究》,武汉大学2010年博士学位论文,第104页。

归纳起来,学界中对多次犯立法的理论依据具有代表性的观点主要包括:人身危险性说、人格责任论、法益侵害说、量变质变说、社会危害性说。探究多次犯的理论基础,对于论证多次犯立法的合理性是有重要意义,下文将通过对这些代表性的学术观点一一述评,以期明晰多次犯立法的理论依据。

(一)人身危险性说

1. 人身危险性理论概述

人身危险性是刑事近代学派在批判刑事古典学派自由意志论过程中提出的概念,其产生迎合了特定历史时期的社会需要。"劳动生产力是随着科学和技术的不断进步而不断发展的。"[①] 在人类社会发展历史长河中,工业革命完成了人类社会由农业文明向工业文明的转变,生产方式、政治、经济、思想、教育、社会观念等方面深受其发展影响,尤其推动了资本主义的迅速发展,人类社会面貌发生了巨变。马克思说:"社会的物质生产力发展到一定的阶段,便同它们一直在其中活动的现存的生产关系或财产关系(这只是生产关系的法律用语)发生矛盾。于是这些关系便由生产力的发展形式变成生产力的桎梏。那时社会革命的时代就到来了。随着经济基础的变更,全新庞大的上层建筑也或慢或快地发生变革。"[②] 19 世纪 70 年代,在第二次工业革命的推动下,人类社会发展进入电气时代和垄断资本主义时代。在这一时期,社会生产力超前发展,生产关系滞后,社会矛盾日益尖锐,各种社会问题接踵而至,最明显、最极端的表现[③]就是犯罪率呈上升趋势,尤其是侵犯财产型的累犯、惯犯显著增多。古典学派的刑法理论在这类社会犯罪面前显得疲惫又窘迫,正如菲利所言:"在意大利,当古典派犯罪学理论发展到顶峰的时候,这个国家却存在着从未有过的数量极大的犯罪行为的不光彩状态。因此,犯罪学阻止不住犯罪浪潮的波动。"[④]

[①] 《马克思恩格斯全集》(第 23 卷),人民出版社 1972 年版,第 664 页。
[②] 《马克思恩格斯选集》(第 2 卷),人民出版社 1972 年版,第 82-83 页。
[③] 犯罪是蔑视社会秩序的最明显、最极端的表现。参见《马克思恩格斯全集》(第 2 卷),人民出版社 2016 年版,第 416 页。
[④] [意]恩里科·菲利:《实证派犯罪学》,郭建安译,中国人民公安大学出版社 2004 年版,第 122 页。

刑事古典学派的理论陷入窘境，主要归因于自身的局囿。古典学派的理论滥觞于17—18世纪欧洲启蒙运动时期的刑法思想，以孟德斯鸠、伏尔泰、卢梭、康德、狄德罗等为主要代表人物的启蒙运动思想家，在理论上猛烈抨击刑法的宗教性，认为刑法是社会契约的产物，渊源于人的本质或本性，主张刑法从神性向人性回归，强调刑法的宽缓和人道。他们的刑法思想后来直接成为刑事古典学派代表人物贝卡里亚、边沁、费尔巴哈等刑法理论的权舆，对于古典学派以及近代刑法学的形成具有举足轻重的意义。[1]

1764年，贝卡里亚撰写的《论犯罪与刑罚》一书正式出版，这本书对启蒙思想的直接承续及在刑法学上的科学引申，直接导致了一个后世称之为刑事古典学派的产生。[2] 刑事古典学派，又称旧派，以唯心主义的"非决定论"为哲学基础，在犯罪观上，采取了客观主义立场，即"因为有犯罪而科处刑罚"。其基本观点有：①人性自私是犯罪的根源；②犯罪是个人自由选择的结果；③人们基于快乐原则而选择犯罪；④必须用惩罚来阻止任何伤害他人的行为；⑤惩罚必须与犯罪所得利益相适应；⑥应当根据个人行为对犯罪人实施惩罚。[3] 刑事古典学派注重对行为人的犯罪行为的研究，认为犯罪人承担刑事责任的基础是其犯罪行为，与人身特征无关。正因为如此，在犯罪浪潮反复涌动的社会情势之下，基于生物学、进化论和精神病学等自然科学和实证主义哲学的发展，刑事实证学派应运而生。

刑事实证学派分为刑事人类学派和刑事社会学派，以"决定论"为哲学基础，引入孔德的实证主义研究方法，重视从犯罪人个性特征视角研究犯罪，正是这种研究视角的根本转换，后来人身危险性才最终进入刑事法学者的理论框架之中。[4] 一般认为，人身危险性的理论发端于刑事人类学派的创始人龙勃罗梭提出的"天生犯罪人理论"。在龙勃罗梭看来，犯罪人是天生的，意志自由是哲学上虚构的，现实中人的行为受先天因素制约。通过对士兵、

---

[1] 参见马克昌：《比较刑法原理：外国刑法学总论》，武汉大学出版社2002年版，第22页。
[2] 参见陈兴良：《刑法的启蒙》，法律出版社1998年版，第37页。
[3] 参见吕晓璇：《刑事古典学派和实证主义犯罪学派对于犯罪原因和刑罚理论之比较》，载《法制博览》2012年第5期，第175页。
[4] 参见张婉静：《论刑法中的人身危险性》，山东大学2011年硕士学位论文，第3页。

罪犯的尸体、活着的犯人的生理特征进行大量对比分析后，龙勃罗梭发现罪犯在生理特征上表现出不同于正常人的返祖现象，① 并据此断定某些生理特征与犯罪有关，带有这些生理特征的人具有先天的犯罪倾向，② 即犯罪人的人身危险性。之后，龙勃罗梭弟子加罗法洛对天生犯罪人理论进行了修正，偏重从心理学方面解释导致犯罪行为产生的因素，将自然犯罪的原因归结为心理或道德方面的异常。他在《危险状态的标准》一书中，将人身危险性定义为行为人的危险状态，即某些人变化无常的、内心固有的犯罪倾向。③ 与龙勃罗梭观点明显不同，加罗法洛认为虽然犯罪人所具有的犯罪素质无法克服或改变，但由于外在条件的有力配合而可以抑制。

而刑事社会学派代表人物之一菲利在继承老师龙勃罗梭理论的基础上，提出了"三因素说"，侧重从社会方面寻找犯罪原因，认为任何一种犯罪行为乃至整个社会的犯罪现象都是由人类学因素、自然因素、社会因素相互作用的结果。他在《法国犯罪研究》一书中提出，人身危险性是行为人身上表征出来的人类学、自然以及社会三个因素的综合反映。④ 弗兰茨·冯·李斯特是刑事社会学派的集大成者，强调人身危险性是犯罪人承担刑事责任的根据，认为"应受惩罚的不是行为而是行为人"，但人身危险性必须以犯罪行为的形式予以呈现，才能视为刑法上的问题，并对之施以社会防卫处分。李斯特的学生牧野英一重视人身危险性在刑罚中的地位，认为心理学、生理学的发达必然引起人们对犯罪的研究转向关注犯罪主体的心理状态。另外，还有责任能力及故意过失这种主观性要件，通过征表性情的反社会性格而成为刑罚的适当性、必然性的标准。⑤

2. 关于多次犯视角下的人身危险性的争论

从字面解释"人身危险性"，张明楷教授认为，可以将"人身"理解为

---

① 返祖现象是指原始野蛮人的一些特质，经过一定的发展阶段后重新在后一代人中出现。
② 参见许章润主编：《犯罪学》，法律出版社2016年版，第25页。
③ [意]加罗法洛：《犯罪学》，耿伟等译，中国大百科全书出版社1996年版，第94页。
④ 参见[意]恩里科·菲利：《犯罪社会学》，郭建安译，中国政法大学出版社1990年版，第23页。
⑤ 参见李海东主编：《日本刑事法学者》（上），法律出版社、成文堂1996年版，第72-73页。

刑法上的自然人，而"危险性"是指行为人实施违法行为的可能性和盖然性。① 关于人身危险性的内涵，在我国刑法学界尚未形成明确的定义，有狭义说和广义说两种认识。一是狭义说，如高铭暄教授认为，犯罪人的人身危险性，是指犯罪人再次犯罪的可能性（即再犯可能性），它表现的是犯罪人主观上反社会性格或危险倾向。② 曲新久教授也认为，人身危险性最基本的含义是犯罪行为人再次实施犯罪的危险，即再犯可能性。③ 二是广义说，如陈兴良教授认为，人身危险性是指行为人对社会造成破坏的可能性。④ 在这个意义上，"人身危险是再犯可能与初犯可能的统一，即人身危险性包括初犯可能性和再犯可能性"⑤。相比较而言，广义说将犯罪主体范围扩大到社会一般主体，即包括但不限于曾经实施过犯罪行为的人。纵观人身危险性理论产生和发展的脉络，笔者赞成广义说，蕴含了加罗法洛的犯罪学思想，强调社会因素对犯罪的作用。但狭义说将无刑事责任能力、限制刑事责任能力和无犯罪前科的人排除在外的观点也是比较可取的。从刑法学关于犯罪的主观方面来看，犯罪人人格缺陷的实质表现是对社会规范的敌视、蔑视，或者漠视、轻视的态度。正是因为有了上述态度，在合适的外在客观条件的作用下，这些态度的内容才会通过犯罪行为人的认识、情感、意志等心理状态有所表现，进而最终通过外在行为体现出来。⑥

至于人身危险性理论能否成为多次犯的立法依据，学界存在不同意见。赵秉志教授认为，行为人多次违法犯罪行为所展现的人身危险性是犯罪化的构成要件。⑦ 也有学者认为，多次犯立法从实质上体现了主观主义定罪原则，行为人入罪基于对行为人人身危险性或主观恶性的综合评估。行为人每次的行为都不构成犯罪，但是却多次实施，表现了行为人的犯罪倾向性、惯性，那么就可以预测在相似客观环境再次出现时，行为人还会实施类似的犯罪，

---

① 参见张明楷：《外国刑法学纲要》，清华大学出版社2007年版，第434页。
② 参见高铭暄：《刑法问题研究》，法律出版社1994年版，第156页。
③ 参见曲新久：《刑法的精神与范畴》，中国政法大学出版社2000年版，第205页。
④ 参见陈兴良：《刑法哲学》，中国政法大学出版社1997年版，第136页。
⑤ 参见陈兴良：《刑法哲学》，中国政法大学出版社1997年版，第111页。
⑥ 参见寇学军：《人格塑造与犯罪预防》，浙江大学出版社2008年版，第211页。
⑦ 参见赵秉志主编：《刑罚总论问题探索》，法律出版社2002年版，第283页。

基于犯罪预防的目的就有必要对其进行处罚。① 与这些观点截然对立，有学者对"犯罪二元论"在中国刑法语境充满质疑，反对将行为人的人身危险性作为犯罪的基本特征之一，认为刑事立法所规制的对象或者说它所面对的是抽象的人，并非有血有肉的人类个体，这就决定了立法者是无法预见到个体的人身危险性程度的。概而言之，将人身危险性纳入刑事立法视野既无必要，也不可能。②

笔者反对将人身危险性理论作为我国多次犯立法理论依据的观点，其原因有以下三个方面。第一，我国刑法中的犯罪构成是确定行为人刑事责任的根据，并且是唯一根据。犯罪构成作为犯罪的主客观要件的统一体，包括作为客观要件的危害社会的行为和作为主观要件的罪过，而不包括人身危险性要素。人身危险性既不是犯罪的基本特征，也不是犯罪构成的必需的或选择性要件，其在我国对行为人定罪过程中并无应用之地。第二，从存在论的角度看，社会危害性属于实然领域，是一种事实的特征，行为人危害社会是客观存在的外在活动，危害结果是具有时空存在形式的对犯罪客体所造成的现实损害和危险状态。③ 而人身危险性属于未然的范畴，不是客观存在的事实，只是理论上对行为人的一种预判，且预测人身危险性的内容受制于科学可行的理论和技术，人身危险性只有通过行为事实表征方可进入刑法的视野。第三，人身危险性在我国刑法规范视域渺无踪影，只是刑法学理论研究中论述的概念。根据罪刑法定原则要求，对行为人定罪量刑必须严格适用明文的法律概念，所以人身危险性因于法无据而不能名正言顺地应用到对行为人定罪的过程中，司法实践难以真正发挥其理论功能。

然而，我国刑事立法的发展在很大程度上受到了刑法主观主义思想的影响，吸纳了刑法主观主义思想的合理内核，1979 年《刑法》和 1997 年《刑法》对刑法主观主义思想都有所体现，如关于假释、正当防卫、累犯、预备

---

① 参见刘艳红、马改然：《刑法主观主义原则：文化成因、现实体现与具体危害》，载《政法论坛》2012 年第 3 期，第 33 页。
② 参见陆诗忠：《对我国犯罪本质理论的思考》，载《华东政法大学学报》2010 年第 6 期，第 28－29 页。
③ 参见马克昌主编：《犯罪通论》（第三版），武汉大学出版社 2013 年版，第 196 页。

犯的规定，与服刑人员或罪犯人身危险性有密切关联，体现了刑法主观主义的刑罚思想。① 由此，我们不应当抹杀人身危险性理论对我国刑法的积极意义。

（二）人格刑法理论说

1. 人格刑法理论概述

相对于行为刑法与行为人刑法，人格刑法是一种全新的刑法学说。人格刑法理论孕育于刑事古典学派（又称旧派）和刑事实证学派（又称新派）不断的激烈的言辞交锋中，是在新旧两派刑法理论相互融合而又折中的基础上所进行的扬弃。简而言之，人格刑法主张，在对行为人定罪量刑时，既要重视行为人客观行为，又应审视行为人人格因素，应当将二者结合起来对行为人进行全面谴责。接下来，笔者对人格刑法理论作一简要回顾。

人格主义思想发源于新派，最早追溯至菲利时代。菲利将犯罪人按照人身危险性的程度由高到低分为五种类型，即天生犯罪人、精神病犯罪人、惯犯、机会犯、激情犯，② 倡导"社会责任论"，提倡教育刑，适用刑罚要充分考虑罪犯本人的个人因素。李斯特首倡"性格责任论"，根据人身危险性的轻重程度将犯罪人分为偶犯和惯犯，惯犯又可分为能改造的惯犯和不能改造的惯犯两种类型，提倡目的刑防卫社会。牧野英一认为征表性情的反社会性格是刑罚的适当性、必然性的标准。激进的社会防卫学者菲利普·格拉马蒂卡认为，行为人的反社会人格是由客观方面、心理方面及违法三部分（或要素）构成的一个统一整体，以行为人的反社会人格为根据判断"反社会性"。③ 新社会防卫论的代表人物马克·安塞尔认为，把人身危险性与道义责任都视为人格的表现，与行为人紧密相连，并一起作为行为人受处罚的依据。

旧派在批判吸收和传承新派人格思想的基础上，奠定了人格刑法的理论

---

① 参见郭泽强：《主观主义与中国刑法关系论纲——认真对待刑法主观主义》，载《环球法律评论》2005年第4期，第456－459页。

② ［意］恩里科·菲利：《犯罪社会学》，郭建安译，中国政法大学出版社1990年版，第23页。

③ 参见鲜铁可：《格拉马蒂卡及其〈社会防卫原理〉》，载《中外法学》1993年第4期，第109－110页。

基石——人格责任论，由后期旧派代表人物德国刑法学家毕克迈耶首创并由梅茨格尔和鲍克尔曼予以发展，引进到日本后受到团藤重光和大塚仁的大力支持和发扬。人格责任论主张修正的道义责任论，① 以相对自由意志为基础，从伦理道德的角度对仍属于自由选择范围内的行为及其行为人加以道义上的非难，② 认为行为人主体性的人格及其人格表现出的外在行为才是刑罚的对象和判定责任的基础。③ 责任第一位的是行为责任，应着眼于作为行为人的人格主体现实化的行为，而在行为的背后，还受到人的素质和环境制约，并存在经过行为人主体的努力而形成的人格，对行为人这一过程中所表现的人格态度也可以加以谴责，因此我们把它叫作第二位形成人格的责任。这第一位的责任与第二位的责任，在现实中是不可分割的，应把二者合二为一，称作人格责任。④

毕克迈耶以古典学派的个别责任论和意思责任论为基础，采纳了新派李斯特"性格责任论"（责任的根据是行为人的"反社会性格"和"对于法秩序的危险性"）所具有的合理性，认为在重视犯罪行为危害性的同时，也应当考虑行为人的目的、动机、行为的特性以及是不是累犯等问题，此外行为人的人身危险性、情操、人格、性格都应当被认定为责任的评价对象。可见，责任的有无及大小要受行为人人格的限制。⑤ 梅茨格尔受其影响，也认为在犯罪构成要件的责任中，除了要对行为责任、意思责任及其意思形成等因素进行评价之外，行为时行为人的人格也应当包括在内。⑥ 鲍克尔曼进一步提出"生活决定责任论"，认为行为人的人格存在为善和为恶两种生活态度，

---

① 道义责任论中，责任的本质是道义的非难，即具有自由意志的人，因其自由意志决定而为一定的行为，并发生一定的犯罪结果，因而应对该行为进行道义观念上的评判，并让行为人负担一定的刑事责任。责任的核心是行为人违反道德的心理状态。参见胡学相、孙雷鸣：《对人身危险性理论的反思》，载《中国刑事法杂志》2013年第9期，第25页。
② 参见[日]大塚仁：《刑法概说（总论）》（第三版），冯军译，中国人民大学出版社2003年版，第375页。
③ 参见张文等：《刑事责任要义》，北京大学出版社1997年版，第44页。
④ 参见[日]福田平、大塚仁：《日本刑法总论讲义》，李乔、文石、周世铮译，辽宁人民出版社1986年版，第112－113页。
⑤ 参见洪福增：《刑事责任之理论》，台湾三民书局1988年版，第37页。
⑥ 参见徐久生：《德语国家的犯罪学研究》，中国法制出版社1999年版，第45页。

行为人在这两种对立的人格中选择的方向决定便是责任评价的对象。

日本学者大场茂马、小野清一郎将德国后期古典学派的思想介绍到日本，小野清一郎的弟子团藤重光立足于客观主义的立场，吸纳牧野英一"犯罪征表说"（主张犯罪是犯罪人反社会性的征表）合理部分，正式提出了具有折中主义的人格责任论。团藤重光认为，考虑行为意思不能脱离行为人的人格，既然责任意味着非难，那么就必须将应当归类的行为人的人格形成作为责任的根据。① 犯罪行为人应当承担人格责任，该责任的承担应当考察个体素质和社会环境制约因素。他还提出人格责任应建立在"性格责任"和"行为责任"的基础上，在定罪量刑时，既要考虑犯罪行为，也要考虑犯罪行为人。但是，在违法论与犯罪构成论中，应坚持客观主义立场。人格责任论不将责任的基础置于各行为之上，而将其置于行为背后的行为者的人格之上，故称为"人格责任论"。② 人格责任论作为人格刑法的核心思想和理论基石，标志着人格刑法理论框架的构建。

团藤重光的弟子大塚仁在继承和拓展人格责任论的基础上，以人格责任论为中心，在1990年发表的《人格刑法学的构想》一文中明确提出了人格刑法学的概念及其构想，主张"将刑法学的各个理论部分都引入人格"，即人格应当在"犯罪论""罪数论""违法论""刑罚论"中都得到体现。大塚仁认为，"构成要件该当性的行为，是作为行为者人格体现的行为；违法要素是客观违法要素（行为）和主观违法要素的结合；有责性是以具有相对意志自由的行为人的行为的谴责为核心（第一位），同时也考虑对行为背后的行为人的犯罪人格的谴责；刑罚的量定应以行为对法益的危害程度和行为人的犯罪人格为基础。总之，既重视客观行为，也考虑行为人的人格，以此二者为核心，对整个刑法理论进行重新思考，是人格刑法学之精义"。③ 之后，大塚仁在《刑法概说（总论）》中，进一步系统地阐述了人格刑法理论，将

---

① 参见李海东主编：《日本刑事法学者》（上），法律出版社、成文堂1996年版，第231–232页。
② 参见胡学相：《量刑的基本理论研究》，武汉大学出版社1999年版。
③ 参见[日]大塚仁：《刑法概说（总论）》（第三版），冯军译，中国人民大学出版社2003年版，第99–100页。

他所构想的"人格的犯罪理论"和"人格的刑罚理论"相结合,称之为"人格刑法学"。① 人格刑法学突破了将人格考虑仅限于责任论范畴,而将人格责任论主张的人格与行为的双重考虑推及至刑法学犯罪论和刑罚论中。至此,人格刑法理论的胚胎由此形成。②

张文教授是我国刑法学界对人格刑法领域研究具有代表性的学者之一,他在《人格刑法导论》一书中首次提出"刑事法人格化"概念。他认为,所谓刑事法人格化,是将犯罪危险性人格引入定罪、量刑、行刑全体规制,使其贯穿于刑法、刑事诉讼法、监狱法等刑事法之中。③ 张文等学者提倡不同于大塚仁的人格刑法学,对行为刑法与行为人刑法既进行了结合,又有所发展,即在保留现行的犯罪构成要件之下,以客观行为为前提,以犯罪人格这一主观性质的事物为补充,形成"客观的危害社会行为+主观的犯罪人格"这样一种二元的定罪量刑机制。他们认为,"突破现行以行为为中心的定罪机制,将犯罪人格由以往的量刑阶段推进到定罪阶段,才能真正地克服行为刑法——不重视犯罪人危险性的缺陷"。④ 相较于大塚仁的较为保守且含蓄的人格刑法学,张文教授的人格刑法学则是一种较为激进和张扬的人格刑法学。翟中东教授主张,我国刑法应当将人格纳入定罪范畴,但人格只宜作为出罪根据,而不宜作为入罪根据,其主要理由是,将人格不作为入罪的根据可以避免权力滥用的可能。⑤ 此外,胡东平博士在《人格导入定罪研究》一文中认为,刑法学中的人格仅指表现个体差异和群体差异的层面的人格,目前人格在定罪中的功能应当采取缓和的人格出罪,即行为界于罪与非罪之间时,才能根据人格出罪。⑥

2. 关于多次犯视角下的人格刑法说评析

翟中东教授认为,对犯罪倾向大的人格的人,如具有多次违法犯罪史的

---

① 参见[日]大塚仁:《刑法概说(总论)》(第三版),冯军译,中国人民大学出版社2003年版,第57页。
② 参见何丽娜:《人格刑法理论研究》,广西民族大学2014年硕士学位论文,第8页。
③ 参见张文、刘艳红、甘怡群:《人格刑法导论》,法律出版社2005年版,第13页。
④ 张文、刘艳红:《人格刑法理论之推进与重建》,载《浙江社会科学》2004年第1期,第117页。
⑤ 参见翟中东:《关于将人格导入定罪活动的研究》,载《当代法学》2004年第5期,第28页。
⑥ 参见胡东平:《人格导入定罪研究》,武汉大学2010年博士学位论文,第4-5页。

人，在不良家庭中长大的人，即使其实施的行为危害不大，也可以考虑认定为犯罪。① 胡东平博士主张，犯罪的社会危害性主要由客观损害性、主观恶性及人格危险性组成。如我国刑法中规定的多次犯的犯罪构成，其特点是，通常只要求具备危害行为及罪过等犯罪构成的共同要件，而对危害结果不作规定，并符合表现行为人人格危险性的要件——多次实施危害行为，以使行为的整体社会危害性达到犯罪的程度。② 但也有研究质疑人格责任作为多次犯理论依据的合理性，认为行为人的人格因素是一个内涵和外延都很广阔的概念，在实践中难以做到真正意义上全面而客观地评价。③ 在评析上述观点之前，需要先明晰刑法学上"人格"的概念，再论证多次犯是不是人格刑法说理论在我国刑法中的投射。

一般认为，人格属于心理学范畴。关于人格的定义，我国台湾地区心理学家杨国枢先生认为，人格是个体与其环境相互作用的过程中所形成的一种独特的身心组织，而此一变动缓慢的组织使个体适应环境时，在需要、动机、兴趣、态度、价值观念、气质、性向、外形及生理等诸方面，各有其不同于其他之处。④ 黄希庭教授进一步认为："人格是个体在行为上的内部倾向，它表现为个体适应环境时在能力、情绪、需要、动机、兴趣、态度、价值观、气质、性格和体质等方面的整合，是具有动力一致性和连续性的自我，是个体在社会化过程中形成的给人以特色的身心组织。"⑤ 杨国枢先生和黄希庭教授的人格定义揭示了人格主要特征，即人格形成多因性、人格个体独特性、人格相对稳定性，完整准确全面地阐释了人格的丰富内涵，而我国大部分学者也比较认同他们的定义。心理学上的人格概念普遍适用于社会一般群体，而犯罪人群具有一般群体没有的特殊的人格特点，有研究人员通过对劳教人员和一般人群中与之年龄、文化相似的男性进行对照分析，显示劳教人员存在明显的人际关系敏感、躯体不适、强迫、抑郁、焦虑、偏执、疑病、病态

---

① 参见翟中东：《关于将人格导入定罪活动的研究》，载《当代法学》2004年第5期，第28页。
② 参见胡东平：《人格导入定罪研究》，武汉大学2010年博士学位论文，第104页。
③ 参见孙凤娇：《我国刑法中"多次犯"的立法研究》，中南财经政法大学2020年硕士学位论文，第17页。
④ 参见陈仲庚、张雨新编著：《人格心理学》，辽宁人民出版社1986年版，第48-49页。
⑤ 黄希庭：《人格心理学》，浙江教育出版社2002年版，第8页。

人格、分裂样、躁狂、内向等精神症状，分析结果表明劳教人员先前就有精神病态人格。① 但何谓刑法中的"人格"，学界尚未形成统一认识，就连创建人格责任论的日本学者团藤重光，以及将其由责任论发展贯彻到整个犯罪论、刑罚论并进而建立人格刑法学的大塚仁，也没有明确说清楚这一问题。② 有学者试图追本溯源分析，认为人格责任论中的"人格"是指道义上的评价或伦理价值评判的概念。③ 但遗憾的是，该学者也没有给人格刑法中的人格下定义，最后无奈选择了心理学上的人格含义。

笔者认为，刑法中的人格定义应当以心理学人格的定义为依托，人格刑法学的人格具体化就是指犯罪人人格，犯罪人人格与非犯罪人人格（心理学人格）之间有无区别，实质是犯罪人与非犯罪人是否同质的问题，在这一问题上，古典派与实证派有着截然不同的理解。④ 我国有学者提出基本预设：犯罪人与非犯罪人之间并无本质区别。这包含两层意思：一是犯罪人与非犯罪人都属于人类，他们之间的区分是一种文化上的后果，即按照某种价值标准进行的人为区分；二是犯罪人不是先天注定或生物遗传的，也不存在所谓注定使人陷于犯罪的"犯罪人格"或者"犯罪心理结构"。⑤ 笔者认为，这一预设基本是正确的，但对否认犯罪人的"犯罪人格"或者"犯罪心理结构"存在的认识难以苟同。不可否认，犯罪人与非犯罪人的情感和行为方式都符合人类情感发展和行为发生的一般规律，但人格具有独特性，且相较而言，具体人格存在差异性，主要归因于人格形成的多因性。所以，犯罪人格与非犯罪人格的形成必然存在相异的因素，可以以积极的因素与消极的因素来划

---

① 参见何伋、陈景清等：《劳教人员的心理状况及其犯罪的相关性对照分析》，载《四川精神卫生》2003年第1期，第35-36页。
② 参见［德］克劳斯·罗克辛：《德国刑法学总论：犯罪原理的基础构造》（第1卷），王世洲译，法律出版社2005年版，第154页。
③ 参见胡学相、孙雷鸣：《对人身危险性理论的反思》，载《中国刑事法杂志》2013年第9期，第25页。
④ 古典派认为，犯罪人与非犯罪人具有共同的本质——都具有理性和自由意志，犯罪人选择犯罪行为，与其他非犯罪人选择做一名泥瓦匠或者一名歌唱家一样，都是出于自由意志的选择；实证派认为，犯罪人与非犯罪人之间存在本质区别，这种区别近乎人类与动物之间的区别，是一种类与类之间的区别，犯罪人实施犯罪行为，主要是由其生物遗传因素所决定的。参见许章润主编：《犯罪学》，法律出版社2016年版，第91页。
⑤ 参见许章润主编：《犯罪学》，法律出版社2016年版，第91页。

分，这些因素整合形成稳定的、连续的心理结构，在适应特定环境时表现出不同的反应，犯罪人会有犯罪倾向表达，符合主观思想决定客观行为的哲学原理。因而，犯罪人格的定义不能舍弃心理学人格的基本特征，从这个思路定义刑法中的人格是必要的、可行的、可被接受的。笔者认为，对刑法学中人格的称谓和概念比较精准的观点是："犯罪人格是指导致犯罪人实施犯罪行为的各种人格特征的有机结合，即形成了相对稳定的、内在的、犯罪倾向的特定个性心理结构。"[1]

在辨析人格刑法理论中人格含义基础上，笔者认为，多次犯立法的指导思想是人格刑法学说的观点是站不住脚的。现代刑法的基本观念是"无行为，无犯罪"。对犯罪人适用刑法就是"确定被审理的行为（不作为）同法律中所规定的犯罪构成相符合"[2]。我国刑法是典型的行为刑法，刑法评价的对象只能是行为人的行为，犯罪构成其他方面的构成要件都是说明危害行为的具体性质和严重危害程度的。那么，具有犯罪人格的行为人在适应特定环境时，尚未表达犯罪倾向进而实施犯罪行为，或者因各种因素而最终放弃犯罪，则刑法所保护的社会关系就不会遭受现实的威胁和实际的损害，则就没有必要对行为人进行刑事惩罚了。也就是说，具有犯罪人格的行为人并不是在任何特定环境下必然实施犯罪行为，犯罪人格只是行为人实施犯罪的内在潜藏因素。这一论断符合马克思对法的调整对象的认识。马克思指出："对于法律来说，除了我的行为以外，我是根本不存在的，我根本不是法律的对象，我的行为就是我同法律打交道的唯一领域。"[3] 从我国刑法犯罪概念规定上可以看出，刑法对"思想犯罪"予以根本否定，同理，对具有犯罪人格而没有实施犯罪的人，刑法保持谦抑的态度。

那么，具有犯罪人格且实施了犯罪的人，刑法是否要对其犯罪人格进行谴责呢？首先，我国犯罪构成四个要件紧密联系、相辅相成，犯罪人格无任

---

[1] 丘丽丽：《人身危险性理论与犯罪人格理论之比较》，中国政法大学2010年硕士学位论文，第20页。

[2] ［苏］A. H. 特拉伊宁：《犯罪构成的一般学说》，王作富等译，中国人民大学出版社1958年版，第4页。

[3] 《马克思恩格斯全集》（第1卷），人民出版社1956年版，第16-17页。

何落脚,因其具有综合性特点,也无法被任一要件所包容,因而犯罪人格既不是犯罪构成要件,也不是犯罪构成要件的要素,多次犯只需具备四个要件即可宣告成立。其次,多次犯是犯罪构成意义上的多次犯罪类型,如果将犯罪人格作为其犯罪成立的要件,就会存在法外定罪侵犯人权或者放纵犯罪人之嫌。再次,从人格刑法观中人格的定位分析,大塚仁坚持客观主义的立场,定罪的对象是人格的行为,符合构成要件的行为体现了行为人人格,人格的作用体现在对行为人惩罚的方向上,也就是说,人格没有给行为人定罪起到决定性的作用。因而,危害行为仍然是多次犯认定的根据。最后,人格即使根据现有科学技术能够测量,但将犯罪是否成立的认定权旁落到科学工具的判断上,也是值得怀疑的。① 人格作为犯罪构成要件的最大现实障碍在于刑事司法中对人格的判断,从目前实践看,心理学家们对人格测量②方法的客观性、准确性、科学性仍然存在很大的争议。笔者不否认人格测量的价值,但在人格测量标准尚未确定的前提下,急于将犯罪人格要件化,势必落入行为人刑法的窠臼,与罪刑法定原则中的明确性要求的冲突将难以调和。张文教授的人格刑法学思想,虽然在自身逻辑上是能够成立的,但在刑事政策上却难以接受,司法上缺乏可操作性,其立足当下只是一种美好的构想。③

(三) 法益侵害说

1. 法益侵害说概述

中世纪的西欧长期处于黑暗时代,宗教神学是当时封建社会的绝对权威,因此当时宗教犯罪、风俗犯罪被认为是最严重的犯罪。随着文艺复兴运动的兴起与启蒙运动的推进,封建专制主义、宗教愚昧及特权主义遭到进步思想家的猛烈批判,天赋人权、民主、自由平等的观念深入人心,整个西方法制经历了从身份到契约的实质性的变迁。④

---

① 参见张曙光:《人格刑法专题研讨会集粹》,载《中外法学》2009年第5期,第796页。
② 人格测量,就是测量人的性格、气质、兴趣、动机、需要、心理适应性、品德等个性心理特征。人格测量方法主要包括四大类:投射测量、主体测量、自陈量表和行为测量。参见黄光扬:《心理测量的理论与应用》,福建教育出版社1996年版,第14页。
③ 参见陈兴良:《人格刑法学:以犯罪论体系为视角的分析》,载《华东政法大学学报》2009年第6期,第25-26页。
④ 参见[英]梅因:《古代法》,沈景一译,商务出版社1996年版,第97页。

受启蒙思想家卢梭的社会契约论的启示，近代刑法学之父、德国刑法学者费尔巴哈提出"权利侵害说"，该学说以启蒙后期自然法思想的理性法哲学为思想基础，旨在限定国家的目的和任务，在18世纪末至19世纪上半期的刑法学中占据通说地位。权利侵害说的基本内容是，犯罪的本质是对他人权利的侵害；国家也具有人格、享有权利；刑法的任务便是保护权利。可以说，费尔巴哈的权利侵害说，是启蒙后期自然法思想与政治自由主义的一个表现，[①] 具有限制作为犯罪科处刑罚的行为范围的意义。[②] 由于权利侵害说不能解释一些犯罪（如德国刑法中的"反伦理和反宗教"犯罪、违警罪，这些犯罪没有侵害具体的受害人的权利），且与以萨维尼为代表的历史法学派[③]的主张相冲突，这种建立在个人自由主义基础之上的刑法学说，随着时代的变换与权利之扩展，呈现没落之势，并逐渐被"法益侵害说"所取代。[④]

在19世纪中期，德国刑法学者毕恩鲍姆针对权利侵害说无法自洽的缺陷，首倡"法益侵害说"。他在1834年发表的《犯罪概念中法益保护的必要性等》一文中指出，犯罪所侵害的是各种财产，而非权利。[⑤] 在毕恩鲍姆看来，[⑥] 费尔巴哈的权利侵害说存在两个致命的缺陷。其一，该说所划定的犯罪圈过于狭窄。当时的刑法明确规定了违反道德和宗教信仰的犯罪。由于此类行为并未侵犯任何人的主观权利，故权利侵害说就难以说明其可罚的依据。[⑦] 其二，"权利侵害"这一表述本身是不准确的。因为财物被盗并不会导致物主丧失其对该物的所有权，故权利作为法律赋予公民的一种资格，不具有被毁坏的可能，也无法成为犯罪侵害的对象。有鉴于此，毕恩鲍姆提出，

[①] 参见张明楷：《法益初论》（修订版），中国政法大学出版社2003年版，第10页。
[②] 参见马克昌主编：《近代西方刑法学说史略》，中国检察出版社2004年版，第99页。
[③] 萨维尼否定自然法的存在，认为费尔巴哈的权利侵害说忽视了民族历史和民族文化，且主张自然法是一个根据不足的超经验先天假设，不能成为法的渊源。
[④] 参见张明楷：《刑法学》（第二版），法律出版社2003年版，第107页。
[⑤] 参见张明楷：《法益初论》（修订版），中国政法大学出版社2003年版，第17页。
[⑥] "关于毕恩鲍姆对费尔巴哈权利侵害说的批判及刑法保护对象的认识"引用的外文文献，转引自陈璇：《法益概念与刑事立法正当性检验》，载《比较法研究》2020年第3期。
[⑦] 尽管费尔巴哈认为纯粹的背德行为因缺少权利侵害性而不属于刑事犯，故将之排除在他所起草的1813年《巴伐利亚刑法典》之外，但与此同时，费尔巴哈又并不主张使该类行为完全无罪化，而是认为可以将其归入违警犯之中。

犯罪所侵害的对象不是权利本身,而是权利的客体,即某种益。[1] 他不再像权利侵害说那样将某一特定的国家哲学思想作为导出犯罪本质的来源,而是以更为贴近刑事立法和司法实践的姿态,将刑法保护的对象划分为两类:一类产生于人的自然属性,即"自然的"益;另一类则发端于社会和集体,即"社会的"益,它包括了道德和宗教信念。[2] 这样一来,毕恩鲍姆的法益概念就具有了远比权利侵害说更大的包容力,可以顺利地将违反道德和宗教戒律的行为划入犯罪圈之内。

法益侵害说提出之后,由宾丁、李斯特等学者对之加以发展成熟。宾丁认为,立法者要探究人、物、状态等健全的共同生活的事实的诸条件,探究导致攻击的诸条件,再进一步探究直接的欲求保护的客体,这便是规范的保护客体,这种保护客体称为法益。[3] 宾丁的法益论具有双重性质,一方面,他以法实证主义为基本立场,否定介入规范外的评价,从实定法规的分析构筑其刑法理论,这显然具有自由主义的性质。另一方面,宾丁强调规范的背后是国家权力,这明显反映出其权威主义的一面。[4] 之后,李斯特以目的论思想为前提,强调把握刑罚本质立场的正当性,主张将刑罚从报应观念中解放出来,使刑罚概念彻底转换为有目的意识的法益保护。他指出:"法都是为了人而存在的。人的利益,包括个人的及全体的利益都应当通过法的规定得到保护和促进。我们将法所保护的这种利益叫作法益。"[5] 宾丁和李斯特的法益论的区别在于,前者认为法益完全由立法者主观地决定,即只要立法者认为有保护的必要,就可以决定什么是法益。相反,后者认为法益不是立法者的创作,而是在社会生活中生成的、先于法的人的利益。两者的根本区别在于,宾丁的法益概念是从属于实定法的,而李斯特的概念则是先于或外在

---

[1] Vgl. Birnbaum, Über das Erforderniß einer Rechtsverletzung zum Begriffe des Verbrechens, mit besonderer Rücksicht auf den Begriff der Ehrenkränkung, Archiv des Criminalrechts, Neue Folge 15 (1834), S. 149 (172).

[2] Vgl. Birnbaum (Fn.1), S. 177.

[3] 参见张明楷:《法益初论》(修订版),中国政法大学出版社2003年版,第31页。

[4] 参见张明楷:《法益初论》(修订版),中国政法大学出版社2003年版,第33-34页。

[5] 转引自[日]庄子邦雄、[美]李斯特、[日]木村龟二:《刑法学入门》,有斐阁1957年版,第100页。

于实定法的。①

我国现有的主流刑法理论中不存在法益概念。刑法理论界主张并坚持法益侵害说的代表性观点,如张明楷教授在其《法益初论》一书中对法益、刑法法益作了界定,将法益定义为:"法益是指根据宪法的基本原则,由法所保护的、客观上可能受到侵害或者威胁的人的生活利益。……其中由刑法所保护的人的生活利益,则是刑法上的法益。"② 他认为,刑法的目的与任务是保护合法权益;《刑法》第 13 条所规定的犯罪定义指明了犯罪是侵犯合法权益的危害行为;刑法分则所规定的各种犯罪都是对合法权益的侵犯,即对任何具体犯罪都可以用"侵犯合法权益"来说明,因此"犯罪的法律本质是侵犯法益"(这里的"法益"是值得以科处刑罚来保护的法益)。③ 何秉松教授将犯罪客体解释为"犯罪主体的犯罪活动侵害的,为刑法所保护的法益"④。陈兴良教授则指出,法益侵害与社会危害性相比,具有"规范性、实体性、专属性"等优越性,主张"应当把犯罪客体还原为刑法法益;然后将刑法法益纳入犯罪概念,以法益侵害作为犯罪的本质特征,由此取代社会危害性概念"。⑤

2. 关于多次犯视角下的法益侵害说评析

张志勋副教授在《多次犯研究——以系统论为视角》一文中主张多次犯的立法符合法益侵害说,他认为:"法益侵害说常常主张,结果无价值论,即在判断行为是否具有违法性时,最基本的是考虑行为是否侵害或者威胁了法益,没有侵害或者威胁法益的,即使行为人的内心再恶,本身严重违反社会伦理,也认为没有违法性。"⑥ 我国多次犯罪状的描述均属于对行为本身的概括,这些行为本身已经对相应的法益产生了侵害,将其入罪不违反法益侵害说。

---

① 参见覃斌武:《法益范畴的法理学改造》,湘潭大学 2007 年硕士学位论文,第 13 页。
② 参见张明楷:《法益初论》(修订版),中国政法大学出版社 2003 年版,第 167 页。
③ 参见张明楷:《刑法学》(第三版),法律出版社 2007 年版,第 86 页。
④ 何秉松主编:《刑法教科书》,中国法制出版社 2000 年版,第 291 页。
⑤ 参见陈兴良:《社会危害性理论——一个反思性检讨》,载《法学研究》2000 年第 1 期,第 15-16 页。
⑥ 张志勋:《多次犯研究——以系统论为视角》,南昌大学 2016 年博士学位论文,第 43-44 页。

也有研究持反对意见，认为法益侵害说的缺陷在于法益侵害的内涵过于宏观。如果将法益侵害作为一切行为入罪的理论依据，那么法益侵害对犯罪本质的抽象概括在实际运用中未免过于抽象。另外，法益侵害仅从客观层面考量多次违法行为入罪，难以清晰地解释行政法中的法益由于多次侵害而上升为刑法中的法益的原因。①

关于犯罪本质的争议超出了本书的考察范围，从笔者翻阅、研习的相关专著、文献看，主张将"社会危害性"逐出刑法学领域而代之以"法益侵害性"的理论观点，遭到了我国刑法学界犯罪本质通说理论学者激烈而持续的批判与反驳。如马克昌先生认为，由于法益侵害说自身的局限性，不可能真正揭露犯罪的本质，只是用"法益"这个抽象概念将犯罪的真正本质加以掩盖。② 周光权教授提出，在根据一般社会经验确定抽象危险是否存在时，究竟是保护法益还是保护社会的规范关系？③ 法益侵害说视野中的法益就应当是具体的、与个人紧密关联的利益。但是，把对社会法益的抽象危险也视为法益侵害，会使法益概念抽象化、精神化，这也与个人法益保护原则、谦抑的法益保护原则相冲突。这样的法益侵害说只不过是社会伦理规范违反说换了一个说法而已。④ 陆诗忠教授对法益侵害说的科学性提出疑问，认为刑法法益的范围不确定性具有破坏国家法治、侵犯人权保障之虞；法益的规范性、价值中立性决定法益侵害说不能反映犯罪的政治性与伦理性；法益的纯客观性决定法益侵害说不能充当罪刑均衡的尺度，无以体现"主客观相统一"这一基本原理。⑤

纵使法益侵害说的理论价值不可否认，其加深了刑法学界对犯罪本质、刑罚目的、人权保障、刑法基本原则等刑法学重要理论的理解与认识，但该

---

① 参见孙凤娇：《我国刑法中"多次犯"的立法研究》，中南财经政法大学2020年硕士学位论文，第17页。
② 参见马克昌主编：《犯罪通论》（第三版），武汉大学出版社2013年版，第4页。
③ 参见周光权：《刑法各论讲义》，清华大学出版社2003年版，第156页。
④ 参见［日］山中敬一：《刑法总论Ⅰ》，成文堂1999年版，第46页。转引自周光权：《论刑法学中的规范违反说》，载《环球法律评论》2005年第2期，第166-167页。
⑤ 参见陆诗忠：《对我国犯罪本质理论的思考》，载《华东政法大学学报》2010年第6期，第27-28页。

理论无法自洽的局限性仍然存在，法益侵害说产生、发展、完善有着不同于我国的历史背景、文化传统、哲学基础、社会制度、价值观念，将法益侵害说移植于我国刑法理论体系必然产生排斥反应，对我国刑事立法理解和司法统一适用都将造成不利影响。因此，基于历史主义的立场，笔者坚持我国刑法理论关于犯罪本质的通说，即犯罪的本质是反对统治关系。统治关系就是掌握国家政权的阶级所确认和维护的对社会实行阶级统治的关系，它包括政治关系、经济关系、思想文化关系、伦理道德关系等。[①]《中华人民共和国宪法》（2018年修正）第1条[②]鲜明地指出我国的国家性质，即我国是工人阶级领导的、以工农联盟为基础的人民民主专政的社会主义国家。人民是什么？毛泽东同志在《论人民民主专政》一文中指出："人民是什么？在中国，在现阶段，是工人阶级，农民阶级，城市小资产阶级和民族资产阶级。"[③] 在中国特色社会主义新时代，我国人民范围包括全体社会主义劳动者、社会主义事业的建设者、拥护社会主义的爱国者和拥护祖国统一和致力于中华民族伟大复兴的爱国者。人民民主专政就是人民享有民主，对敌人实行专政，是民主和专政的结合。因此，在我国刑法论域，犯罪的本质就是反抗人民民主专政的社会关系。这些社会关系概括起来就是1997年《刑法》第13条[④]所列举的："危害国家主权、领土完整和安全，分裂国家、颠覆人民民主专政的政权和推翻社会主义制度，破坏社会秩序和经济秩序，侵犯国有财产或者劳动群众集体所有的财产，侵犯公民私人所有的财产，侵犯公民的人身权利、民主权利和其他权利，以及其他危害社会的行为"等。由是，多次犯刑事立

---

① 参见高铭暄主编：《刑法学原理》（第一卷），中国人民大学出版社2005年版，第378-379页。

② 《中华人民共和国宪法》（2018年修正）第1条："中华人民共和国是工人阶级领导的、以工农联盟为基础的人民民主专政的社会主义国家。社会主义制度是中华人民共和国的根本制度。中国共产党领导是中国特色社会主义最本质的特征。禁止任何组织或者个人破坏社会主义制度。"

③ 《毛泽东选集》（第四卷），人民出版社2008年版，第1475页。

④ 1997年《刑法》第13条规定："一切危害国家主权、领土完整和安全，分裂国家、颠覆人民民主专政的政权和推翻社会主义制度，破坏社会秩序和经济秩序，侵犯国有财产或者劳动群众集体所有的财产，侵犯公民私人所有的财产，侵犯公民的人身权利、民主权利和其他权利，以及其他危害社会的行为，依照法律应当受刑罚处罚的，都是犯罪，但是情节显著轻微危害不大的，不认为是犯罪。"

法，从根本上而言，就是因为侵犯了我国刑法保护的社会关系，而不是所谓的对刑法法益的侵害。

（四）量变质变说

1. 量变质变规律概述

通说认为，唯物辩证法有对立统一、量变质变、否定之否定三个紧密联系的基本规律，其中对立统一规律是最基本的规律，其他两条基本规律是对立统一规律的显现形态。对立统一规律揭示了发展的源泉，回答了为什么会发展；质量互变规律揭示了发展的形式，回答了发展是怎样进行的；否定之否定规律揭示了发展的特征，回答了发展的趋势是什么。① 毛泽东同志读苏联《政治经济学教科书》时谈到了量变质变规律问题，深刻阐明了量变质变规律的基本内容，他指出："量变和质变是对立的统一。量变中有部分的质变，不能说量变的时候没有质变；质变是通过量变完成的，不能说质变中没有量变。质变是飞跃，在这个时候，旧的量变中断了，让位于新的量变。在新的量变中，又有新的部分质变。在一个长过程中，在进入最后的质变以前，一定经过不断的量变和许多的部分质变。"② 具体表现为，量变和质变相互渗透，是连续性和阶段性的统一，总的量变过程中的部分质变，说明事物发展具有阶段性特点；质变中量的扩张，说明事物发展的阶段又是一个连续性的过程。阶段性和连续性的统一，使事物发展既有节奏性，又有连贯性，这个规律对于我们把握客观事物运动的发展有着重要的指导意义。③

关于量变与质变的关系，一些哲学教科书认为事物发展变化是先从单纯的量变开始，量变积累到一定程度，即突破度的界限，才发生质变。也就是说，没有单纯的量变做准备，是不会发生质变的。这种认识源自德国古典哲学代表人物黑格尔的量变质变思想，他认为："一方面定在的量的规定可以

---

① 参见付林、李子恩：《关于唯物辩证法的规律和范畴》，载《江汉论坛》1979年第2期，第57页。
② 《毛泽东文集》（第八卷），人民出版社1999年版，第107页。
③ 参见唐建军：《从量变质变规律看先富起来和共同富裕的关系》，载《立公会计高等专科学校学报》2000年第2期，第62页。

改变，而不致影响它的性质，但同时另一方面这种不影响质的量之增减，也有其限度，一旦超出其限度，就会引起质的改变。例如，水的温度最初是不影响水的液体性的。但液体性的水的温度之增加或减少，就会达到这样的一个点，在这一点上，这水的聚合状态就会发生质的变化，这水一方面会变成蒸气，另一方面会变成冰。"① 在列宁看来，这种从表面现象认识事物发展变化的思想"非常勉强而又空洞"，是"令人莫名其妙"的。② 显然，教科书将量变与质变割裂开来，认为量变与质变是事物发展变化的两个独立的不同阶段，量变不包含质变，质变也不存在量变，机械地认为量变积累发生质变，没有深刻认识到事物内部存在既对立又统一的两个方面，而正是这两个方面长期不断地统一与斗争，引起量变、质变同时发生、互相转化，才推动着事物发生根本性质的变化。因而，前述哲学教科书的观点是反马克思主义的，不符合唯物辩证法原理。

2. 关于多次犯视角下的量变质变说评析

有学者评述多次违法构成犯罪的立法价值，认为多次违法构成犯罪的刑事立法，从社会关系被反复侵害出发，反映了违法的量的积累到犯罪的质的变化过程，符合刑法总则关于犯罪的规定。根据我国《刑法》第13条关于犯罪的规定，社会危害性是决定犯罪的实质特征，但是任何违法行为都具有社会危害性，因此社会危害性只是犯罪的前提条件，只有危害社会达到一定的程度，才能以犯罪论处。按照辩证唯物主义的观点，任何系统都是质与量的统一，犯罪作为一个复杂的社会系统，同样也不例外，在这一系统中，行为的社会危害性是质，而危害程度是量，只有当量达到一定程度时，才会引起质的变化。③ 张志勋副教授把这种观点归纳为量变质变说，根据量变质变规律，认为违法与犯罪是两种不同性质的事物，当违法的量不断累积，就有可能质变成犯罪。多次违法入罪，既有量的累积，也有质的考虑，即单一的违法行为不会作为犯罪处理，但多次违法行为作为一个行为整体被刑法评价时，

---

① [德]黑格尔：《小逻辑》，贺麟译，商务印书馆1980年版，第236页。
② 参见谷迎春：《〈黑格尔《逻辑学》一书摘要〉初探》，河南人民出版社1984年版，第153页。
③ 参见李恩民：《多次违法构成犯罪初探》，载《人民检察》1999年第2期，第12页。

应该是将质与量两者兼顾，至少从四个方面①加以综合评价。②

一般违法行为与犯罪都具有社会危害性，社会危害性是二者的共同特征。关于违法行为与犯罪的划分标准，马克昌教授认为，犯罪与一般违法行为的区别在于社会危害性程度不同，只有行为的严重社会危害性才能说明犯罪的根本特征，才能从社会危害性的质与量上，将犯罪与一般违法行为区别开来。同时，认为行为的严重社会危害性是犯罪的本质特征，也是符合我国刑法的规定和马克思主义创始人的犯罪观的。③

从以上两位学者对各自观点的阐述看，多次犯是违法行为的社会危害性的量积累到犯罪的社会危害性程度发生质变的结果和存在形式，符合事物量变质变发展规律。储槐植教授也这么认识违法行为与犯罪的不同之处。储槐植教授在《我国刑法中犯罪概念的定量因素》一文中，以化学成分同为 H_2O 的三种不同形态冰、水、水蒸气为例，认为根据社会危害程度大小不同（数量差异），可以分为违反治安管理的行为、需要劳动教养的罪错、犯罪，这三者的社会性质和国家评价不一样，犯罪是量变引起质变的结果。并对我国刑法犯罪概念予以高度评价，"但书把定量因素明确地引进犯罪的一般概念之中，反映了人类认识发展的时代水平，是世界刑事立法史上的创新"④。时隔12年后，他再次撰文，通过比较分析，主张我国刑法界定犯罪概念的模式是"定性＋定量分析"模式，"定性＋定量分析"是指在界定犯罪概念时，既对行为的性质进行考察，又对行为中所包含的"数量"进行评价，是否达到一定的数量对决定某些行为是否构成犯罪具有重要意义。⑤而这个定量因素在总则中的具体体现是犯罪概念的"但书"规定。

李居全教授对此观点表示异议，反对的理由是，社会危害性是质的规定

---

① 四个方面是指：违法行为在伦理道德上之非难性、行为所破坏与危及之法益的价值与程度、违法行为的社会危险性、刑罚之无可避免性。转引自林山田：《论刑事不法与行政不法》，载《刑事法论丛（二）》，丰兴印刷厂有限公司1997年版，第36页。
② 参见张志勋：《多次犯研究——以系统论为视角》，南昌大学2016年博士学位论文，第45－46页。
③ 参见马克昌主编：《犯罪通论》（第三版），武汉大学出版社2013年版，第19－20页。
④ 储槐植：《我国刑法中犯罪概念的定量因素》，载《法学研究》1988年第2期，第28页。
⑤ 参见储槐植：《再论我国刑法中犯罪概念的定量因素》，载《法学研究》2000年第2期，第36页。

性，社会危害程度是在质的基础上的量的积累，其只能说明犯罪的严重程度，不能说明罪与非罪的问题。如果在社会危害性这一质的范围内，以社会危害性的一定的量作为质变的关节点（即度），这实际上是在量的积累过程中，人为地切断了量的积累过程，在不具备质变条件的情况下强行飞跃，违反了量变质变规律。①

笔者对李居全教授反对的理由不敢苟同，李教授关于区分罪与非罪的观点也值得商榷。李教授认为，犯罪所具有的社会性，实质上是阶级社会的社会性，犯罪的社会危害性是具有阶级性的社会危害性。对社会的危害不同于对个人、单位或团体的危害，而是对占统治地位的社会关系的危害。对个人、单位或团体的危害对现行统治关系不构成威胁，就不具有社会危害性，因而不具有犯罪的本质。诚如王牧教授所言，"从社会论域看，法律所禁止的行为，都是具有社会危害性的行为。至于何种性质和程度的社会危害性行为以及对这些行为用何种性质的法律（如刑事法、民事法、行政法等）去禁止，就留给立法者以立法来确定了。这是在人类对社会现象和法律现象有了性质上的深入认识之后的事情"②。也就是说，对个人、单位或团体的危害和犯罪的危害都是社会性的危害。

那么，对个人、单位或团体的危害是否会对现行统治关系构成威胁？根据马克思主义，个人与社会具有辩证统一的关系。它们互相依存、互为因果，社会离不开个人，个人也离不开社会，社会作用于个人，个人也反作用于社会。③ 据此原理，对个体包括但不限于个人、单位或团体的直接危害必然间接危害社会这个整体。在阶级社会，统治关系是内在的、稳定的，其社会关系是外在的、多样化的、多方面的，统治关系与社会关系之间是本质与现象的关系。④ 而个体之间的联系是社会关系的载体，因此笔者认为侵害统治阶

---

① 参见李居全：《也论我国刑法中犯罪概念的定量因素——与储槐植教授和汪永乐博士商榷》，载《法律科学》2001 年第 1 期，第 94 页。
② 王牧：《犯罪概念：刑法之内与刑法之外》，载《法学研究》2007 年第 2 期，第 3–20 页。
③ 参见金荣昌：《正确认识个人与社会的关系》，载《杭州师范学院学报》1991 年第 1 期，第 30 页。
④ 参见李居全：《也论我国刑法中犯罪概念的定量因素——与储槐植教授和汪永乐博士商榷》，载《法律科学》2001 年第 1 期。

级保护的个体合法权益就是反对统治关系。将其适用刑法论域,可得出如下结论:犯罪对受害个体(刑事被害人)利益的侵害也就是对其所处社会的整体的侵害,是一种破坏社会秩序的行为,直接侵害个人的犯罪最终也是间接地侵害国家统治秩序和社会秩序的行为。① 所以,对个人、单位或团体的危害必然会对现行统治关系构成威胁或侵害,统治阶级根据维护现行统治需要决定是否将该类危害规定为犯罪。

由此看来,违法行为与犯罪表面似乎只是程度(量)的区别,没有质的区别,但唯物辩证法告诉我们,任何事物都是质和量的统一体,都经过由量的积累到质的飞跃的过程。因此,违法行为与犯罪之间都有各自的量和质,是两种不同的事物。质是事物存在的基本规定性,使事物有相对稳定的外部形式,呈现某种确定的稳定存在,并因此与其他事物在外观上区别开来。② 由是,社会危害性是违法行为和犯罪的本质的具体表现,不足以完整地揭示二者的本质。笔者认为,二者的社会危害性归属于不同法律论域,侵害的社会关系继而受不同部门法律调整和保护,且程度(量)存在差异,即违法行为的社会危害性由非刑法法律规定,犯罪的社会危害性由刑法规定,因而两者的社会危害性也是不同的。高铭暄教授关于犯罪的社会危害性的质和量有着深刻的理性认识,认为犯罪的社会危害性的质是犯罪行为给刑法所保护的社会关系造成的侵害。犯罪的社会危害性的量是危害程度达到了应当受到刑罚的程度。触犯刑律应受刑罚处罚是犯罪的社会危害性的质和量的统一体的法律表现和法律后果。③ 同理,违法行为的社会危害性的质具有其法律论域的违法性评价,违法行为的社会危害性的量具有相应的处罚程度。可见,社会危害性的量只能说明违法行为或犯罪的严重程度,而不能区分违法行为与犯罪,因为量变没有引起质变,事物还是保持相对静止的状态。反过来理解的话,正是由于量的变化引起质的飞跃,我们才可以把犯罪的社会危害性与一般的社会危害性区别开来。具体而言,一般的社会危害性与犯罪的社会危害性在质和量上分别不同,当一

---

① 参见陆诗忠:《对我国犯罪本质理论的思考》,载《华东政法大学学报》2010年第6期,第33页。
② 参见刘桂欣:《唯物辩证法量、质观新探》,载《北方论丛》1994年第6期,第32页。
③ 参见高铭暄主编:《刑法学原理》(第一卷),中国人民大学出版社2005年版,第390页。

般的社会危害性的量的程度引起了自身的质与犯罪客体相结合，则一般的社会危害性的质就变化为犯罪的社会危害性的质，此时违法行为就犯罪化了。

综上所述，违法行为与犯罪是两种不同的事物，它们的质和量有各自的规定性。质与量是对立统一关系，质是量的前提，量是质的基础，"在事物发展过程中，量的积累和排列改变会促成质的变化，质规定着事物量的变化的范围"①。违法行为质变为犯罪的条件是两者之间存在交叉要件，当违法行为社会危害性的量变引起了违法行为的质与犯罪客体的结合，即违法行为的社会危害性的程度（量）超出违法行为质的范围，即突破了维持违法行为质的限度，突破后的社会危害性的量是犯罪的社会危害性的质的范围，在突破或达到犯罪的社会危害性的量时，违法行为就会发生质变并升级为犯罪。以民事盗窃与盗窃罪为例，民事盗窃与盗窃罪都体现社会危害性，当民事盗窃的社会危害性的量引起盗窃行为与盗窃罪的犯罪客体结合时，民事盗窃就质变为盗窃罪了。民事盗窃质变为盗窃罪，是因为两者存在交叉要件——盗窃行为和社会危害性，否则民事盗窃的量变也不会引起质变。因而，多次违法行为犯罪化在一定意义上体现了事物发展量变质变基本规律。笔者认为，多次违法不必然犯罪化，换言之，多次违法的社会危害性的量变可能会存在于其质的范围内，不会引起多次违法的质的变化，如多次侮辱他人不必然会质变为侮辱罪，需要体现统治阶级的意志将其犯罪化的条件。可见，多次违法犯罪化不是自然的变化发展过程，不具有客观性。量变质变规律是事物发展的客观规律，"在社会领域中也是不以人的意志为转移地存在着的"②。因而，法律论域里社会危害性变化符合量变质变原理的说法，是不稳妥的。

二、多次犯立法的理论基础

（一）多次犯立法学说述评

前文已经对理论界就多次犯立法的理论根据的代表性学术观点进行了深

---

① 陈静：《对质量互变规律的再认识》，载《重庆科技学院学报（社会科学版）》2011年第11期，第34页。

② 刘敬诚：《唯物辩证法应有三个基本规律》，载《南昌大学学报（社会科学版）》1980年第4期，第91页。

入、透彻的评析，下面就各学说存在的缺陷作一简要总结。

1. **人身危险性理论**

一方面，人身危险性既不是犯罪的基本特征，也不是犯罪构成的必需的或选择性要件，其在我国对行为人定罪过程中无应用之地。另一方面，人身危险性属于未然的范畴，不是客观存在的事实，只是理论上对行为人的一种预判，且预测人身危险性的内容受制于科学可行的理论和技术，人身危险性只有通过行为事实表征，方可进入刑法的视野。

2. **人格刑法理论说**

一方面，具有犯罪人格的行为人并不是在任何特定环境下必然实施犯罪行为，犯罪人格只是行为人实施犯罪的内在潜藏因素。另一方面，在人格测量标准尚未确定的前提下，急于将犯罪人格要件化，势必落入行为人刑法的窠臼，这与罪刑法定原则中的明确性规则相冲突且难以调和。

3. **法益侵害说**

法益侵害说产生、发展、完善有着不同于我国的历史背景、文化传统、哲学基础、社会制度、价值观念，将法益侵害说移植于我国刑法理论体系必然产生排斥反应，对我国刑事立法理解和司法统一适用都将造成不利影响。

4. **量变质变说**

量变质变规律是事物发展的客观规律，"在社会领域中也是不以人的意志为转移地存在着的"[①]。多次违法犯罪化反映了统治阶级的意志，是一种"干预"的质的飞跃，不符合量变质变规律。

（二）社会危害性说重述

从文义解释角度看，社会危害性就是指一行为所具有的引起社会危险或侵害的属性。1764年，贝卡里亚在其著作《论犯罪与刑罚》一书中关于犯罪标尺的问题就主张："衡量犯罪的唯一和真正的标尺是对国家[②]造成的损

---

① 刘敬诚：《唯物辩证法应有三个基本规律》，载《南昌大学学报（社会科学版）》1980年第4期，第91页。
② 贝卡里亚的刑法学思想以社会契约论为基础，这里的国家与社会等义。从后文他反对意图（思想）作为犯罪的标尺的论述也可说明这一点。

害。"① 贝卡里亚反对将犯罪时所怀有的意图作为衡量犯罪的真正标尺，认为"有时候会出现这样的情况，最好的意图却对社会造成了最坏的恶果，或者最坏的意图却给社会带来了最大的好处"②。由于阶级立场、时代背景、思想基础不同，贝卡里亚的"社会危害性"不等同于马克思主义刑法学中的"社会危害性"概念，贝卡里亚提出的社会危害性是关于犯罪的本质的认识，而在马克思主义刑法学中，犯罪是反对统治关系的斗争，社会危害性是斗争的特征之一。但从贝卡里亚祛除中世纪封建刑法浓厚的神权色彩的历史贡献看，其犯罪观为人们指明了探寻犯罪本质的前进方向，具有里程碑的重大意义。在对两种不同的社会危害性作简要区分的前提下，鉴于我国刑法学理论主要移植借鉴苏联的刑法理论的内容，下文将追本溯源论述社会危害性理论在其母国的演进历程，以及被移植至我国刑法后的情况。并在此基础上，对社会危害性理论形成历史认识，通过对其进行现代解读，以支撑笔者关于多次犯立法的理论根据的主张。

社会危害性理论发端于苏俄③，其产生有着特殊的历史背景，是在苏维埃政权初创阶段，为巩固新生政权和镇压反革命的产物。新生的苏维埃政权把马克思列宁主义奉为圭臬，将其贯穿于苏俄社会不同领域制度之中，"对刑法和犯罪的阶级性质的看法是同马克思列宁主义关于国家阶级性质的学说相联系的"④。苏俄司法人民委员会于1919年12月颁布的《苏俄刑法指导原则》（以下简称《指导原则》），被认为是"历史上第一次从无产阶级立场来揭露刑法阶级本质，来揭露犯罪与刑罚以及其他制度（共犯、未遂等）阶级实质的尝试"⑤。《指导原则》明确规定了社会主义国家的犯罪概念，其第5条规定："犯罪是违反刑法所保护的社会关系的秩序的行为。"这与西方资产

---

① [意]切萨雷·贝卡里亚：《论犯罪与刑罚》，黄风译，北京大学出版社2008年版，第20页。
② [意]切萨雷·贝卡里亚：《论犯罪与刑罚》，黄风译，北京大学出版社2008年版，第20页。
③ 苏俄于1917年11月诞生，在前期它是指十月革命胜利后拥有苏维埃政权的俄罗斯，在后期则是指苏联的加盟共和国之一。苏联于1922年12月诞生，全称为苏维埃社会主义共和国联盟。
④ [苏]A. A. 皮昂特科夫斯基主编：《苏联刑法科学史》，曹子丹等译，法律出版社1984年版，第16页。
⑤ [苏]B. M. 契希克瓦节主编：《苏维埃刑法总则》，中央人民政府法制委员会编译室、中国人民大学刑法教研室译，法律出版社1955年版，第65页。

阶级刑法学中犯罪的形式定义截然不同，如1810年《法国刑法典》第1条规定："法律以违警刑所处罚之犯罪，称违警罪。法律以惩治刑所处罚之犯罪，称轻罪。法律以身体刑或名誉刑所处罚之犯罪，称重罪。"犯罪的形式概念没有揭示行为当罚的实质原因。而《指导原则》关于犯罪的定义以马克思主义犯罪观[①]为指导思想，"是从对法律秩序的损害上、危害上来规定犯罪的定义的"[②]，是一种完全有别于以往的实质的定义方法。今天看来，社会危害性的阶级属性和实质内涵源自犯罪这一实质定义。

社会危害性正式确立于1922年5月颁布的《苏俄刑法典》，该部法典第6条对《指导原则》里的犯罪概念作了进一步具体规定，即威胁苏维埃制度基础及工农政权在向共产主义制度过渡时期所建立的法律秩序的一切危害社会的作为或不作为，都认为是犯罪。"从苏维埃刑事立法对犯罪所下的定义中，可以得出下面的结论：犯罪概念基本的和不可缺少的要件之一，就是作为或不作为的社会危害性。"[③] 1922年12月，苏联成立后，于1924年通过了《苏联及各加盟共和国刑事立法基本原则》（以下简称《基本原则》），《基本原则》明确指出苏维埃刑事立法的任务是"防止破坏劳动人民政权或者违反劳动人民政权所建立的法律秩序的危害社会的行为"，完全照原样保留了1922年编纂的《苏俄刑法典》中的社会危害性是犯罪的基本特征的规定。[④]根据苏联的立法，苏俄以1924年《基本原则》为蓝本，于1926年对1922年《苏俄刑法典》进行了修正和补充，该法典定义的犯罪概念采用"附注"形式排除行为社会危害性情形，其被认为是"彻底地给犯罪下了一个唯物论的定义"。[⑤] 1926年《苏俄刑法典》第6条规定："凡意图反对苏维埃制度，或破坏工农政权于趋向共产主义制度过渡时期所建立的法律秩序之一切作为或

---

① 马克思认为，犯罪——孤立的个人反对统治关系的斗争，和法一样，也不是随心所欲地产生的。相反地，犯罪和现行的统治都产生于相同的条件。同样也就是那些把法和法律看作是某种独立自在的一般意志的统治的幻想家才会把犯罪看成单纯是对法和法律的破坏。参见《马克思恩格斯全集》（第3卷），人民出版社1972年版，第379页。

② [苏] A. A. 皮昂特科夫斯基主编：《苏联刑法科学史》，曹子丹等译，法律出版社1984年版，第20页。

③ [苏] 库德利雅夫采夫：《苏联法律辞典：刑法部分》，刑芳译，法律出版社1957年版，第29页。

④ [苏] A. A. 盖尔青仲：《苏维埃刑法中的犯罪概念》，甘雨沛译，法律出版社1956年版，第37页。

⑤ 参见薛瑞麟：《俄罗斯刑法研究》，中国政法大学出版社2000年版，第24页。

不作为，均认为危害社会行为。附注：凡一行为，形式上虽与本法分则任何条规所定之特征相合，但因其显著轻微，且缺乏损害结果而丧失危害社会之性质者，应不认为犯罪。"①为建立适用整个苏联的刑事立法，1958年发布《苏联和各加盟共和国刑事立法纲要》（以下简称《纲要》），主要涉及刑法典总则的内容。与1926年《苏俄刑法典》中概念的定义不同的是，《纲要》中犯罪的概念包含刑事违法性，即犯罪兼具社会危害性和刑事违法性两个特征。犯罪概念具体规定在《纲要》第7条："凡是刑事法律规定的危害苏维埃社会制度或国家制度，破坏社会主义经济体系和侵犯社会主义所有制，侵犯公民的人身、政治权利、劳动权利、财产权利和其他权利的危害社会的行为（作为和不作为），以及刑事法律规定的违反社会主义法律秩序的其他危害社会的行为，都是犯罪。形式上虽然具备刑事法律所规定的某种行为的要件，但由于显著轻微而没有社会危害性的作为或不作为，不是犯罪。"根据《纲要》规定的犯罪概念，苏俄于1960年制定了新的《苏俄刑法典》，其中只是对《纲要》第7条犯罪概念略作修改，而对犯罪的社会危害性和刑事违法性特征未作任何改动，并一直沿用至苏联解体。

通过上文综述苏俄及苏联各个时期犯罪概念的定义，可以看出，蕴含于犯罪概念中的社会危害性在其不同的历史时期发挥了不同的历史作用。苏俄刑法学以马克思列宁主义思想为指导，社会危害性概念从诞生之初就具有浓厚的阶级属性，是新生的苏维埃政权运用刑法手段镇压反革命行为的正当性理由，其相较于法律属性，显得无关紧要。1919年《指导原则》未规定社会危害性的判断标准，即是确证。社会危害性于1922年《苏俄刑法典》中正式确立后，社会危害性兼具政治与法律双重内涵，且法律内涵地位愈来愈凸显，如在1926年《苏俄刑法典》里发挥了适度缩小犯罪范围的作用。当苏联于1950年进入"全民国家"时代后，社会危害性的阶级属性逐渐淡化。在20世纪80年代国家改革时期，"社会危害性"概念的阶级色彩早已消失，而对社会危害性的修正观点则被后来的俄罗斯刑法学者们所接受并成为主流观点。②

---

① 参见中央人民政府法制委员会编：《苏俄刑法》，陈汉章译，新华书店1950年版，第5页。
② 参见薛双喜：《苏俄刑法学关于社会危害性理论的论争》，载《中国刑事法杂志》2010年第3期，第108页。

第三章　多次犯立法理论

人民民主国家刑法典的犯罪概念是在马克思、列宁关于国家与法的学说的基础上来确定的。因此，在这些刑法典中，首先都要提出社会危害性的标准。[1] 由于意识形态、阶级斗争形势、国内外环境等原因，我国1979年《刑法》以及在此之前的中国刑事立法更多的是借鉴了苏俄早期的刑事立法成果，[2] 从强调阶级性的刑法任务、犯罪概念和刑法目的到反对罪刑法定主义原则而肯定类推制度和刑法具有溯及力，苏俄具有特色的刑法制度都被新中国的刑事立法所接受。[3] 1979年《刑法》第10条[4]规定的犯罪概念就是借鉴了1926年《苏俄刑法典》中犯罪概念的规定。理论上可概括为，犯罪是指触犯刑律应受刑罚处罚的危害社会的行为。"这个概念是实质概念，它揭露了犯罪的阶级性和对国家、对人民、对社会的危害性；它与资产阶级刑法中犯罪的形式概念也即以犯罪的形式特征掩盖犯罪的阶级实质是根本不同的。"[5] 可见，作为自始至终地贯穿于苏俄刑法的精神实质，社会危害性理论跟随着苏俄刑事立法成果一起被移植并正式确立在我国《刑法》中，社会危害性理论由此成为我国刑法立法的指导思想。学界对社会危害性的评价大多是积极的，社会危害性理论在我国也获得了进一步的发展。修订后的1997年《刑法》承继了社会危害性理论，在第13条[6]继续沿用了1979年《刑法》中的犯罪概念，自此社会危害性理论牢牢扎根在我国刑法中，在我国刑法体系中占据核心地位，并在推动刑事立法、打击新型犯罪、丰富刑法学理论研究

---

[1] [苏] A. A. 盖尔青仲：《苏维埃刑法中的犯罪概念》，甘雨沛译，法律出版社1956年版，第43页。

[2] 参见董玉庭、龙长海：《论中国刑事立法同苏俄、俄罗斯刑事立法的关系》，载《学习与探索》2008年第4期，第96页。

[3] 参见李秀清：《新中国刑事立法移植苏联模式考》，载《法学评论》2002年第6期，第126页。

[4] 1979年《刑法》第10条规定："一切危害国家主权和领土完整，危害无产阶级专政制度，破坏社会主义革命和社会主义建设，破坏社会秩序，侵犯全民所有的财产或者劳动群众集体所有的财产，侵犯公民私人所有的合法财产，侵犯公民的人身权利、民主权利和其他权利，以及其他危害社会的行为，依照法律应当受刑罚处罚的，都是犯罪；但是情节显著轻微危害不大的，不认为是犯罪。"

[5] 高铭暄编著：《中华人民共和国刑法的孕育和诞生》，法律出版社1981年版，第36页。

[6] 1997年《刑法》第13条规定："一切危害国家主权、领土完整和安全，分裂国家、颠覆人民民主专政的政权和推翻社会主义制度，破坏社会秩序和经济秩序，侵犯国有财产或者劳动群众集体所有的财产，侵犯公民私人所有的财产，侵犯公民的人身权利、民主权利和其他权利，以及其他危害社会的行为，依照法律应当受刑罚处罚的，都是犯罪，但是情节显著轻微危害不大的，不认为是犯罪。"

等方面发挥着重大作用。

随着1997年《刑法》确立罪刑法定原则,刑法学界就有学者对社会危害性理论提出疑问和诘难。有学者认为,社会危害性并不具有基本的规范质量,更不具有规范性,因而它不具有实体的刑法意义。社会危害性说不仅通过其"犯罪本质"的外衣为突破罪刑法定原则的刑罚处罚提供了一种貌似具有刑法色彩的理论根据,而且也在实践中对于国家法治起着反作用。[①] 陈兴良教授认为,刑事违法性是认定犯罪的根本标准,社会危害性离开了刑事违法性就不能成为犯罪的特征。从注释刑法学的角度上来看,社会危害性是一个理论刑法学的概念,故应将社会危害性的概念逐出注释刑法学领域。[②] 社会危害性本身具有笼统、模糊、不确定性,是罪刑法定的对立面,即刑事类推适用的前提。[③] 根据罪刑法定原则的要求,对法律没有明文规定为犯罪的行为,尽管具有社会危害性,但是对其使用刑罚加以处罚的做法,即类推适用刑法,归因于我国犯罪概念保存了对类推适用有利的某种条件。[④] 对学界中类似的这些观点,我国社会危害性理论的坚定拥趸主张应维护社会危害性在我国刑法学体系中的地位,社会危害性理论的价值不可忽视或抹去,并坚持在通说观点的基础上,调和社会危害性与刑事违法性的矛盾,社会危害性理论与罪刑法定原则一起共同实现刑法惩罚犯罪、保障人权并重的任务和机能。[⑤] 刑法学界的理论争鸣,深化了我国对社会危害性理论的研究,推动了社会危害性内容迈向更加实体、规范、科学的发展之路。本书无力对学界存在的社会危害性争议有关内容一一进行廓清,这也偏离了本书的研究主题。

[①] 参见李海东:《刑法原理入门:犯罪论基础》,法律出版社1998年版,第8页。

[②] 参见陈兴良:《社会危害性理论》,载《法学研究》2000年第1期,第11-13页。

[③] 参见樊文:《罪刑法定与社会危害性的冲突——兼析新刑法第13条关于犯罪的概念》,载《法律科学》1998年第1期,第27页。

[④] 参见王世洲:《中国刑法理论中犯罪概念的双重结构和功能》,载《法学研究》1998年第5期,第122页。

[⑤] 参见赵秉志、陈志军:《社会危害性与刑事违法性的矛盾及其解决》,载《法学研究》2003年第6期;刘艳红:《社会危害性理论之辨正》,载《中国法学》2002年第2期;齐文远、周详:《社会危害性与刑事违法性关系新论》,载《中国法学》2003年第1期;王政勋:《论社会危害性的地位》,载《法律科学》2003年第2期;韩永初:《犯罪本质论——一种重新解说的社会危害性理论》,载《法制与社会发展》2004年第6期等。

因此，笔者拟从立法动因角度阐述社会危害性理论具有存在的合理性，进而证明社会危害性理论是我国多次违法行为犯罪化的刑事立法的依据的正当性。

在论证之前，需要阐明什么是社会危害性？我国刑法学界存在事实说、法益说、属性说之争。事实说认为，"从本质上看，一种行为能够对社会造成这样那样的损害，对社会秩序起着破坏作用"。法益说认为，社会危害性是指对刑法所保护的一定社会关系的侵犯。属性说认为，社会危害性是因行为人侵犯了刑事法律规范而给受法律保护的社会关系带来危害的行为属性。笔者赞同如下观点，所谓社会危害性，是指对社会秩序和社会关系具有破坏作用的行为对社会造成这样或那样损害的事实特性。[①] 因为事实说着眼于行为对社会危害的事实属性，并没有揭示行为具有的社会危害特性。相反，虽然法益说与属性说形式上具有合理性，但弃之行为社会危害性的客观事实载体也不全面。因而，社会危害性不仅是一种事实，还是一种行为属性，是对社会有危害的行为与危害社会的事实相统一的特性。[②]

前文通过回溯社会危害性概念在苏俄的产生、确立及发展历程，向我们表明，社会危害性理论是特定历史环境和阶级斗争需要的产物，带有鲜明的阶级性，"社会危害性理论产生之初，就具有对抗法律形式主义的使命"[③]。我国刑法中的社会危害性概念是从苏俄移植过来的，因而我国刑法学界对社会危害性理论的争议不能忽视、脱离这一历史事实。

在阶级社会里，社会关系是统治关系的体现。统治阶级利用手中的权力，通过法律等手段，确定社会成员相互之间的关系，从而形成整个社会的秩序。[④] 根据马克思主义犯罪观，犯罪的本质是孤立的个人反对统治关系的斗争，因而在以马克思主义刑法观建立的苏俄社会主义刑法中，个人反对统治关系的内容就是侵害统治阶级确立的社会关系和社会秩序，基于对犯罪本质的科学判断，苏俄立法者将刑法的任务确定为保护国家的利益和法秩序，以

[①] 参见青锋：《犯罪的社会危害性新论》，载《现代法学》1991年第3期，第24页。
[②] 参见青锋：《犯罪的社会危害性新论》，载《现代法学》1991年第3期，第27页。
[③] 陈兴良：《违法性论的重塑——一个学术史的考察》，载《政法论坛》2011年第5期，第10页。
[④] 参见李居全：《也论我国刑法中犯罪概念的定量因素——与储槐植教授和汪永乐博士商榷》，载《法律科学》2001年第1期，第92页。

及公民的个人、财产和其他权利,任何侵犯它们的行为都是"危害社会的",揭示了社会危害性的实质内涵。① 1919年《指导原则》首次将犯罪与社会关系直接联系起来,形成实质的犯罪定义,揭露了犯罪的本质属性是阶级性。所谓犯罪的阶级性,大体说来,就是指犯罪这种社会现象产生于阶级社会,根源于阶级矛盾和阶级斗争,反映阶级关系发展变化的历史规律,违反统治阶级利益和统治秩序,被统治阶级予以否定评价的特性,这种特性是由阶级反抗和阶级压迫关系所决定的刑事法律斗争的结果形式。概而言之,犯罪的阶级性,就是表现和反映阶级关系、阶级斗争、阶级利益和阶级意志的内在特征。离开阶级性便无所谓犯罪,认识犯罪就必须论及其阶级性。② 由此可见,"犯罪的社会危害性是具有阶级性的社会危害性"③,也就是说,在阶级社会里,具有社会危害性的某种行为为何被统治阶级认为是犯罪,"从法的意识的阶级观点来说,同样的某种行为也许是犯罪,也许不是犯罪,那只是要以这种行为是为实现哪个阶级的利益为依据"④。所以,犯罪具有相对性,某种危害社会的行为是否被刑法评价为犯罪,关键在于统治阶级的立场,并具体表现为以下两方面。一方面,对同一种行为的社会危害性,不同的阶级或许有不同的评价,有时候评价是一致的,有时候评价却是截然相反的;另一方面,同一阶级在不同时期的评价也可能不一样,即在特定历史时期是犯罪,但随着社会发展变化而又不认为是犯罪的情况。

在此认识基础上,再回到国内对犯罪的界定,1997年《刑法》第13条规定采用了混合犯罪概念,⑤ 不但揭示了犯罪的实质,即犯罪是危害社会的

---

① 参见薛双喜:《苏俄刑法学关于社会危害性理论的论争》,载《中国刑事法杂志》2010年第3期,第108页。
② 参见高铭暄主编:《刑法学原理》(第一卷),中国人民大学出版社2005年版,第395页。
③ 李居全:《也论我国刑法中犯罪概念的定量因素——与储槐植教授和汪永乐博士商榷》,载《法律科学》2001年第1期,第92页。
④ [苏] A. A. 盖尔青仲:《苏维埃刑法中的犯罪概念》,甘雨沛译,法律出版社1956年版,第18页。
⑤ 犯罪概念有三种不同类型,即犯罪的形式概念、犯罪的实质概念、犯罪的混合概念。犯罪的形式概念把犯罪定义为违反刑事法律并且应当受到刑罚处罚的行为;犯罪的实质概念不强调犯罪的法律特征,而是想说明犯罪行为之所以被刑法规定为犯罪的根据和理由;犯罪的混合概念,是指犯罪的实质概念和形式概念合二为一,既指出犯罪的本质特征,又指出犯罪的法律特征的概念。参见高铭暄、马克昌主编:《刑法学》(第六版),北京大学出版社、高等教育出版社2014年版,第40-43页。

行为，而且揭示了犯罪的法律特征，即犯罪是依照刑法应受处罚的行为。我国刑法理论通说认为，行为的严重社会危害性是刑事违法性的前提，社会危害性是第一性的，刑事违法性是第二性的，刑事违法性是由行为的严重危害性所决定的。①我国刑法的任务，②概括地说，就是保护国家和人民的利益，保护社会主义社会的社会关系，保障社会主义建设事业的顺利进行。犯罪就是对我国刑法保护的这些对象的侵犯，具体表现在犯罪概念揭示的方方面面，危害其中的任何一个方面，都是对我国社会主义社会关系的侵犯。我国是人民民主专政的社会主义国家，意味着表面看是犯罪行为直接侵犯我国刑法保护的社会主义社会关系，但从根本上说，是对我国人民民主专政的社会主义制度的破坏。质言之，在我国刑法中，犯罪的本质属性——阶级性没有改变，犯罪的社会危害性依然是具有阶级性的社会危害性。从因果关系上看，正是由于行为具有阶级性的社会危害性，国家才将这种行为在刑法上规定为犯罪，行为具有刑事违法性的法律特征。

多次犯的前身是多次违法行为，一般意义上只是个体价值判断，不评价其社会危害性程度，之所以动用刑法对其进行惩治和预防，归根结底是因为多次违法行为具有严重的社会危害性，体现的是具有阶级性的社会危害性，即犯罪的社会危害性。犯罪的社会危害性是质和量的统一体，其中"质"是指多次违法行为给刑法所保护的社会关系造成的侵害，"量"是指多次违法行为的危害程度达到了应当受刑罚处罚的程度。"我国刑法的规定总是在犯罪构成诸要件的总体上，使行为的社会危害性达到应当追究刑事责任的程度。如果在一般情况下还没有达到这种程度，刑法就强调某个或某些具体内容，使总体上达到这一程度。"③"多次"是指多次违法行为总体上达到应当受刑罚处罚的程度的内容。也正是由于这种质和量的统一，我们才能把多次犯与

---

① 参见马克昌主编：《犯罪通论》（第三版），武汉大学出版社2013年版，第26页。
② 1997年《刑法》第2条规定："中华人民共和国刑法的任务，是用刑罚同一切犯罪行为作斗争，以保卫国家安全，保卫人民民主专政的政权和社会主义制度，保护国有财产和劳动群众集体所有的财产，保护公民私人所有的财产，保护公民的人身权利、民主权利和其他权利，维护社会秩序、经济秩序，保障社会主义建设事业的顺利进行。"
③ 张明楷：《论刑法分则中作为构成要件的"情节严重"》，载《法商研究》1995年第1期，第14页。

多次违法行为区别开来。

  综上所述，多次犯的立法动因是具有阶级性的社会危害性，与其他行为犯罪化的理论根据一样，即社会危害性理论是多次犯立法的理论基石。我国刑法中的多次犯的范围，以多次违法行为具有阶级性的社会危害性为划分标准，立法者根据刑事保护社会主义社会关系的需要，将特定类型的多次违法行为在刑法上评价为犯罪，使其具有刑事违法性。正因如此，现实中一些类型的多次违法行为尚未进入我国刑法的犯罪圈。

第四章 多次犯立法价值

> 惩罚的首要目的是防止发生类似的犯罪。过去发生的毕竟只有一个行为,而未来则未可限量。已经实施的犯罪仅涉及某一个人,类似的犯罪将可能影响整个社会。在许多案件中,虽然不可能矫正已经实施的罪恶,但有可能消除其再犯的意图。尽管犯罪能获得很大的快乐,但是,惩罚所造成的痛苦超过实施犯罪获得的快乐。①
>
> ——边沁

一、多次犯立法质疑

尽管我国刑法特别是司法解释中,多次犯的数量不断增加,适用范围不断扩大,总体上呈现一种扩张发展趋势。但理论界仍不乏对多次犯立法表示质疑的观点,如张明楷教授认为,有关多次行为入罪的司法解释是基于行为人具有特殊预防的必要性,但不仅存在具体缺陷,而且存在路径选择的失误。② 归纳起来,刑法理论界对多次犯的质疑主要表现在以下两个方面。

(一) 禁止重复评价原则与多次犯立法

禁止重复评价观念最早可追溯至古罗马法时代,起初是应对程序法中的

---

① [英] 吉米·边沁:《立法理论——刑法典原理》,孙力等译,中国人民公安大学出版社1993年版,第26-27页。
② 张明楷教授认为多次犯司法解释是为了应对劳动教养制度的废除可能带来的问题。参见张明楷:《简评近年来的刑事司法解释》,载《清华法学》2014年第1期,第11页。

诉讼竞合问题，即尽管同一事实触犯了不同的法律，但只能在数个法律之间择一起诉。后来，这一思想在现代刑事立法中得以贯彻，作为处理定罪阶段和量刑阶段事实认定的基本规则，在定罪阶段，一个行为只能定一个罪名，或者说一个行为只能在构成要件中使用一次，不得在定罪中重复使用。[①] 在量刑阶段，禁止对法条所规定的构成要件要素，在刑罚裁量中再度被当作刑罚裁量事实重加审酌，并进而作为加重或减轻刑罚的依据。[②] 在我国刑法中，没有明文规定禁止重复评价原则，但在定罪与量刑司法实践中，这一原则有所体现。所谓重复评价，表面上是对犯罪构成事实进行了重复使用，但实际上是我们对存在论中的同一事实所反映出来的同一不法内涵和同一罪责内涵进行了重复考量，进而在犯罪构成符合性的判断以及刑罚量定中对该事实重复使用，导致重复处罚。[③] 禁止重复评价，在形式上而言，就是指在定罪量刑时，禁止对同一犯罪构成事实予以二次或二次以上的法律评价。[④]

有学者以我国刑法中的偷税罪为例分析，根据刑法偷税罪及最高人民法院关于审理偷税案件司法解释的规定，认为："《刑法》第 201 条的规定将已经处罚完毕的两次违法行为与第三次违法行为累加界定为犯罪而追究其刑事责任，显然是对违法行为人的前两次违法行为的重复处理，因而违背了一事不再罚的理论。"[⑤]

笔者认为，该学者提出的观点，属于不同法律部门对同一事实的法律评价存在竞合后法律适用的问题，即主张对行为人不应当双重处罚。这与刑法中禁止重复评价原则不同，后者是指反对在同一法律部门内对危害行为进行重复评价，也就是说，评价的法律性质是相同的，都属于刑法评价，才在逻辑上存在重复评价可能。关于行政处罚与刑事处罚发生竞合的法律适用问题，学界争议较大，具体分析如下。

肯定说，认为应当合并适用处罚。如张明楷教授认为，一事不再理原则

[①] 参见陈兴良：《禁止重复评价研究》，载《法学论丛》1996 年第 3 期，第 33 页。
[②] 参见林山田：《刑法通论》，台湾三民书局 1986 年版，第 431 页。
[③] 参见王明辉、唐煌枫：《重复评价禁止与想象竞合犯》，载《中国刑事法杂志》2005 年第 2 期，第 30 页。
[④] 参见陈兴良：《禁止重复评价研究》，载《法学论丛》1996 年第 3 期，第 32 页。
[⑤] 崔冬：《行政违法与犯罪衔接问题研究》，载《行政与法》2011 年第 1 期，第 67 页。

中所说的两次处分，一般是指性质相同的两次处分。如因同一罪行而判两次刑，并都付诸执行。而同时给予罪犯以刑事处分和行政处分（或行政处罚），则是两种性质不同的处分，它们完全是独立存在的，并不发生二者择一的问题，更不存在违反一事不再理原则的情况。①"肯定处罚竞合的合理性，并不否认刑法评价时在量刑时必须考虑到行为已受他种处罚，而有所减轻或从轻"②，如《中华人民共和国行政处罚法》（2021年修订，以下简称《行政处罚法》）第35条③规定的行政处罚折抵刑罚制度。

否定说，认为应当禁止双重处罚。有学者认为，行政法与刑法在所调整与保护的社会关系领域中，除违法行为在危害程度和后果上有着重要区别外，还具有很大的重合性和同一性（即那些在刑法上被视为犯罪的行为以及单行法律中被规定应当追究刑事责任的行为，也基本上都是被规定为要纳入行政管理秩序的行为），两者在责任追究的方向性和保护目的及其功能上具有一致的公共性能和公法性能，在许多法律责任内容及其所涉及的公民、法人权益性质上也具有相同性。④

笔者同意肯定说。禁止重复评价原则与处罚竞合法律适用并不矛盾，前者适用刑事领域内部，而后者是跨法律部门的法律评价，因此两者不能混为一谈。就多次犯而言，以关于非法行医罪⑤的刑法规定以及相关的司法解释为例，行为人因非法行医被卫生行政部门予以两次行政处罚后，再次非法行

---

① 参见张明楷主编：《行政刑法概念》，中国政法大学出版社1991年版，第176页。
② 刘为军、郭泽强：《禁止重复评价原则研究》，载《山东公安专科学校学报》2003年第2期，第42页。
③ 《行政处罚法》（2021年修订）第35条规定："违法行为构成犯罪，人民法院判处拘役或者有期徒刑时，行政机关已经给予当事人行政拘留的，应当依法折抵相应刑期。违法行为构成犯罪，人民法院判处罚金时，行政机关已经给予当事人罚款的，应当折抵相应罚金；行政机关尚未给予当事人罚款的，不再给予罚款。"
④ 参见王周户、王漾田：《论行政处罚的适用条件及其与刑罚的适用关系》，载《法律科学》2011年第3期，第117页。
⑤ 《刑法》（2020年修正）第336条第1款规定："未取得医生执业资格的人非法行医，情节严重的，处三年以下有期徒刑、拘役或者管制，并处或者单处罚金；……"《关于审理非法行医刑事案件具体应用法律若干问题的解释》第2条规定："具有下列情形之一的，应认定为刑法第三百三十六条第一款规定的'情节严重'：……（四）非法行医被卫生行政部门行政处罚两次以后，再次非法行医的；……"

医时，就同时触犯《中华人民共和国医师法》（以下简称《医师法》）第59条①和《刑法》（2020年修正）第336条之规定，会导致行政处罚与刑罚竞合。笔者认为，行政处罚与刑罚归属于不同的法律范畴，尽管行政法与刑法同属于国家公法体系，但二者在处罚机关、处罚依据、处罚程序、处罚措施、处罚程度等方面存在显著的区别，因而它们是不同性质的法律制裁措施，这是由行为的法律性质所决定的。不同部门法律所调整和保护的社会关系不同，规定了不同的法律责任，不可否认的是，行政处罚与刑罚的目的通说采取报应主义论，但因违法的性质不同，所造成的法律后果存在本质差别，故而法律评价应与其行为性质相适应，处罚的手段与目的要相匹配。另外，不同部门法律有着各自的特定的部门法任务，行为规范是基础条件，责任规范是必要保障，因此，行为触犯不同部门法律，应当承担相应的部门法责任。由此，当行为人第三次非法行医时，对行为人分别进行行政处罚与刑事惩罚，并应当合并适用，才能分别保障《医师法》和《刑法》的任务的全面落实。可见，在某种法律事实发生后，一个行为同时被行政处罚和刑事制裁是完全有可能的。

从司法实践看，处罚竞合禁止双重处罚，会出现"以罚代刑"的乱象。如果禁止双重处罚，则行为人非法行医的行政处罚记录将被清除，此后第三次非法行医，对其仅可依据《医师法》处罚，刑法对之干预因失去入罪条件而不能实现，则非法行医罪多次犯的规定成为一纸空文。同时，这会形成一个悖论，即行为人为逃避刑罚，主动请求行政机关对其违法行为进行行政处罚，而行政机关也可怠于履行监管职责而对行为人的违法行为听之任之，等到行为人的违法行为次数满足刑法要求后，然后将先前的违法记录和新的违法情况一起打包移送公安机关按刑事案件处理，这显然是极其荒谬的。

例如，对于多次盗窃成立盗窃罪的多次犯类型，如果禁止双重处罚，同样会造成多次犯的成立依赖于行政机关对违法行为行政处罚的遗漏。张明楷教授对此观点表示质疑："这种观点会导致同样的多次盗窃行为，由是否受

---

① 《医师法》第59条规定："违反本法规定，非医师行医的，由县级以上人民政府卫生健康主管部门责令停止非法执业活动，没收违法所得和药品、医疗器械，并处违法所得二倍以上十倍以下的罚款，违法所得不足一万元的，按一万元计算。"

到治安处罚的偶然性决定盗窃罪的成立与否,因而值得商榷。"①

综上所述,认为多次犯立法违反禁止重复评价原则的观点,实质上混淆了禁止重复评价原则与处罚竞合,这两者不是对立统一的关系。禁止重复评价原则适用定罪阶段和量刑阶段,定罪情节在量刑阶段重复使用,是实践中容易发生的问题,因此,应注意区别本书划分的多次犯罪的三种类型(多次犯、情节加重犯、累计犯),对多次犯评价时,应避免将多次犯的多次违法行为作为入罪情节,而应在量刑阶段当作情节加重犯的加重情节进行重复评价,从而实现惩罚犯罪与保障人权有机统一。

(二)刑法谦抑性原则与多次犯立法

谦抑,犹谦逊,即为谦虚恭谨之意。刑法谦抑思想源自古罗马法谚:"法律不理会琐细之事。"其字面含义是,法律不规定和处理过于轻微的事项,相反地,只是规定和处理较为重大的事项。② 从其历史渊源看,刑法谦抑主义是人们对专制刑法罪刑擅断、严刑峻法的反抗,其产生有着深厚的思想文化基础,发端于16世纪的欧洲启蒙主义思想运动。启蒙主义思想家和刑事古典学派学者立足于理性主义、自由主义和个人主义,批判封建刑法不平等性、恣意性、刑罚的残酷性,提出罪刑法定、罪刑均衡、刑罚人道三大原则,刑法谦抑性的思想逐渐深入人心。③ 根据意大利犯罪学家菲利提出的"犯罪饱和法则"④,刑罚固然是打击和预防犯罪的显著有效手段,但刑罚不能完全根除社会中的犯罪,即刑罚的制裁方式不具有至上性,且刑罚也会同时产生不利后果。针对刑罚的这种双重功能,德国刑法学家耶林深刻指出:"刑罚如两刃之剑,用之不得其当,则国家和个人两受其害。"⑤ 基于这种科

---

① 张明楷:《刑法学》(下),法律出版社2016年版,第953页。
② 参见张明楷:《刑法格言的展开》(第三版),北京大学出版社2018年版,第166页。
③ 参见莫洪宪、王树茂:《刑法谦抑主义论纲》,载《中国刑事法杂志》2004年第1期,第13页。
④ 在一定的社会条件下,犯罪不可避免地存在,犯罪量总是处于一种相对"饱和状态"。菲利认为,导致犯罪的原因有三类:人类学因素(个人因素)、自然因素和社会因素。每一个国家在客观上都存在上述促使犯罪发生和变化的三种因素,但这三种因素又是不断变化的,这些因素的变化引起了犯罪现象的变化。参见[意]恩里科·菲利:《犯罪社会学》,郭建安译,中国人民公安大学出版社1990年版,第56页。
⑤ 转引自林山田:《刑罚学》,台湾商务印书馆1985年版,第167页。

学认识，谦抑性体现了刑法的限制机制，成为现代刑法所追求的价值目标。

据学者考究，"刑法谦抑性"这一法律术语是从20世纪末经由日本刑法学理论逐步引入中国的。① 在日本，刑法谦抑性理论研究，以日本刑法学家平野龙一为代表，他认为刑法谦抑性具有以下三层含义。一是刑法的补充性。即使是有关市民安全的事项，也只有在其他手段（如习惯、道德）的制裁，即某一地域社会的非正式的控制或民事的规制不充分时，才能发动刑法。二是刑法的不完整性。如果像上面那样认为刑法具有补充性的性质，那么发动刑法的情况自然是不完整的。三是刑法的宽容性，或者可以说是自由尊重性。即使市民的安全受到侵犯，其他控制手段没有充分发挥效果，刑法也没有必要无遗漏地予以处罚。② 刑法谦抑性理论被引入我国后，刑法学界对其的诠释和解读存在差异。具有代表性的见解，如张明楷教授认为："刑法谦抑性，是指刑法应当作为社会抗制违法行为的最后一道防线，应根据一定的规则控制处罚范围与处罚程度，能够用其他法律手段调整的违法行为，应尽量不用刑法手段调整；能够用较轻的刑法手段调整的犯罪行为，则尽量不用较重的刑法手段调整。"③ 陈兴良教授认为："谦抑，是指缩减或者压缩。刑法的谦抑性，是指立法者应当力求以最小的支出——少用甚至不用刑罚（而用其他刑罚替代措施），获取最大的社会效益——有效地预防和控制犯罪。"④

从以上三位学者所表达的内容来看，刑法谦抑性的核心在于妥善协调防卫社会与保障人权的关系问题，其出发点是权利、自由，落脚于对刑罚权正当、必要、有效益的限制上。⑤ 具体而言，刑法谦抑性原则的首要机能是限制刑法适用范围，压缩刑法的犯罪圈。即动用刑法是不得已而为之的最后手段，只有当行为具有相当严重程度的社会危害性，且社会其他措施及其他法律规范难以及时对其有效遏制时，才可发动刑法对其进行有力打击和控制。此外，刑法谦抑性原则对刑罚的制定和适用的要求表现在两个方面，如下

---

① 参见张颖杰：《论刑法谦抑之本质》，载《北京理工大学学报（社会科学版）》2006年第5期，第39页。
② 参见［日］平野龙一：《现代法Ⅱ——现代法与刑罚》，岩波书店1965年版，第21-22页。
③ 张明楷：《论刑法的谦抑性》，载《法商研究》1995年第4期，第66页。
④ 陈兴良：《刑法的价值构造》，中国人民大学出版社1998年版，第353页。
⑤ 转引自刘咏、王雪琪：《论刑法的谦抑性》，载《中州大学学报》2007年第2期，第9页。

所述。

一方面，刑罚观要理性化，刑罚使用愈少愈好。对一些犯罪行为，基于维护社会秩序和保障人权的需要，刑罚配置上可重罪轻罚，甚至有罪不罚而采取非刑罚替代措施以实现刑事责任。另一方面，刑罚人道符合刑事责任的目的，在犯罪不可避免地需要使用刑罚对行为人惩戒时，应当保护其合法权利和人格尊严，适用刑罚时尽可能地宽和、轻缓、文明，优先选择适用较轻的刑罚种类、较低的刑罚幅度以及非羁押的方式。

可见，刑法谦抑性适用范围包括刑事立法、刑事司法和刑罚执行阶段。其中，刑事立法阶段是贯彻刑法谦抑性的基础和重心，没有刑事立法上的谦抑，刑事司法的谦抑便无从谈起；刑事司法和刑罚执行阶段是实现刑法谦抑性不可或缺的重要环节，刑事立法的谦抑有赖于刑事司法的谦抑，刑事司法的谦抑在一定程度上可弥补刑事立法的烦苛。

在现代法治社会，现代刑法的机能由专制刑法注重于维护统治关系和社会秩序的机能，向惩罚犯罪与人权保障并重的方向转化，甚至更侧重于保障公民的人权，因为"侵犯了大多数公民的私人利益实质上就是对公共利益与公共秩序的破坏"[1]。由是，刑法的范围和内容应当大量收缩、减小，这正是刑法立法谦抑的题中之义。谦抑性是现代刑法应当具有的价值意蕴，但从法治现实来讲，刑法谦抑性的实现不可避免地遇到诸多障碍。正如有学者指出的那样，"在很多价值问题上，正确与否本身就难以确定了。在价值多元的场景下，很多结论都需要经过交涉、妥协达到主体间性后形成。价值问题更多地是通过交流、理解而非验证得出结论，在这种情况下'唯一正确'更多的只是理想"[2]。所以，严格地说，刑法谦抑性是人们希冀刑法应当具有的价值，而非刑法自身固有的精神或机能，刑事制裁固有的这种寻求保障和反对威胁之间的紧张性从来就没有完全消除，[3] 从本质上看，刑法谦抑性是人们

---

[1] 傅建平：《刑法谦抑性的理论根基与价值》，载《华东刑事司法评论》2003年第3期，第76页。

[2] 苏力：《法治及其本土资源》，中国政法大学出版社2004版，第24页。转引自石聚航：《刑法谦抑性是如何被搁浅的》，载《法制与社会发展》2014年第1期，第191页。

[3] 参见［美］哈伯特·L.帕克：《刑事制裁的界限》，梁根林等译，法律出版社2008年版，第363页。

对刑法的一种价值诉求，是一种理念、思想或精神。[①]

多次犯立法的扩张态势就遭到了刑法谦抑学者的质疑，张小虎教授就提出："数个违法行为合并成一个犯罪处置，固然可以用由量变到质变的理由去为此辩护，但是不可避免地，这其中表现出刑法的扩张，与刑法应有的谦抑性质相背离，由此也可以引发对于刑法的社会效益、犯罪控制等诸多思考。"[②]

笔者认为，质疑多次犯立法是消极刑法观的体现。针对近年来刑法上增设大量犯罪的情况，刑法理论界对此评价褒贬不一，并形成积极刑法观与消极刑法观两种对立的刑法观念。消极刑法观主张，立法机关不应当积极地通过刑事立法增设新罪，不能扩大犯罪圈；积极刑法观认为，通过积极的刑事立法扩大刑法处罚范围，使刑法满足不断变化的社会生活事实的需要。[③]

笔者主张积极刑法观，理由如下所述。首先，马克思主义认识论告诉我们，人的认识是实践基础上的认识，实践是认识的源泉，由于实践是不断发展的，人们的认识必须随着实践的发展而发展，实践是检验真理的唯一标准。认识的意义在于指导实践，为实践服务，认识世界本身不是最终的目的，改造世界才是认识的目的和归宿。马克思主义的认识论就是实践论，把实践的观点看成是认识论首要的基本的观点。[④] 为此，刑法上增设新类型犯罪是源于与该种犯罪作斗争的实践经验总结，从预防和控制该种犯罪的实际出发，符合实事求是的思想路线，最大程度地降低该类型犯罪的社会危害性。

其次，马克思指出，"社会不是以法律为基础的。那是法学家们的幻想。相反地，法律应该以社会为基础"[⑤]。马克思法学强调，法是由一定的社会物质生活条件所决定的，它反映和调整一定的社会关系，是社会关系的调整器，

[①] 参见张颖杰：《论刑法谦抑之本质》，载《北京理工大学学报（社会科学版）》2006年第5期，第39页。

[②] 张小虎：《多次行为的理论定性与立法存疑》，载《法学杂志》2006年第3期，第36页。

[③] 参见张明楷：《增设新罪的观念——对积极刑法观的支持》，载《现代法学》2020年第9期，第151-152页。

[④] 参见薛克诚：《辩证唯物论的认识论是马克思主义哲学的中心》，载《杭州大学学报（哲学社会科学版）》1979年第Z1期，第19页。

[⑤] 《马克思恩格斯全集》（第6卷），人民出版社1961年版，第291-292页。

因而具有社会性。社会总是不断发展变化的，法律需要适应这种发展变化，并进行相应调整和改变。反映到刑法上，那些原本不具有严重社会危害性的行为，现在却严重侵害了刑法保护的社会关系，刑法就要随之作出相应修订，将这种行为纳入刑法评价范围。法又是阶级性与社会性的统一，从犯罪本质的角度分析，也可以得出同样的结论。

最后，刑法谦抑性是刑法应当具有的价值意蕴，其作为一种人们对刑法的价值诉求，不能忽视践行刑法谦抑主义的现实条件。刑法谦抑主义产生于特定的历史条件，其存在的社会基础是二元化的社会结构，在二元社会结构中，权力为权利服务，权力保障权利，因而法律重视公民个人的权利的保护，刑法作为公法应当限缩适用范围，防止不当吞噬公民权利。"当前我国社会的法治环境已经发生了深刻变革，呈现出三重混合的形态，即在自由法治国的大环境下伴有政治专制时代的残余，并在国家政治、经济改革的不断试错中初现社会福利国的雏形。"[1] 在这种复杂的法治环境下，我国刑法扩张基于中国社会治理与社会控制的客观需要，刑法的价值取向是惩罚犯罪与保障人权并重。由是，刑法谦抑主义植入我国缺乏适宜的本土法治环境，且不能强行付诸刑法实践，以免加重惩罚犯罪与保重人权之间的冲突。正如有学者指出："在肯定谦抑主义积极价值的同时，不需要对谦抑主义过度彰显和迷恋，尤其要警惕借谦抑主义的宏大叙事和浪漫情怀来全盘否定刑法的现代发展，从而导致谦抑主义语境下的刑法虚无主义。"[2]

综上所述，随着社会发展情势不断变化，刑法在控制一些犯罪风险方面显得捉襟见肘，面对社会与日俱增的刑法需求，立法者应当对其予以及时修改调整，适当扩大犯罪圈，充分发挥刑法履行维护社会稳定职能，不断满足人们保护合法权益的需要。笔者认为，谦抑主义作为一种人们对刑法理想的价值诉求，应当建立在刑法满足现实生活基本需要的基础上，不能罔顾一定的国情和社会发展的阶段性特点。在我国本土法治环境下，多次犯立法符合我国刑事法治实践需要，那些被纳入刑事规制范围的多次违法行为，必定是

---

[1] 陈璐：《论刑法谦抑主义的消减》，载《法学杂志》2018年第9期，第123页。
[2] 孙国祥：《反思刑法谦抑主义》，载《社会科学文摘》2022年第3期，第116页。

对社会造成严重危害后果（危险）的行为，刑法理应对此作出积极回应。所以，在我国刑法语境中，多次犯立法有违谦抑主义之嫌的质疑，是有待商榷的。

二、多次犯立法价值

我国刑法增加多次犯立法规定，加大了对社会生活中多次违法行为的打击力度，进一步发挥了刑法参与社会治理的功能。依违法情形分类处罚，符合我国刑事司法政策的基本精神。从立法上，弥补了刑法应对这一犯罪现象的不足，实践中有助于威慑和预防多次违法且有犯罪风险的行为人犯罪，从而实现社会防卫的立法目的。因而，多次犯立法对惩罚多次违法新型犯罪和维护社会稳定具有重要的现实意义。具体而言，笔者认为多次违法行为入罪的立法价值表现在如下几个方面。

（一）区别对待违法与犯罪，维护社会秩序稳定

从认识论的角度看，刑事政策是对犯罪现象的综合分析，是对犯罪现象以及与违法犯罪行为作斗争的方法措施的解析；同时，它也是建立在一定理论基础之上的，旨在解决广义的犯罪现象的打击与预防所提出的问题的社会和法律的战略。[①] 当下，宽严相济是我国基本的刑事司法政策。"宽严相济的刑事政策是对我国长期坚持的惩办与宽大相结合刑事政策的继承与发展，符合当代社会刑事法治发展的实际需要。"[②] 这一政策对刑事法治的原则性要求是，"对刑事犯罪分清轻重，区别对待，做到该严则严，当宽则宽，宽中有严，严中有宽，处罚轻重适宜，符合罪责刑相适应的原则"[③]。多次犯的刑事立法符合宽严相济刑事司法政策的基本精神，其区别对待行为人对社会造成的一般性危害与严重性危害并施以不同处罚。

详言之，我国《刑法》第13条的"但书"部分规定体现了宽严相济刑

[①] 参见［法］克里斯蒂娜·拉塞杰：《刑事政策学》，法国大学出版社1987年版，第7页。转引自卢建平：《刑事政策学的基本问题》，载《法学》2004年第2期，第101页。
[②] 赵秉志主编：《刑法解释研究》，北京大学出版社2007年版，第9页。
[③] 马克昌：《"宽严相济"刑事政策与刑罚立法的完善》，载《法商研究》2007年第1期，第4页。

事政策的要义。第13条"但书"部分规定是划分罪与非罪的法定界线，具体标准是社会危害性的规模和程度，从而将社会上一部分具有危害性的违法行为排除犯罪性，确立了"定性+定量"的二元化定罪模式。① 在这种犯罪概念模式下，根据社会危害性的量的大小，我国对违法行为施行"治安处罚和刑罚"的二元制裁体系。多次犯恰恰就是在这一考量基础上的刑事立法，将多次违法行为与多次犯分别按照治安处罚和刑罚进行制裁，实现宽严相济。当行为人多次违法行为的社会危害性在其他部门法的调控范围内时，就必须严格遵循法律准绳，不得擅自发动刑法强制力进行制裁。反之，行为人多次违法行为的社会危害性达到犯罪的严重程度，则必须动用刑法强制力进行遏制。在罪与非罪的认定上，紧缩犯罪口袋，防止非罪的行为被囊入，这种依多次行为危害性划分调整范围的宽宥态度与严惩犯罪化的多次违法行为的立场符合我国刑事司法政策的基本精神。其既缩减了刑罚的适用范围，体现了宽的一面，又惩罚具有严重社会危害性的多次违法行为，体现了严的一面，且两者互相补充，共管共治多次违法行为，共同促进社会秩序稳定，体现了济的一面。

（二）弥补刑法不完整性，积极治理多次违法犯罪

从法律调整范围与社会发展变化关系来看，法律滞后于社会发展变化是其与生俱来的局限，它总是或多或少地落后于社会变化的步伐，法律生命力的延续依赖于立法者对其不断地修改和完善。刑法作为法律体系的重要组成部分，其滞后性自然也是客观存在的，且有其特殊的一面，表现为不完整性，即不能介入社会生活的方方面面。其理由在于，现代意义上罪刑法定原则禁止处罚不当罚的行为，立法机关只将具有处罚根据或值得刑罚处罚的行为规定为犯罪。② "把不一定值得处罚的行为规定为犯罪，规定与犯罪不相称的刑罚时，就不能进行与正义、公平相结合的人权保障，就违反了以自由主义、民主主义、人权尊重主义为基础的罪刑法定主义的本旨。"③ 这就意味着并非社

---

① 参见储怀植：《我国刑法中犯罪概念的定量因素》，载《法学研究》1988年第2期。
② 参见熊永明：《论刑法谦抑性与刑法基本原则之间的契合》，载《云南大学学报（法学版）》2007年第3期，第47页。
③ ［日］大塚仁：《刑法概说（总论）》（第三版），冯军译，中国人民大学出版社2003年版，第63页。

会生活里所有的事项都可由刑法来加以调整，而是只规定了那些具有严重社会危害性的行为由刑法予以调整，那些可以由民法、行政法律等法律规范或道德准则规制的危害行为则没有必要规定为犯罪。所以，犯罪行为仅以刑法明文规定为依据，而对刑法未明示为犯罪的行为，刑法需要保持克制。

行为的社会危害性具有变异性，多次违法行为的社会危害性随着社会情势发展嬗变为犯罪意义上的社会危害性。在多次违法行为入罪前，也许因为刑法的疏忽或谦抑，总有些狡猾的犯罪分子偷窥到了罪刑法定原则的负面影响，严格保持与犯罪的"最近距离"，反复实施危害社会的行为而能逃避刑法制裁。也有些运气不好的犯罪分子，因一些偶然因素，即使多次实施违法行为，也均未能造成严重的社会危害性。令人担忧的是，这些犯罪分子很可能无视刑法威慑，继续为非作歹，实施犯罪，给社会造成严重危害。在司法实践中，当执法者面对这些犯罪分子时，只能严格依照法律规定对其实施一般的法律强制，而很难起到预防其再次违法的法律效果。在面临没有适当的强制力可供选择的困境时，执法者求助的目光自然投射到最为严厉的刑法强制力上来，希望通过刑事立法来规制这种多次违法行为。立法者结合执法者与多次违法行为作斗争的实践和经验，发现其已达到需要刑法规制的严重社会危害性的程度，继而通过立法程序弥补现行刑法的缺失，规定多次违法行为入罪，从而积极应对社会生活中出现的这种犯罪现象，进一步发挥刑法参与社会治理的功能。

（三）加强预防多次犯发生，遏制多次犯实施犯罪

作为犯罪经济学的首创者，美国著名经济学家加里·S.贝克尔系统且规范地对犯罪进行了经济学上的行为分析，他认为"犯罪"可以看作是一种重要活动或"产业"。[①] 犯罪经济学利用最大化行为、均衡、供给与需求等概念和理论，对犯罪产生及其发展的原因进行个体分析，把犯罪的原因最终归结为犯罪的个人投入成本与犯罪的收益之间的差别，即犯罪产生的原因在于犯罪人因实施犯罪所得到的收益大于其为犯罪所投入的成本。对此，可归纳为：

---

① 参见［美］加里·S.贝克尔：《人类行为的经济分析》，王业宇、陈琪译，格致出版社、上海三联书店、上海人民出版社2015年版，第42页。

既犯罪收益＞犯罪的直接成本＋犯罪的时间机会成本＋犯罪的惩罚成本×被判罪的概率。① 笔者认为，犯罪经济学中的应用理论，如"成本和收益理论"②和"理性选择理论"③，对我国多次犯立法具有一定的参考价值，有助于启示立法者从犯罪原因角度思考如何进行犯罪预防。

考察关于多次犯的刑法和司法解释中的相关规定，不难发现行为人大多在主观上直接或间接地追求一定的经济利益。犯罪经济学认为，行为人的犯罪行为如同经济行为一样，是一种理性的社会行为。因而，行为人会在特定的犯罪情境中理性选择谋得预期经济利益的最佳方式，其中规避被刑法制裁的风险是最重要的犯罪成本。在多次违法行为未被纳入刑法调整范围前，犯罪的收益大于犯罪的成本，经济利益驱使与行为人放纵贪欲结合，行为人可以忽略不计刑法制裁的风险，反复多次通过实施违法行为获取非法所得，结果必然持续地对社会造成一定规模和程度的危害。在此假设基础上，刑法对多次违法行为规制的漏洞，不失为行为人理性选择犯罪的重要原因。因而，通过刑法规制多次犯后，增加行为人的犯罪成本或犯罪风险，使得行为人在犯罪时权衡预期收益与犯罪成本的比值，当遭到刑法惩罚的可能性较大时，就将会停止走向犯罪道路的步伐。所以，多次犯立法可以最大限度地预防和遏制多次违法有犯罪风险的人实施犯罪。

（四）防控多次犯风险，符合风险刑法目的

"风险社会"的概念由德国著名社会学家乌尔里希·贝克提出。贝克认为，风险社会之"风险"是在国际化经济发展的基础上，人类工业发展和社会活动对社会产生的危险或者风险，该种危险或者风险涉及的范围非常广泛，存在于环境污染、贫富差距、科技冲击、恐怖主义、网络犯罪、人口增长、城市化加快等方面，可谓无所不包。④ "风险社会"理论的重要意义之一，是

---

① 参见王清坤：《犯罪经济学初探》，载《江西公安专科学校学报》1999年第3期，第19页。
② "成本和收益理论"认为，当犯罪的收益大于犯罪的成本时，犯罪人就会积极追求，反之则会放弃犯罪。
③ "理性选择理论"认为，犯罪人之所以选择犯罪，是由于他们在权衡了一定条件下各种不同谋利方式所需的成本和预期获得的收益之后作出的理性选择。参见宋浩波：《试论犯罪经济学的原理》，载《福建公安高等专科学校学报》2003年第1期，第6页。
④ 参见［德］乌尔里希·贝克：《风险社会》，何博闻译，译林出版社2004年版，第18页。

"让人们重视人为制造的风险"。[①] 风险何以成为刑法的规制对象？因为风险社会的风险是人的行为和决策造成的。[②] 多次违法行为引发的社会风险已被刑法学界所关注，有学者认为，上访、缠访、闹访，以及在一定时期内发生的多次抢夺、敲诈勒索、抢劫等犯罪行为，都是当今社会风险的表现形式。[③] 笔者认为，从风险刑法理论角度看，多次犯立法符合风险刑法的目的，减少风险社会中存在的不稳定因素，重在积极预防多次违法行为造成社会风险。

改革开放给我们国家和人民带来了巨大的红利，但物质短缺的分配冲突仍然存在，引发的各种社会问题非为传统社会所能预见。就多次犯而言，如环境污染犯罪中，行为人反复多次实施污染环境行为加剧了环境污染的社会风险，一旦发生环境损害后果，就难以恢复，此时刑法对污染环境犯罪的预防价值，就显得尤为重要。劳东燕教授认为，当代刑法体系从惩罚向预防导向的转换，揭示了预防模型对古典惩罚模型的取代。生成这种新模型的现实基础便是对刑法作为风险控制工具的紧迫需要。[④] 因此，当行为人的行为性质和规模还不足以造成社会风险时，对于多次犯通过刑事立法提前介入，即防止行为人三次及以上或受行政处罚后多次实施同种性质的违法行为扩大社会危害性，从而实现避免社会风险发生的目的。反之，多次违法行为将会持续加重对社会的危害程度，潜在的社会风险变成现实的社会危害。目前，在破坏环境资源保护犯罪、危害公共卫生犯罪、危害生产安全犯罪、食品安全犯罪、妨害社会管理秩序犯罪等领域都设立了多次犯，旨在防控这类犯罪所造成的社会风险。

---

① 参见张明楷：《"风险社会"若干刑法理论问题反思》，载《法商研究》2011年第5期，第83页。
② 参见张继钢：《风险社会下环境犯罪研究》，中国检察出版社2019年版，第27页。
③ 参见邹易材：《风险社会语境下恶意欠薪入罪合理性之研究》，风险社会与刑事政策的发展学术研讨会论文集，第245页。
④ 参见劳东燕：《风险社会中的刑法：社会转型与刑法理论的变迁》，北京大学出版社2015年版，第3页。

第五章 多次犯概念

概念是解决法律问题所必需的和必不可少的工具。没有限定严格的专门概念，我们便不能清楚地和理性地思考法律问题。没有概念，我们便无法将我们对法律的思考转变为语言，也无法以一种可理解的方式把这些思考传达给他人。①

——E. 博登海默

一、多次犯要素解析

囿于我国刑法总则部分没有多次犯的指导性规定，理论界和实务界对多次犯的构成要素"多""次""行为"等内涵的解释存在分歧，加之刑法分则相关条文和司法解释在对多次犯这些要素规定上用语不一致、含糊不清，且杂乱分布在诸多章节的罪名中，使得多次犯概念问题在理论界众说纷纭，各家观点自成一体，难以形成普遍共识。这种情况在审判实践中体现为，法官对部分多次犯由于没有可以适用的统一标准，往往对同一类型案件在不同的法院所裁判的结果不同，进而有损刑法的可预见性和公平性。笔者认为，为形成一个相对完整、准确、合理的多次犯概念，首先需要对多次犯的构成要素"多""次""行为"等内涵有正确的认识和界定。下面笔者就多次犯的这些构成要素逐一进行解析，并在此基础上重新确立多次犯的概念，筑牢本书研究的理论基石。

---

① ［美］E. 博登海默：《法理学：法哲学及其方法》，邓正来译，中国政法大学出版社2004年版，第504页。

（一）多次犯之"行为"

从语义角度解释，行为是指"受思想支配而表现在外面的活动"[①]。在刑法学语境，"无行为则无犯罪亦无刑罚"。这一法谚的基本含义是：只有行为才能构成犯罪，犯罪行为才是刑罚处罚的对象。它充分表达了行为在刑法科学中处于非常重要的地位，正如有学者评价道："构成要件的核心是行为，刑法中的责任从根本上讲是道义责任，因而也可以理解为行为责任。"[②] 而在刑法发展史上，曾有实证学派主张刑法是"行为人"刑法，如李斯特所说，"应当处罚的不是行为，而是行为人"，把人的"危险性"提到了刑法的中心地位。对此，小野清一郎一针见血地批判："不拿行为去判断行为人的社会危险性，就会陷入政策上难以允许的专断之中。"[③] 欧洲资产阶级革命胜利后，罪刑法定主义从理论学说转变为立法规定，并在资产阶级刑法中得到确认。如今，罪刑法定原则业已成为国际社会公认的法制原则，被广泛地规定在各国刑法中，各国刑法基本上都是行为刑法，明确了刑法评价的对象是行为而非行为人。

行为作为整个刑法学理论的基本范畴和基石，不仅是连接犯罪构成诸要件的纽带，而且也是刑事责任理论赖以建立的支柱。[④] 研究和重塑多次犯的概念，我们首先应当对"行为"这个核心构成要素的内涵有明确的认识和界定。

1. 危害行为理论学说

关于危害行为的概念，西方刑法学者曾存在激烈的争论，并形成了因果行为论、社会行为论、人格行为论、目的行为论等多种行为理论学说。

（1）因果行为论，又称自然的行为概念。该学说受 19 世纪末自然科学中机械论的影响，认为行为是人在意思支配下表现于外部的因果现象。如李

[①] 中国社会科学院语言研究所词典编辑室编：《现代汉语词典》，外语教学与研究出版社 2002 年版，第 2145 页。

[②] ［日］小野清一郎：《犯罪构成要件理论》，王泰译，中国人民公安大学出版社 1991 年版，第 41 页。

[③] ［日］小野清一郎：《犯罪构成要件理论》，王泰译，中国人民公安大学出版社 1991 年版，第 40 页。

[④] 参见马克昌、鲍遂献：《略论我国刑法上行为的概念》，载《法学研究》1991 年第 2 期，第 1 页。

斯特认为，行为是出于有意思的举动的外部变化。[①] 这种学说把有意性和有形性作为行为概念的标志，将行为要素的"意思"排除在行为概念之外。只要行为人有某种"意思"，并为实现该"意思"而发动身体的运动，且使外界发生变动时，就是"行为"。至于其意思内容如何，那是属于责任论的范畴。由于该学说是把行为作为因果现象来把握的，对于作为，因为其有自然因果过程的发动，用有形性说明固然没有问题；但对于不作为，因为其意味着"没有做什么"，就不具有形性，而该学说仍将不作为涵盖于行为范畴，那么用有形性说明就存在困难。同时，按照该学说主张，不把行为的故意或过失内容作为行为的要素看待，则故意行为与过失行为在行为论上并无差别，无法从行为推断出行为人的"意思"的内容。正如有的学者说的那样，将意识的内容剥离出意识，反而使得意识成为缺乏内容的空洞的概念，而且该学说也难以论证清楚过失的不作为是行为。[②]

（2）目的行为论。该学说是以行为的目的性作为行为本质的一种行为理论学说，由德国刑法学家威尔兹尔提倡，其对行为的基本定义是，行为是人的目的的实现。该学说认为，人的行为是有目的的活动，而非单纯的因果现象，即人基于因果法则的认识，在一定的范围内预见自己活动可能发生的结果，并依此设立种种目标，有计划地引导该活动达成此目标。如日本大谷实教授认为："行为是受目的支配的身体运动。"[③] 如果用此学说来表明故意犯的行为性质，自然不存在问题，但对于不作为犯而言，难以认定其对因果关系的支配；同时，用来说明不以结果发生为目的的过失犯也有困难，因此该学说也存在不足。[④] 虽然目的行为学者修正其学说，认为过失犯的目的性乃"法所要求的目的性"，既然"过失行为系反于法律要求，未为某种目的操纵"，这就表明此种目的实际上并未发生，很难说行为人具有追求某种

[①] 参见［日］木村龟二主编：《刑法学词典》，顾肖荣等译，上海翻译出版公司1991年版，第111页。
[②] 参见［德］汉斯·海因里希·耶赛克、托马斯·魏根特：《德国刑法教科书》（上），徐久生译，中国法制出版社2017年版，第269–270页。
[③] ［日］大谷实：《刑法讲义总论》（新版第2版），黎宏译，中国人民大学出版社2008年版，第91页。
[④] ［日］大塚仁：《刑法概论（总论）》（第三版），冯军译，中国人民大学出版社2003年版，第113页。

目的的积极性。①

（3）社会行为论。该学说是在20世纪30年代由德国学者埃贝哈德·施密特对其导师李斯特行为理论修正后所提出的，其以行为对于社会的价值作为立论的依据，将"具有社会意义、有意的身体动静"理解为"刑法上的行为"。②施密特主张将行为放在社会现实当中，作为一种社会现象加以探讨，提出刑法应当感兴趣的是对社会现实发生作用的社会现象，从而认为刑法是一种社会规范，人类举止是否属于刑法概念之行为，就必须根据人的行为与社会环境的关系而作出认定。由此认为，所谓行为，是指向社会性外界的有意的态度，严格地说，是有意的态度引起的外界变更，不论该变更是由作为引起还是由不作为引起的。③

社会行为论的优势在于，从规范的、与社会价值相关的"社会性"入手，解释了因果行为论与目的行为论无法说明的问题，认为行为作为基础要素包含所有犯罪形态的机能。该理论的缺陷具体表现在，难以将"忘却犯"（无认识的过失的不作为犯）解释为行为，"忘却犯"具有社会意义，但缺少"有意的态度"。同时，"失之太泛是这一理论的根本缺陷，因为它用来确定行为范围的标准（社会意义）本身就是一个不确定的概念"④。

（4）人格行为论。人格行为论从"人"入手，是一种通过对刑法学中"人格"的分析、理解而创建的行为理论。此种学说由日本学者团藤重光所提倡，主张将人的身体动静和人格态度相结合，如此才能将身体活动解释为行为。⑤该学说认为"行为是作为'行为人人格的主体性现实化'的'身体的动静'……这种行为具有生物学的基础和社会的基础，是在人格和环境的相互作用中由行为人的主体性态度所实施的"⑥。

---

① 参见马克昌主编：《犯罪通论》（第三版），武汉大学出版社2013年版，第152-153页。
② 参见[日]大谷实：《刑法讲义总论》（新版第2版），黎宏译，中国人民大学出版社2008年版，第92页。
③ 参见[日]大塚仁：《刑法概论（总论）》（第三版），冯军译，中国人民大学出版社2003年版，第96页。
④ [意]杜里奥·帕多瓦尼：《意大利刑法学原理》，陈忠林译，法律出版社1998年版，第106页。
⑤ 参见马克昌主编：《近代西方刑法学说史略》，中国检察出版社1996年版，第347页。
⑥ 参见[日]大塚仁：《刑法概论（总论）》（第三版），冯军译，中国人民大学出版社2003年版，第113页。

从整个刑法理论发展方向来看，"人格行为论"具有相当的超前性和预见性。同时，"人格行为论"所主张的行为概念具有较强的分界机能。一方面，人格行为能够将不反映行为人人格的举动排除在行为之外；另一方面，人格行为也能够将作为与不作为包含在内。但是，就目前而言，由于人格的"不确定性"和"私权性"，"人格行为论"只能给整个刑法理论带来混乱。①

从以上各种行为理论学说提出的行为概念看，任何一种理论的主张都很难包罗刑法里所有的行为类型。有学者从实务角度认为，关于行为概念的争论意义是极为有限的。② 诚然，单纯从行为性的角度是无法区分行为的善与恶的，更遑论决定罪与非罪、此罪与彼罪。尽管如此，笔者认为，这些行为理论学说仍不乏合理部分，如对行为的基本特征的认识，且在不断深入研究的基础上，对行为的认识逐步趋于理性。因此，借鉴各行为理论学说中的合理方面，对发展和丰富我国刑法学行为理论有重要的理论意义。

2. 我国刑法中的行为

由于我国传统刑法学理论深受苏俄刑法理论的影响，刑法学界对刑法中的"行为"是从犯罪构成客观方面的要件的角度来论述的，理论上称其为"危害行为"。通说认为，我国刑法中的危害行为，是指"在人的意志或意识支配下实施的危害社会的身体动静"，并具有以下三个基本特征。③

（1）客观特征。危害行为客观上表现为人的身体动静，也称为危害行为的有体性特征。动是身体的举动，静是指身体的相对静止。危害行为的本质意义在于可以改变客观世界，从而危害社会，如果行为人没有表现于外部的身体的举动或静止，就不存在刑法上的行为。马克思主义刑法学反对"思想犯罪"，马克思曾指出："对于法律来说，除了我的行为，我是根本不存在的，我根本不是法律的对象。我的行为就是我同法律打交道的唯一领域，因为行为就是我为之要求生存权利，要求实现权利的唯一东西，而且因此我才

---

① 参见陈世伟：《"刑法中的行为"研究新视野》，载《当代法学》2008年第2期，第26－27页。
② 参见张明楷：《刑法原理》（第二版），商务印书馆2017年，第95页。
③ 参见高铭暄、马克昌主编：《刑法学》（第六版），北京大学出版社、高等教育出版社2014年版，第63－65页。

受到现行法的支配。"① 正如罗马法谚说的那样,"任何人不因思想受处罚",因为思想不能影响或改变客观世界。

（2）主观特征。危害行为在主观上是基于行为人的意志或者意识支配下的身体动静,也称为危害行为的有意性特征。马克思认为,"推动人们去从事活动的一切,都要通过人的头脑。甚至吃喝也是由于通过头脑感觉到饥饿开始,并且同样由于通过头脑感觉到饱足而停止"②。反过来说,人的无意志和无意识的身体动静,即使客观上造成损害,也不是刑法意义上的行为,如睡梦中、不可抗力、人体反射等场合中的身体动静。张明楷教授认为,"将有意性作为行为的特征并不具有现实意义"③。笔者不同意这种观点,刑法上的危害行为不同于日常生活中的行为,两者的根本区别在于,前者是行为人通过实施危害行为实现其主观上的不法内容,缺乏有意性,犯罪便不能成立。

（3）社会（评价）特征。基于行为人的意志或者意识支配下的身体动静,必须对社会具有危害性,也称为危害行为的有害性特征。危害行为的有体性特征和有意性特征只是说明了行为人的行为的一般意义,而危害性尚未征表。因此,行为人的行为只有被纳入刑法评价范围,才是刑法上的危害行为。从社会效应来说,将行为人的行为按照对社会的影响和作用划分,无外乎区分为中性、有益、有害三种类型。只有行为人有害于社会的行为,表现为对社会现实的损害抑或实际的威胁,才是统治阶级运用刑法预防和打击的重点。因此,也可以认为,有害性是刑法上危害行为的实质特征,如果行为人的行为缺少这一特征,就不是刑法上的危害行为。

而实证地分析,理论上的"危害行为"仅是我国刑法中的"行为"的行为类型之一,我国刑法立法中的行为,在不同的条文和语境中,意义有所不同,"需要根据各种具体的情况和条件,判断'行为'属于哪种意义上行为"④。有学者以我国1979年《刑法》条文中含有"行为"字样的规定为研

---

① 《马克思恩格斯全集》（第1卷），人民出版社1956年版，第16-17页。
② 《马克思恩格斯选集》（第4卷），人民出版社2012年版，第238页。
③ 张明楷：《刑法原理》（第二版），商务印书馆2017年版，第95页。
④ 马克昌：《比较刑法原理：外国刑法学总论》，武汉大学出版社2002年版，第177页。

究对象，将我国刑法上规定的各种行为，根据不同标准划分为如下几类。①

（1）以是否基于意思支配的标准，可以区分为有意行为和无意行为。有意行为，如1979年《刑法》第14条关于犯罪故意的规定中的"行为"；无意行为，如1979年《刑法》第16条关于不可抗力和意外事件的规定中的"行为"。

（2）以是否包含结果为标准，可以区分为包含结果的行为和不包含结果的行为。包含结果的行为，如1979年《刑法》第15条关于过失犯罪的规定中的"行为"；不包含结果的行为，如1979年《刑法》第6条关于属地管辖权的规定中的"行为"。

（3）以是否具有社会危害性和刑事违法为标准，可以区分为犯罪行为、非罪行为与排除社会危害性和刑事违法性的行为（权利行为）。犯罪行为，如1979年《刑法》第13条关于犯罪概念的规定中的"行为"；非罪行为，如1979年《刑法》第12条关于刑法溯及力的规定中的"行为"；排除社会危害性和刑事违法性的行为，如1979年《刑法》第20条关于正当防卫的规定中的"行为"。

由于该学者是基于1979年《刑法》条文的规定所进行的划分，自1997年《刑法》修订以来，刑法内容发生重大变化，学者提出的划分标准就不足以覆盖刑法规定的所有行为类型。由此，笔者认为，在上述行为类别划分的基础上，以社会危害性程度为标准，可以将我国刑法中规定的部分行为种类划分为一般违法行为和犯罪行为。其中，一般违法行为，如我国现行《刑法》第154条关于走私货物、物品罪的特殊形式的规定，即"下列走私行为，根据本节规定构成犯罪的，依照本法第一百五十三条的规定定罪处罚……"。按照这一规定，该条所列的走私行为不构成犯罪的，只作普通走私理解，性质上具有一般违法性。刑事违法行为，如现行《刑法》第342条之一关于破坏自然保护地罪的规定，该条第2款规定"有前款行为，同时构成其他犯罪的，依照处罚较重的规定定罪处罚"。此处的"行为"是指前款破坏自然保

---

① 参见马克昌、鲍遂献：《略论我国刑法上行为的概念》，载《法学研究》，1991年第2期，第5页。

护地犯罪行为。

所以，刑法理论上的"危害行为"与我国刑法中的"行为"不是同一概念，换言之，刑法中的行为是指危害行为的观点显然是不符合立法实际的。究其缘由，我国学者通常是在犯罪构成框架内，从实然角度将行为作为犯罪客观方面的一个要素来认识的，由此，既然犯罪是已然的，构成犯罪的行为自然是危害行为。同时，把犯罪客观方面的行为视为危害行为，也可以与犯罪主观方面的罪过相适应，形式上实现了主客观相统一。[①] 也有学者分析道："这是因为犯罪是刑法的主要内容，而危害行为是犯罪的实体或核心的缘故。"[②]

3."一次行为"的理解

回顾大陆法系国家刑法学行为理论学说，意在了解行为的应然概念，反观我国刑法，从理论和立法两方面正确看待我国刑法中行为的意义，以便准确理解多次犯的行为要素。多次犯的单次行为是多次犯成立的基础性条件，这不仅直接关系到多次犯次数的认定，甚至决定着多次犯的定罪量刑。因此，需要对多次犯的单次行为的性质有明确的界定。

以我国现行《刑法》第264条规定的"多次盗窃"为例，此处的盗窃是行政违法行为还是犯罪行为，又或者同时包含行政违法行为与犯罪行为？

从盗窃罪的刑法条文变迁看，多次盗窃是1997年《刑法》新增加的盗窃罪的行为类型。在司法实践中，关于多次盗窃的认定，应依据1998年《最高人民法院关于审理盗窃案件具体应用法律若干问题的解释》（已失效，以下简称《1998年盗窃案件解释》）第4条规定，即"对于一年内入户盗窃或者在公共场所扒窃三次以上的，应当认定为'多次盗窃'，以盗窃罪定罪处罚"。之后，根据惩治盗窃犯罪活动的实际需要，2013年发布的《最高人民法院、最高人民检察院关于办理盗窃刑事案件适用法律若干问题的解释》（法释〔2013〕8号，以下简称《2013年盗窃案件解释》），对《1998年盗窃案件解释》内容进行了修改，其中就包括变更多次盗窃的内容。《2013年盗

[①] 参见郝守才、梁胜涛：《刑法中行为理论之比较——兼论我国刑法中的行为概念为理论之比较》，载《河南司法警官职业学院学报》2004年第3期，第51页。
[②] 马克昌主编：《犯罪通论》（第三版），武汉大学出版社2013年版，第155页。

窃案件解释》第3条第1款规定"二年内盗窃三次以上的，应当认定为'多次盗窃'"，这一变更不仅引起了刑法界学者们激烈的争议，而且在司法实践中对多次盗窃的认定也出现适用分歧与困惑。归纳起来，学者们的争议主要有以下两种对立的观点。

第一种观点，单次盗窃的性质同时包含行政违法行为与犯罪行为。如有学者主张盗窃罪的五种行为类型竞合，属于法条竞合中相容法律效果的竞合。实务中，多次盗窃与普通盗窃形成竞合时，即多次盗窃中某次盗窃数额较大，应以数额较大作为入罪情节，溢出的数额、犯罪次数则作为量刑情节。而多次盗窃与其他特殊盗窃形成竞合的，遵循其拾遗补阙的功能，应以独立成罪的某种特殊盗窃入罪，而以盗窃的次数作为量刑情节。[①]

第二种是通说观点，单次盗窃的性质是行政违法行为。如有学者认为，"盗窃三次以上"所内含的三次盗窃只能是行政法上的行为，即只应具有治安管理处罚法的意义，不应包括刑法意义上的犯罪行为。[②] 又如，有学者主张多次盗窃"要求行为人实施的每一次盗窃行为都不能构成盗窃罪。否则，就不会有'多次盗窃'才构成犯罪的规定"[③]。

按照第一种观点，在行为人三次入户盗窃场合，入户盗窃是入罪情节，三次作为量刑情节。那么在发生行为人入户盗取客观价值与使用价值均低廉的财物（如一两个鸡蛋）时，由于盗窃罪是侵犯财产的犯罪，几乎没有任何价值的物品，则不可能成为盗窃罪的对象，进而不宜认定为盗窃罪。[④] 从主张第一种观点的学者提出的"多次盗窃拾遗补阙的功能"表述分析，也就是这里所说的入户盗窃不成立犯罪情形，那么该学者为何仍以入户盗窃作为入罪情节不得而知，且对多次盗窃的补充性功能未进行合理说明。另外，该学者的结论也是承认盗窃罪五种不法行为类型是互相独立存在关系，在被认定为入户盗窃后，便不能将入户盗窃认定为多次盗窃中的一次。

---

① 参见谢嗣强、莫晓宇：《盗窃罪中相容法效果法条竞合之处理》，载《贵州警官职业学院学报》2016年第3期，第81页。
② 参见邵栋豪：《"多次盗窃"的立法检讨与司法适用》，载《上海政法学院学报（法治论丛）》2016年第1期，第75页。
③ 黎宏：《论盗窃罪中的多次盗窃》，载《人民检察》2010年第1期，第22页。
④ 参见张明楷：《盗窃罪的新课题》，载《政治与法律》2011年第8期，第3-5页。

笔者认为，该场合入户盗窃本身不具备刑法评价的价值，性质上只是一般的违反治安管理的行为，应当将其视为多次盗窃的一次行为，故以三次作为入罪情节、以入户作为量刑情节的处理是妥当的。这样比较符合盗窃罪成立的立法意旨，因为多次盗窃是独立的入罪行为类型，而且在对行为人定罪量刑前，明确区分入罪情节和量刑情节，可以全面评价行为人的行为及其责任。而在三次盗窃中一次盗窃数额较大的场合，因为盗窃罪的基本犯也是独立的不法行为类型，数额较大的一次当然不能算作多次盗窃中的一次，否则会导致评价过分、重复，不利于行为人。

笔者赞成通说观点，即多次犯的单次行为的性质是一般违法行为，其主要理由如下所述。从刑法和司法解释中有关多次犯的条文表述看，一些条文直观上表明单次行为的性质是一般违法行为，如我国现行《刑法》第290条第3款扰乱国家机关工作秩序罪直接规定，"多次扰乱国家机关工作秩序，经行政处罚后仍不改正……"；《最高人民法院关于审理非法行医刑事案件具体应用法律若干问题的解释》（2016年修正）第2条第4款规定，"非法行医被卫生行政部门行政处罚两次以后，再次非法行医的……"。而一些刑法条文将特殊不法行为类型如"多次盗窃"与普通的不法行为类型并列规定在罪状中，笔者认为，这种并列规定表明：一是各不法行为类型在主客观方面表现不同；二是各不法行为类型的刑法评价标准不一；三是实践中惩治特殊不法行为类型的需要在立法上的体现，且不存在对各不法行为类型综合评价入罪的可能。如果进行综合评价，一方面违逆了立法者认为各种独立行为类型均可独立入罪的立法意旨，另一方面会排斥特殊不法行为类型作为入罪条件或作为量刑情节的可能。由于实践中重视数额较大要素的思维惯性，导致其他行为类型在实质上无法作为定罪情节。[①] 所以，多次犯的行为类型与普通的不法行为类型是互不包容的关系，彼此都是独立的行为类型。

在辨明二者关系的基础上，再进一步说明多次犯的单次行为的性质。从

[①] 参见谢嗣强、莫晓宇：《盗窃罪中相容法效果法条竞合之处理》，载《贵州警官职业学院学报》2016年第3期，第77页。

上文对我国刑法中行为的意义分析看，多次犯的单次行为是多次犯积极的构成要件要素，因而是危害行为。马克思、恩格斯认为，犯罪和一般违法行为有一个"共同的特征"，即都具有某种程度的社会危害性。但是，必须承认它们在本质上是不同的。① 它们具体在行为方式、违反法律、危害后果三个方面表现不同，其中危害后果程度的不同是本质上不同的体现。② 笔者认为，立法强调多次犯的次数内容，就是因为单次行为的社会危害性达不到普通不法行为类型的危害程度，正如张明楷教授所说："我国刑法的规定总是在犯罪构成诸要件的总体上，使行为的社会危害性达到应当追究刑事责任的程度。如果在一般情况下还没有达到这种程度，刑法就强调某个或某些具体内容，使总体上达到这一程度。"③ 所以，按照笔者提出的社会危害性程度划分标准，单次行为应归属我国刑法中的一般违法行为范畴。

（二）多次犯之"多"

关于"多"的基本解释，《现代汉语词典》中"多"是指："数量大（跟'少'或'寡'相对），如多年、多种多样。"④ 在我国刑法中，未见有关"多"的明确、具体的解释规定，而在相关刑法条文和司法解释中，一般对"多"有如下几种表述。

（1）一些罪名的刑法条文仅仅表述"多……"，但没有要求具体次数，部分罪名的次数在相关司法解释中得到了明确规定，如关于多次抢劫、多次盗窃的司法解释指出，多次抢劫是指抢劫三次以上，多次盗窃是指两年内盗窃三次以上。⑤ 而部分罪名都没有对"多"进行具体解释，如现行《刑法》

---

① 参见《马克思恩格斯全集》（第1卷），人民出版社1956年版，第138页。
② 参见高铭暄主编：《刑法学原理》（第一卷），中国人民大学出版社2005年版，第127 - 128页。
③ 张明楷：《论刑法分则中作为构成要件的"情节严重"》，载《法商研究》1995年第1期，第14页。
④ 中国社会科学院语言研究所词典编辑室编：《现代汉语词典》，外语教学与研究出版社2002年版，第497页。
⑤《最高人民法院关于审理抢劫、抢夺刑事案件适用法律若干问题的意见》（法发〔2005〕8号）第3条第1款规定："刑法第二百六十三条第（四）项中的'多次抢劫'是指抢劫三次以上。"《2013年盗窃案件解释》第3条第1款规定："二年内盗窃三次以上的，应当认定为'多次盗窃'。"

第290条第3款扰乱国家机关工作秩序罪①、第292条聚众斗殴罪②等。

（2）司法解释明确规定"多次"的最低数量为"三次或三次以上"。例如，《最高人民检察院、公安部关于公安机关管辖的刑事案件立案追诉标准的规定（一）》（公通字〔2008〕36号，以下简称《立案标准（一）》）第28条强迫交易罪立案追诉情形之一规定"强迫交易三次以上"、《最高人民检察院、公安部关于公安机关管辖的刑事案件立案追诉标准的规定（二）》（2022年修订，以下简称《立案标准（二）》）第80条规定"本规定中的多次，是指三次以上"等。

（3）未直接指明，但通过相关刑法条文和司法解释的罪状的表述，可以推定出"多次"是指三次或者三次以上。例如，现行《刑法》第153条走私普通货物、物品罪规定，"……（一）走私货物、物品偷逃应缴税额较大或者一年内曾因走私被给予二次行政处罚后又走私的……"。又如《立案标准（二）》第73条提供虚假证明文件罪规定，"……二年内因提供虚假证明文件受过二次以上行政处罚，又提供虚假证明文件的"。

（4）同样未直接指明，但通过相关刑法条文和司法解释的罪状表述，可以推定出"多次"是指二次或者二次以上。例如，现行《刑法》第351条非法种植毒品原植物罪规定，"……（二）经公安机关处理后又种植的……"。又如，《立案标准（二）》第2条走私假币案规定，"……二年内因走私假币受过行政处罚，又走私假币的……"。

（5）部分罪名的司法解释的罪状规定"多次……"，但没有规定明确的次数。例如，《最高人民法院、最高人民检察院关于办理贪污贿赂刑事案件适用法律若干问题的解释》（法释〔2016〕9号）第1条中关于"多次索贿"的规定、《最高人民法院、最高人民检察院关于办理虚假诉讼刑事案件适用法律若干问题的解释》（法释〔2018〕17号）第2条中关于"多次以捏造的事实提起民事诉讼的"的规定等。

---

① 现行《刑法》第290条第3款规定："多次扰乱国家机关工作秩序，经行政处罚后仍不改正，造成严重后果的，处三年以下有期徒刑、拘役或者管制。"
② 现行《刑法》第292条规定："……有下列情形之一的，对首要分子和其他积极参加的，处三年以上十年以下有期徒刑：（一）多次聚众斗殴的……"

（6）根据犯罪类型的特殊性，司法解释就其"多次"数量予以特别规定。例如，针对组织播放淫秽音像制品案，《立案标准（一）》第85条第1项规定"组织播放十五至三十场次以上的"。又如，《最高人民法院、最高人民检察院、公安部、司法部关于办理非法放贷刑事案件若干问题的意见》（法发〔2019〕24号）第1条第2款关于"经常性地向社会不特定对象发放贷款"的解释，是指"2年内向不特定多人（包括单位和个人）以借款或其他名义出借资金10次以上"。

有学者将上述"多次"相关刑法条文和司法解释的表述分为明示型、暗示型、概述型三种类型。其中，明示型是刑法条文或者司法解释以明确的数字表示"多"指向的具体数量，如前述"抢劫三次以上"；暗示型是指立法未明确"多"的数量，而是通过条文的字面含义，能准确地理解违法行为的次数，如前述"经公安机关处理后又种植的"；概述型是指规范条文概述违法行为发生"多"次，需要司法人员根据司法实践去理解"多"的含义，如前述"多次索贿"。[①] 可见，司法实践中对于明示型和暗示型的"多"的判断依照刑法条文和司法解释规定判断即可，而对"多"的概述型规定理解存在较大分歧，在对具体案件适用法律时容易发生混淆，因而需要进行解释予以明确。

在我国刑法理论界，对多次犯之"多"的理解也不尽相同，大致上分为"三次以上"和"二次以上"两种学理解释。如有学者从司法统一性角度考量，认为作案次数的认定直接影响定罪量刑，"多次"在审判实践中通常理解并掌握在三次以上。[②] 也有学者认为应具体问题具体分析，"'作为本来一罪的多次'和'作为实质数罪的多次'，宜解释为三次或者三次以上；而对于视具体情况才能决定是一罪抑或数罪的'多次'的立法类型中的'多'，宜解释为二次或者二次以上"[③]。还有学者认为我国刑法中"多次"之"多"的理解，应当以二次或者二次以上为原则，三次或者三次以上为例外，即除

---

① 参见赵蕊：《刑法上多次行为的理解与适用》，大连海事大学2017年硕士学位论文，第14页。
② 参见贺平凡：《论刑事诉讼中的数量认定规则》，载《法学》2003年第2期，第107页。
③ 王军仁：《管窥我国刑法中的"多次"》，载《法治论丛》2007年第2期，第47-48页。

非立法或者有权解释明文规定多次是指三次或者三次以上，否则一律解释为二次或者二次以上。①

笔者认为，无论是"三次以上"抑或"二次以上"的学理解释，都不能涵盖我国刑法条文和司法解释中包含"多次"的所有刑法规范。依据罪刑法定原则，对于包含"多次"的明示型和暗示型两类刑法规范并无解释"多"指向的具体数量的必要，对于概述型之"多次"的解释，在多次犯场合下，宜解释为"三次或三次以上"。其主要理由包括如下三点。

一是从我国民众传统观念看，将"多次"解释为"三次或三次以上"，可在国民预测可能性范围之内，且可证明行为人主观方面的明知、违法性认识等内容。古人云："一鼓作气，再而衰，三而竭。"它启示人们在日常生活中，同样的事不宜连做三次，即所谓事不过三，告诫人们同样的错误不可一而再，再而三地犯。基于这种自古以来的普世价值观，当行为人两次违法后，观念上应当舍弃继续实施违法行为，规避身受严厉的法律制裁，而行为人继续为之可证明其主观上具备犯罪故意，表明其行为本身就具有严重的社会危害性。

二是现代刑法贯彻谦抑性原则的必要。前文论述刑法应当保持谦抑品质，在刑事立法阶段，应当重视对公民个人权利的保护，限缩刑法适用范围，防止不当吞噬公民权利。多次犯立法是将行为人的违法行为的性质从一般违法性拔高到刑事违法性，扩大了刑法适用范围，这种从严惩处的做法显然对行为人是不利的。因此，为避免对行为人适用过于严苛的刑罚，根据刑法谦抑性原则的要求，以"多"的基本词义为分析基础，将"多"的下限解释为三次，不仅符合人们对"多"的用语习惯，且要比二次更有利于保护行为人权利。

三是实现刑事立法语言统一性的需要。刑事立法语言的统一和协调是刑事"良法"创制的基础条件和首要步骤，是罪刑法定原则对刑事立法语言的

---

① 参见王吉龙：《"多次行为"研究——以我国刑法典与有权解释为基础》，西南政法大学2011年硕士学位论文，第8页。

规范要求。① 从对刑法条文中"多次抢劫""多次盗窃""多次抢夺"等的司法解释内容看，统一将"多"解释为"三次以上"，且司法解释中对诸多含"多次"的规定也统一明示为"三次以上"，司法解释中采用统一的规范用语，司法实践中方便执法者准确适用法律。正如孟德斯鸠所言，"重要的一点，就是法律的用语，对每一个人要能够唤起同样的概念"②。故而，对"多次"宜解释为"三次或三次以上"，实现统一规范用语，维护刑法的安定性。

在情节加重犯场合，笔者主张对"多次"也宜解释为"三次或三次以上"，同上述多次犯场合"多次"的界定的缘由一样，此处不再赘述。至于累计犯场合，笔者赞成学界将"多次"解释为"二次或二次以上"的看法，以累计犯的行为特征为视角，在如下场合，即行为人两次作出同一罪名的构成要件行为而未经处理，每次行为都没有达到刑法规定的数额较大或其他数量界限，但是累计数额或数量达到了规定界限的情形，成立累计犯。③

(三) 多次犯之"次"

从词义上讲，"次"是用于反复出现或可能反复出现的事情。④ 在我国刑法和司法解释中，"次"与"多"连在一起内含于同一刑法规范中，其中"多"是数词，"次"是量词，"多次"是统计事实数目的计量单位。所以，关于"次"的规定同前文"多"的几种表述类型一样。那么，何谓刑法中的"次"呢？纵观我国刑法和司法解释，刑法规范对"次"的明确界定付之阙如，司法实践中因认定标准不一也颇为争议。学界对"次"的认定标准众说纷纭，莫衷一是，归纳起来，可分为一元论与多元论两种标准。⑤

一元论是将与行为有关的一个因素作为次数认定标准的理论，具体包括主观标准理论和客观标准理论两种。主观标准理论又称意思说，该学说认为，

---

① 参见莫洪宪、刘峰江：《〈刑法修正案（十）〉中"公共场合"的教义学理解——兼论刑事立法语言的统一性和模糊性》，载《刑法论丛》2018年第4期，第169页。
② ［法］孟德斯鸠：《论法的精神》（下册），张雁深译，商务印书馆1963年版，第339页。
③ 参见于阜民：《犯罪论体系研究》，科学出版社2014年版，第103页。
④ 中国社会科学院语言研究所词典编辑室编：《现代汉语词典》，外语教学与研究出版社2002年版，第321页。
⑤ 关于"一元论标准的学说观点及评析"，笔者在王飞跃博士归纳的基础上进行了部分修改完善。参见王飞跃：《刑法中的累计处罚制度》，法律出版社2010年版，第133－135页。

应该以支配行为的行为人主观意思作为次数认定标准,基于一个意思决定而实施的行为,应认定为一次;基于多个意思而为之的行为,应认定为多次。按照这种观点,行为人基于一个意思,先后实施多个违法行为,也只能认定为一次,这显然不合常理,连续犯即是例证,并且这种观点将次数决定于行为人的主观意志,不利于对犯罪的认定和追诉。客观标准理论认为,应以行为客观方面的要件的数量为认定次数标准。具备一个客观要件,认定为一次;具备多个客观要件,认定为多次。在客观标准理论中,具体又有以下五种观点。

1. 行为说

此学说认为,应该以行为单复作为次数的认定标准,符合一个行为构成要件,成立一次;符合数个行为构成要件,则认定为多次。行为若同时满足两个以上犯罪构成要件,其间完全共通时,仍不失是一次行为;若其间只有一部分行为交叉或重合,便不能认为是一次行为。张明楷教授主张:"对于'次'应当根据客观行为认定,而不能根据行为人的主观心理状态认定。例如,对于基于一个概括的犯意,连续在一定场所三次盗窃不同被害人的财物,或者对一栋办公楼中的几个办公室连续实施盗窃的,应当按客观行为认定为多次盗窃,而不能按主观心理状态认定为一次盗窃。"[①] 但这种观点在解释犯罪的行为由两个行为所构成(如招摇撞骗罪)时,却存在着自身难以克服的矛盾。[②]

2. 结果说

此学说认为,应当以危害结果的多少作为次数的认定标准,造成一个危害结果,认定为一次;造成多个危害结果,认定为多次。例如,行为人在闹区交通肇事造成多人重伤、多人轻伤的情形,按照这种观点应认定为多次,但这一结论恐怕不能为民众所接受。

3. 时间说

此学说认为,应以时间异同作为次数的认定标准,发生在同一时间内的

[①] 张明楷:《盗窃罪的新课题》,载《政治与法律》2011年第8期,第5页。
[②] 参见马克昌主编:《犯罪通论》(第三版),武汉大学出版社2013年版,第185页。

行为,认定为一次;发生在不同时间的行为,认定为多次。这种观点没有明确时间的具体形式,如果指时间点,那么一个持续较长时间的行为成立多次,而如果指时间段,那么该时间段又根据什么标准来划分呢?因此,此学说自身存在争议,不能认为是适当的。

4. 地点说

此学说认为,应以行为地点作为次数的认定标准,发生在一个地点的行为,认定为一次;发生在不同地点的行为,认定为多次。依据这种观点,行为人拐卖妇女,在交易前将被害人转移至多个地方,则应认定为多次,这显然不切合社会上的一般观念。另外,同时间说的矛盾一样,如何确定行为地的范围存在较大争议。

5. 对象说

此学说认为,应以行为侵害对象的个数作为次数的认定标准,行为侵害一个对象,认定为一次;行为侵害多个对象,认定为多次。究竟什么是犯罪对象,在理论上有着不同的认识。无论是将侵害对象作为具体的物还是权利主体,这种观点与结果说都没有实质上的差别,存在同样的问题。

由于一元论的次数标准的各种观点的自身局限性都不能解决次数的认定问题,于是便产生了多元论的次数认定标准。此学说认为,应该综合多种因素作为次数认定的标准。大体上又有以下五种观点。

第一种观点认为,次数的认定规则有四个,即同时同地规则、单独追究规则、完成形态规则、排除计数规则。其中,同时同地规则是指,行为人在一个相对集中的时间和相对固定的地点进行连续犯罪,只能认定为一次犯罪;单独追究规则是指,作案次数的构成不以犯罪既遂为标准,而以行为人的行为可以单独追究刑事责任为依据;完成形态规则是指,对未完成形态不能追究刑事责任的行为,必须以行为完成为前提;排除计数规则是指,在计算作案次数的过程中,对于实体法要求不能处理和不能重复处理的作案次数不予计数的规则。[①]

---

① 参见贺平凡:《论刑事诉讼中的数量认定规则》,载《法学》2003年第2期,第107–108页。

第二种观点从客观立场出发，认为"'多次盗窃'中的'次'是指基于一个概括的犯意，而完整地实施的一系列连贯的盗窃动作。如在一辆公交车上，犯罪嫌疑人扒窃了甲又接着扒窃乙即为一次"①。

第三种观点主张应主要从行为的客观表现来把握，认为"'次'是指在同一时间、同一地点，在侵害行为侵害能力范围内针对所有对象的单个侵害行为"②。

第四种观点主张根据社会一般观念来判断行为次数。③"在形式意义上判断'多次盗窃'的时候，只要对自然观察到的盗窃事实，根据社会生活的一般经验，能够认定为一个行为就可以了。"④

以上这些观点相较于一元论标准的各学说，有所进步，其中不乏一些合理的因素，但对于具体问题的分析和解决，仍然存在一定的缺陷。第一种观点没有给"次"一个明确清晰的界定，且同时同地规则由司法人员凭经验掌握，"这显然是一个很不确定、很不可靠的判断标准。在这种观点之下，得出一些有争议性的结论，也并不奇怪"。⑤第二种观点，"将一个概括的犯意作为判断次数的出发点，有主观定罪的嫌疑，且完整实施的一系列连贯的盗窃动作的标准，也有过于机械之嫌"⑥。第三种观点中，"同一时间、同一地点刻意地缩小了单个侵害行为的侵犯对象，也使公共场所的不同位置是否为同一地点难以界定"⑦。第四种观点则没有明确地提出认定次数的标准，实践中缺乏可操作性，也不能认为是适当的。

在实践方面，就多次犯罪之情节加重犯形态，司法解释规定了一例"一

---

① 马家福、刘一亮：《刑法关于"多次盗窃"的重新解读》，载《福建公安高等专科学校学报》2007年第5期，第16页。
② 王飞跃：《论我国刑法中的"次"》载《云南大学学报（法学版）》2006年第1期，第14页。
③ 王军仁：《管窥我国刑法中的"多次"》，载《法治论丛》2007年第2期，第48页。
④ 黎宏：《论盗窃罪中的多次盗窃》，载《人民检察》2010年第1期，第23页。
⑤ 第一种观点认为，行为人在一栋楼里偷了一家住户的财物后回家，然后又重新返回该楼对另一住户进行盗窃，由于时间上的中断，应认定盗窃行为实施了两次。通常会认为其是在时间上具有连续性的，但这种情况和用一小时将财物送回家之后再返回盗窃的场合，有什么两样呢？参见贺平凡：《论刑事诉讼中的数量认定规则》，载《法学》2003年第2期，第107－108页。
⑥ 贺平凡：《论刑事诉讼中的数量认定规则》，载《法学》2003年第2期，第107－108页。
⑦ 马家福、刘一亮：《刑法关于"多次盗窃"的重新解读》，载《福建公安高等专科学校学报》2007年第5期，第16页。

次"犯罪行为的认定,即《最高人民法院关于审理抢劫、抢夺刑事案件适用法律若干问题的意见》第 3 条关于"多次抢劫"的认定。该解释第 3 条规定,认为"多次抢劫"中"一次"犯罪行为的认定,应综合考虑犯罪故意的产生,犯罪行为实施的时间、地点等因素,对"一次抢劫"进行客观分析、认定,并具体罗列了如下三种情形:①对于行为人基于一个犯意实施犯罪的,如在同一地点同时对在场的多人实施抢劫的;②基于同一犯意在同一地点实施连续抢劫犯罪的,如在同一地点连续地对途经此地的多人进行抢劫的;③在一次犯罪中对一栋居民楼房中的几户居民连续实施入户抢劫的,一般应认定为一次犯罪。可见,司法解释对"一次"的认定采取了多元论的认定标准。张明楷教授认为,这一解释明显对多次抢劫持限制态度,值得肯定。但是,对于多次盗窃,就不能再作过于严格的限制解释,因为规定"多次盗窃"是为了扩大盗窃罪的处罚范围。张明楷教授认为,在以下场合分别成立一次盗窃与多次盗窃:在同一时间、同一地点针对同一被害人所实施的盗窃,就是一次盗窃;在同一地点盗窃三位被害人财物的,应认定为多次盗窃;在不同时间、不同地点盗窃同一被害人的财物的,也是多次盗窃。①

综合分析前述理论界关于"次"认定标准的各种学说,参考司法解释中关于"一次抢劫"的认定,笔者主张,在坚持多元论标准的基础上,对"次"的理解和界定,既要从行为的客观表现来把握,也不能忽视行为人主观方面的意思因素,片面强调任何一方,都无法对"次"形成较为全面的认识。正如马克昌教授所言,"多次"中的每一次都是主客观要素的结合,只是在罪量上尚未达到值得刑法惩罚的程度,同时由于"多次行为"的性质相同,"多次行为"的接续程度可参照"同种数罪",以时间、地点缺乏紧密性为宜。② 综合多种因素对"次"进行分析认定,符合马克思主义认识论基本原理。详言之,对"次"的理解和判断应从以下几个角度综合考量判断。

首先,"次"的认定不能忽视行为人主观方面的内容。第一,人的活动是受一定的意识和意志支配,因此多次犯的每次行为一定是违法行为与行为

---

① 参见张明楷:《盗窃罪的新课题》,载《政治与法律》2011 年第 8 期,第 5 页。
② 参见马克昌主编:《百罪通论》(下卷),北京大学出版社 2014 年版,第 753 页。

人违法意思的统一。没有违法意思，违法行为就不可能发生，即使行为有客观危害，也不能说是违法行为。同样地，没有客观的危害社会的行为，违法意思也就得不到表露和实现，即便有一定的违法意思，也不能构成违法。第二，行为人每次的违法意思的内容是同一的，这是确保多次犯每次行为性质相同的主观方面要件，与连续犯主观方面同一的故意的内容一样，两者的根本区别在于，多次犯的多次违法意思是相对独立的，而连续犯的同一的故意具有连续性。① 第三，行为人的违法意思因行为性质不同而内含不同的违法目的，如多次强迫交易与多次盗窃，强迫交易罪针对的是在不合理的价格或不正当的方式下进行的交易，而盗窃罪针对的是将公私财物非法占有。

那么，除了行为人违法意思外，在认定"次"的时候，是否还需要以行为人的违法习性为依据呢？因为行为人违法习性与违法意思的产生有密切关系，所以有必要在此予以回应。

有学者认为："盗窃习性需要在日复一日的、一定长的时间阶段里才足以形成和显现出来，我们很难依据行为人一时、一度的行为表现，就作出其盗窃成性的刑法判断。因此，对于上述行为人在特定时空范围内（即在一个相对较短的时间段和相对同一的空间范围内）反复实施的相同盗窃行为，因其相对缺乏认定多次盗窃的实质根据。故不宜认定为多次盗窃。"② 多次盗窃的处罚依据是行为人的盗窃习性，带有补充其他犯罪标准的功能和作用。③ 按照这种观点，行为人是否具有盗窃习性，是司法中具体判断多次盗窃的实质依据。

笔者不赞成此种观点，主要理由有以下四点。第一，从犯罪动机角度分析，行为人多次盗窃并非全因盗窃习性自动使然，如在有的多次盗窃犯罪中，行为人每次盗窃均属临时起意。第二，盗窃习性不属于盗窃罪的构成要件，那么在评价多次盗窃中的每次盗窃时，无需证明行为人的盗窃习性，进而在认定"次"时，不以判断盗窃习性为必要。第三，有学者提出从两个方面把

---

① 参见詹红星：《连续犯的基本问题探究》，载《兰州学刊》2007年第9期，第107页。
② 黄祥青：《认定多次盗窃的事实与法理依据》，载《人民司法》2009年第9期，第72页。
③ 参见刘春德：《论盗窃罪中"多次盗窃"的认定》，载《法制与社会》2015年第35期，第70页。

握盗窃习性：一是时间方面的间隔性和阶段性，即是否具有盗窃习性需要经过一段时间的检验才能够予以断定；二是行为方面具有重复性或者反复性，行为人在各种时空环境下反反复复产生犯罪意图并同时予以实施。[1] 笔者认为，从时间跨度和行为表现两个方面判断盗窃习性过于形式且标准模糊，如何量化时间的长度与行为反复的次数没有确定。所以，判断盗窃习性本身就有困难和争议。第四，若行为人具有盗窃习性，在较长时期内反复实施盗窃犯罪，构成惯犯，则行为人每次盗窃的性质是犯罪行为，多次盗窃涉及行为单复判断，而多次盗窃的每次行为在性质上是违法行为，多次盗窃关系行为次数认定，行为单复与行为次数属于不同的范畴。综上所述，在认定"次"的时候，无须考量行为人的违法习性。

其次，"次"的认定需要从行为的时空性角度分析把握。每一次行为都存在于一个特定时空阶段，认定行为次数的时候，不应该脱离它的时空背景。在时间坐标上，行为完成需要的时间形式不同，简单的行为瞬间即可完成，复杂的行为需要较长时间，认定一次行为时需要以行为能完成的时间为界，注意把握行为的起始时间、持续时间和终止时间，且不存在行为人彻底无法继续进行违法行为的时间隔断。[2] 在地点坐标上，除了违法行为的地点空间具备独立性外，[3] 地点范围应以行为人侵害能力所及对象的空间范围为界，即行为人具有在一定场所内一次侵害多个对象的可能。还需要予以说明的是，在多次行为之间，多次行为的时空性彼此缺乏紧密性，即第一次违法事实既定后与行为人第二次违法行为之间存在明显间隔。

再次，"次"的认定受制于行为人违法行为的性质。由于不同性质的违法行为，法律对其行为方面的要求不同，表现为内容和形式的不同，具体到一次违法行为，是由着手、实施、完成等若干阶段有机联系而构成，行为性

---

[1] 参见刘春德：《论盗窃罪中"多次盗窃"的认定》，载《法制与社会》2015年第35期，第70页。

[2] 时间间隔是指足以导致行为无法继续进行的时间段，如行为人需继续实施侵害，则需重复先前已经实施的一定动作。参见王飞跃：《刑法中的累计处罚制度》，法律出版社2010年版，第137页。

[3] 独立是指该地点具有不依附其他空间而能独立存在。参见王飞跃：《刑法中的累计处罚制度》，法律出版社2010年版，第137页。

质不同，每个阶段的客观表现不同。有学者认为若干阶段无间断，[1] 笔者认为这种认识与客观事实不符，毕竟行为人违法不可能每次都如愿得逞，强调无间断显然是对"次"的认定刻意有所限缩。因而，在认定一次违法行为时，结合违法行为性质，从其客观方面表现判断是否符合一次违法性，即符合一次违法性，认定为一次，符合多次违法性，认定为多次。

最后，"次"的认定应符合实质判断要求。有学者认为："不同严厉程度的所有社会规范在调整人们的行为时，具有层阶性，即对悖德行为进行道德谴责，对违法行为予以行政制裁，对犯罪行为予以刑罚制裁。社会规范适用的层阶化依据在于行为的社会危害程度。"[2] 多次犯的严重社会危害性是通过行为人实施多次违法行为造成的整体社会危害性来体现的，是由单次的社会危害性组成的有机统一整体，因而多次犯中行为人单次的社会危害性是必然存在的。没有社会危害性的单次行为，如违背风俗习惯和违反道德规范、宗教规范的行为，不属于多次犯的行为范畴，社会危害性小的单次行为，如小偷小摸行为，根据《行政处罚法》（2021年修订）规定[3]不予处罚的，也不应被认定为"多次"中的一次。张明楷教授认为："行为人三次以上在菜市场小偷小摸的，不宜认定为盗窃罪。又如，每次只在超市盗窃一支圆珠笔，没有取得数额较大财物的意图，即使短期内实施三次以上盗窃的，也不能认定为盗窃罪。"[4] 在一般情况下，对于犯罪数额较小、造成损害较少且行为人确有悔改表现的违法行为，不得因在一定期限内已经受过二次以上行政处罚而直接以犯罪论处。[5] 说明行为人第三次实施的相同性质的违法行为，也必须达到应当给予行政处罚的程度。至于单次行为的社会危害性程度则具体依行为人自身的情况、行为类型、损害规模、违法性质等因素进行综合评价。

---

[1] 参见王飞跃：《刑法中的累计处罚制度》，法律出版社2010年版，第139页。
[2] 参见王飞跃：《刑法中的累计处罚制度》，法律出版社2010年版，第142页。
[3] 《行政处罚法》（2021年修订）第33条第1款规定："违法行为轻微并及时改正，没有造成危害后果的，不予行政处罚。初次违法且危害后果轻微并及时改正的，可以不予行政处罚。"
[4] 张明楷：《盗窃罪的新课题》，载《政治与法律》2011年第8期，第5页。
[5] 参见莫晓宇、李灏：《多次犯的刑法规制、理论发展与生成机理探析》，载《西南石油大学学报（社会科学版）》2016年第3期，第48页。

二、"多次行为"性质

上文对多次犯的构成要素"行为""多""次"的解析为正确认定多次犯奠定事实基础，由于刑法评价的对象是多次行为整体，这就还需要探讨多次行为的性质。换言之，多次行为之所以会被刑法评价为多次犯，从根本上来说，取决于多次行为自身的性质。"以行为来限定犯罪，是刑法领域向人权保障道路上迈进的重要一步。"[1]

（一）关于"多次行为"性质的观点分歧

当前刑法学界关于"多次行为"性质的争议较大，经梳理分析发现，主要存在以下四种观点。

1. 违法构成要件要素说

理论上把犯罪构成的要件划分为三个层次。其中，在第三层次中，"犯罪目的""危害后果""犯罪对象"等单个犯罪构成要件是犯罪构成的最基本构成要素或基本单位。[2] 该观点认为，多次犯强调行为人行为的次数内容，正是次数使行为的违法性整体达到应受刑罚惩罚的程度，行为人在主观方面对次数应当有所认识，所以"多次"是犯罪构成要件要素中的违法要素。

周光权教授认为，多次盗窃是典型的构成要件要素和违法要素，既然多次盗窃构成盗窃罪的法益侵害性主要依靠盗窃次数来说明，而不是以盗窃行为本身来说明，则对于多次盗窃这一违法要素，就一定要求行为人认识。[3]

2. 客观超过要素说

该学说由张明楷教授提出，他认为多次盗窃中的"多次"就是客观的超过要素，只要行为人每次实施盗窃时具有故意即可，不要求行为人认识到自己"多次"盗窃，只需有认识的可能性。[4] 在维持犯罪构成作为认定犯罪的唯一法律标志这一观念的前提下，张明楷教授指出，即使是构成要件，也不

---

[1] 郝守才、梁胜涛：《刑法中行为理论之比较——兼论我国刑法中的行为概念》，载《河南司法警官职业学院学报》2004年第3期，第49页。
[2] 马克昌主编：《犯罪通论》，武汉大学出版社2013年版，第88页。
[3] 周光权：《论内在的客观处罚条件》，载《法学研究》2010年第6期，126页。
[4] 参见张明楷：《刑法学（上）》（第五版），法律出版社2016年版，第261页。

意味着必须在主观上或客观上存在着完全与之相对应的事实。有些客观要件也可能不需要存在与之相对应的主观内容，这些客观要件便是客观的超过要素。客观的超过要素不是故意的认识与意志内容，不需要行为人对之具有认识与放任或希望态度，但至少应有认识的可能性。①

3. 客观处罚条件说

在德日刑法理论中，客观处罚条件又称应受处罚性的客观条件，是指这样（实体上应受处罚）一些情况，它们与行为直接相关，但既不属于不法构成要件，也不属于责任构成要件。② 陈兴良教授对我国刑法分则中犯罪的罪量要素的性质，主张客观处罚条件说。其理由是犯罪的数量因素虽然是构成要件行为的附随结果，但它并不决定构成要件行为的性质，如果把构成要件作为决定行为性质的要件，则将犯罪的数量要素纳入构成要件范畴并不妥当。而且，构成要件具有故意规制机能，如果将犯罪的数量要素作为故意的认识要素，会对故意的认定带来较大的难度。③ 就多次犯而言，有学者认为："'多次'只是一种司法者对行为次数的统计结论，会影响行为的违法程度，而非实体上存在的影响。单纯的次数没有任何实质意义，实际上真正影响违法的是'多次'所记载的行为本身。所以，'多次'不是不法构成要件要素，由于其能够在评价上决定刑罚的启动，也即衡量行为的违法程度是否达到需要科处刑罚的程度，因此属于一种客观处罚条件。由于'多次'不是不法构成要件要素，自然不需要行为人认识。"④

4. 犯罪构成要件说

苏联刑法学家特拉伊宁认为，犯罪客观方面的选择因素，除了侵害对象，实施犯罪的时间、地点、方法和环境外，还有其他选择因素，如"屡次"实施犯罪和"再犯"。有学者认为，我国刑法规定"多次盗窃"是盗窃罪的基本构成要件，印证了特拉伊宁将"屡次"作为选择要件具有合理性。理论

---

① 参见张明楷：《"客观的超过要素"概念之提倡》，载《法学研究》1999年第3期，第28页。
② 参见[德]汉斯·海因里希·耶赛克、托马斯·魏根特：《德国刑法教科书》（上），徐久生译，中国法制出版社2017年版，第749页。
③ 参见陈兴良主编：《规范刑法学（上）》（第三版），中国人民大学出版社2013年版，第197页。
④ 柏浪涛：《构成要件符合性与客观处罚条件的判断》，载《法学研究》2012年第6期，第141页。

上，将多次实施同种危害行为，称为"反复危害行为"，并将它作为犯罪客观方面的一个要件加以论述。①

第四种观点将"多次"视为犯罪客观方面的一个要件，是把犯罪构成要件与犯罪构成要件内部组成因素的"要素"错误地等同起来，会产生逻辑性错误和理论体系矛盾，且造成犯罪构成理论体系内部及与其他相关理论领域的矛盾。②

第三种观点和第二种观点受到传统犯罪构成理论拥趸的否定，黎宏教授认为我国刑法理论中并无德日刑法学中"客观处罚条件"存在的空间。按照我国犯罪构成理论，犯罪构成是具有社会危害性、违法性并且应当受到刑罚处罚的行为的类型，行为人的行为符合犯罪构成，就必然要承担刑事责任，不存在行为虽符合犯罪构成但没有达到应受刑罚处罚程度的情形。③ 行为人只对在行为时所认识到或者所能够认识到的外部事实承担责任，将可罚程度的要素放在行为人的主观认识之外的做法，违反了责任原则。所谓"超过的客观要素"，作为和行为人的实行行为具有某种关系的结果，是表明该行为达到了可罚程度的具体体现，应当在行为人的认识范围之内。④

（二）犯罪构成要件要素说提倡

基于前文笔者对多次犯立法理论的分析，主张社会危害性说是多次犯立法的理论基石，社会危害性既体现主观的内容，也具有客观属性，二者统一于客观上的危害事实。因此，在我国耦合式的"四要件"的犯罪论体系下，犯罪构成的各个要件彼此联系，相互依存，将"多次"单纯界定为客观的超过要素或客观处罚条件，脱离行为人的主观认识，实则有悖于主客观相统一原则。

犯罪构成的要件，是指对行为的性质及其社会危害性具有决定意义，而

---

① 参见马克昌主编：《犯罪通论》（第三版），武汉大学出版社2013年版，第139页。
② 肖中华教授创立的"犯罪构成要件要素"概念，是指作为犯罪构成要件内部组成因素的、组成犯罪构成这一主客观要件有机整体的最基本单位。参见肖中华：《犯罪构成中的要件要素及犯罪形态》，载《法学》2005年第4期，第13页。
③ 参见黎宏：《论"客观处罚条件"的若干问题》，载《河南省政法管理干部学院学报》2010年第1期，第21页。
④ 参见黎宏：《论"客观处罚条件"的若干问题》，载《河南省政法管理干部学院学报》2010年第1期，第26页。

且是该行为成立犯罪所必需的那些事实特征。具体到某一事实特征来说，能否成为犯罪构成的要件，就看其对于决定行为的性质及其社会危害性有无意义，是不是该行为构成犯罪所必不可少的。[①] 我国刑法理论通说认为，犯罪构成是成立犯罪所必须具备的一切主客观要件的总和，行为符合犯罪构成就成立犯罪。在犯罪构成诸要件中，行为是犯罪构成的核心要件，其他方面的构成要件都是用来说明行为的危害性及严重程度的，那些不能说明行为危害性的因素是不可能成为构成要件的。

就多次犯而言，行为人单次行为的性质是一般违法性，达不到应受刑罚惩罚的程度，在我国"违法+犯罪"二元制裁体系[②]下，单次行为由行政机关处理，多次行为由司法机关处理的理由只能是多次行为的严重社会危害性。可见，多次将违法行为聚合在一起才具备了刑法评价的条件，多次的价值在于说明违法行为的危害程度，从司法者角度来看，多次具有识别和表征违法行为犯罪化的功能。但多次不具有独立性，离开行为要件，多次将没有任何实质意义，只有和行为结合，才能给社会危害性提供实质根据，因此依据"犯罪构成要件要素"概念的内涵，多次是多次犯犯罪构成的要件要素。基于此分析，笔者同意第一种观点，将"多次"的性质界定为犯罪构成要件要素是合理的。

进一步而言，我国犯罪概念采用"定性+定量分析"模式，其中犯罪概念的三个特征即社会危害性、刑事违法性和应受刑罚处罚性是定性分析，不包含定量因素，而"但书"规定的意思是社会危害性"大"的才是犯罪，大或小本身是对社会危害性的数量规定，具有区分一般违法行为与犯罪的意义。这种在立法上把定量因素明确地引进犯罪的一般概念之中的做法，在储槐植教授看来，是世界上刑事立法方面的创新。[③] 在刑法总则犯罪一般定义指引下，分则规定的许多具体犯罪的罪状对社会危害性的量又有所限定，具体

[①] 参见高铭暄主编：《刑法学原理》（第一卷），中国人民大学出版社 2005 年版，第 445 - 446 页。

[②] "违法+犯罪"二元制裁体系，是指司法机关与行政机关分担对危害行为的制裁权，犯罪由司法机关按照刑事诉讼程序处理，而违法行为则由行政机关处理。

[③] 参见储槐植：《我国刑法中犯罪概念的定量因素》，载《法学研究》2000 年第 2 期，第 28 页。

是指在罪状中明确规定的，表明行为的危害程度，并为犯罪成立所必需的事实要素。① 根据罪量要素是否被刑法分则明文规定，梁根林教授将罪量因素划分为法定罪量要素与涵摄罪量要素，并进而根据刑法分则条文对罪量要素的规定方式，认为法定的罪量要素又可以分为明示罪量要素与暗示罪量要素。②

显然，多次作为数量词，在多次犯相关分则条文中，以简单直白的方式，明确规定了多次是不法行为类型构成犯罪所必须满足的罪量要求。也就是说，在我国行为刑法中，具有严重社会危害性的行为才是刑法评价的对象，而多次犯的单次行为均属一般违法行为，其社会危害性需要通过多次累加一体化才能达到犯罪的危害性程度。可见，多次具有启动刑法评价的作用，而不仅仅是形式上的统计数字。

因而，只有多次与违法行为结合，才是刑法中的不法行为类型，多次表征行为的社会危害性规模，行为违法的程度又使得多次具有了刑法意义，两者对于多次犯的成立相辅相成、缺一不可。笔者认为，多次作为多次犯犯罪构成要件要素，是评判行为人违法行为社会危害程度的直接依据，是刑法评价违法行为的量化要求，次数多寡关涉多次犯的成立与否问题。所以，多次应为我国刑法分则规定的罪量因素的一种，且是明示的罪量要素。多次犯立法表明，刑法评价重点的转向行为，有学者认为这是行为无价值论支配下的行为本位立法思维的展开。③

三、多次犯概念

（一）学界观点

从笔者查阅文献看，自1988年1月《全国人民代表大会常务委员会关于惩治贪污贿赂罪的补充规定》施行至1997年3月《刑法》修订，在此期间，我国刑法理论界对单行刑法上规定的多次犯罪的研究成果寥寥无几。在1997

---

① 参见王强：《罪量因素：构成要素抑或处罚条件》，载《刑事法评论》2012年第2期，第350页。
② 参见梁根林：《但书、罪量与扒窃入罪》，载《法学研究》2013年第2期，第135－136页。
③ 参见梁根林：《但书、罪量与扒窃入罪》，载《法学研究》2013年第2期，第143页。

年《刑法》修订后，刑法中增加了多次不法行为类型，学者就此对相关罪名展开研究。彼时理论界关注的是个罪多次构成要件要素的解释和认定，尚未从理论上将多次犯作为一种犯罪形态研究，如1997年学者陈小清在《盗窃罪新探》一文中，对"多次盗窃"从立法根据、行为性质、行为次数等方面进行了论述。[1] 随着多次犯在刑事立法和司法解释中的比重日益加大，引起了刑法理论界一些学者的重点关注并进行了深入研究。

关于多次犯概念问题的研究，从文献搜索结果观察，最早的研究成果见于1999年学者李恩民撰写的《多次违法构成犯罪初探》一文。该学者认为，"所谓多次违法构成犯罪，是行为人多次实施同一性质的违法行为，已经严重危害社会，依法应当受到刑罚处罚的行为"[2]。虽然这一概念与多次犯概念在称谓上有所不同，但从目前学界阐述多次犯概念的内涵看，显然具有与多次犯概念近似的意蕴，而此文研究的重要意义也在于从理论上开启了对我国刑法中的多次违法构成犯罪问题研究的先河。此后，2002年学者赵永红在《论人身危险性在刑法中的定位》一文中率先提出"多次犯"概念，该学者在文中将人身危险性作为犯罪构成要件的犯罪称为人身危险犯。[3] 多次犯是典型的人身危险犯类型。而将多次犯作为一种新型的犯罪形态研究，则肇始于2011年学者刘德法、孔德琴的《论多次犯》一文，认为多次犯是我国刑法规定的入罪的一种标准，有别于加重处罚的多次犯罪，该文研究涉及多次犯的概念、法律特征、性质、法律适用、立法完善建议等诸多方面内容。[4]

由于我国刑法总则缺少多次犯的统领性规定，多次犯大多见诸于刑法分则和司法解释有关规定，所以多次犯并非刑法上的概念，而是刑法学界对多次犯刑法规范研究总结出的学理定义。学界对多次犯的理论（包括概念）研究已初显成效，但囿于学者们的研究范围、研究角度、理论基础等不同，形

---

[1] 参见陈小清：《盗窃罪新探》，载《开放时代》1997年第5期，第104-108页。
[2] 李恩民：《多次违法构成犯罪初探》，载《人民检察》2013年第2期，第12页。
[3] 参见赵永红：《论人身危险性在刑法中的定位》，载《法学评论》2002年第2期，第63-70页。
[4] 参见刘德法、孔德琴：《论多次犯》，载《法治研究》2011年第9期，第83页。

成了诸多相异且充满争议性的多次犯概念。另外，从多次犯相关刑法规范的表述方式看，其本身就是一个内涵和外延伸缩性很强的概念。有鉴于此，有必要对多次犯概念予以重新界定，明确多次犯的适用范围，以便把多次犯与相关犯罪形态区别开来。目前，刑法学界对多次犯的定义有狭义和广义两种表述。

狭义的多次犯概念通常是指作为入罪标准的多次犯，外延仅包括多次违法构成犯罪情形。如刘德法等学者认为我国刑法中的多次犯是入罪条件，从刑法规范角度定义多次犯，是指刑法规定行为人在一定期限内因实施两次以上性质相同的违法行为受过行政处罚后又实施该种性质的违法行为，从而构成既遂的犯罪。[1] 学者赵永红认为人身危险性只是影响犯罪社会危害性的一个因素，是犯罪构成的选择要件，人身危险犯是立法者试图通过运用刑罚来消除某类行为人的人身危险性，以防止这类人实施更加严重的犯罪行为。多次犯是人身危险犯的一种类型，是指法律规定的以多次违法犯罪为表征体现出来的人身危险性作为犯罪成立要件的犯罪。[2] 还有学者认为多次犯入罪是行为人的行为所体现出的对法益的客观危害和行为人的主观危险两方面的因素共同作用的结果；多次犯是指行为人在一定的时空内多次重复实施同种违法行为，从而导致行为整体的社会危害性达到了刑罚接入点，而被刑法规定为犯罪的情形。[3]

此外，有学者认为，"多次犯罪"与"多次"行为是不同位阶的概念，多次犯罪仅包括多次已经构成犯罪的行为相结合后，再次符合加重犯罪构成的情形，而不包括多次违法行为相结合后符合基本犯罪构成的情形。[4] 由于该观点将多次犯的适用范围限定在情节加重犯场合，因而也是一种狭义的多次犯定义。

---

[1] 参见刘德法、孔德琴：《论多次犯》，载《法治研究》2011年第9期，第84页。
[2] 参见赵永红：《论人身危险性在刑法中的定位》，载《法学评论》2002年第2期，第68页。
[3] 参见罗鹏：《多重价值视野下的多次犯研究》，载《湖北经济学院学报（人文社会科学版）》2018年第2期，第88页。
[4] 参见熊亚文：《刑法中的"多次"犯罪问题研究》，载《贵州警官职业学院学报》2011年第5期，第41页。

广义的多次犯概念包括我国刑法中多次犯罪的三种立法模式，即多次犯、情节加重犯、累计犯，是刑法规定的某一犯罪在行为人多次实施相同性质的客观危害行为时如何定性和处理的特殊刑法问题。[1] 如有学者认为多次犯应当按照影响犯罪成立和刑罚轻重两个标准来进行限定，多次犯是指将多次同种行为作为定罪量刑依据的犯罪形态，多次犯是对那些以"行为次数"为定罪量刑标准的犯罪的概括或者总称。[2] 类似的定义，如多次犯是指因重复实施相同性质的犯罪行为而被刑法规定为犯罪或者被规定为情节严重的犯罪。但学者曹坚认为多次犯与多次犯罪并无本质区别，多次犯只不过是多次犯罪的简称而已。理论上专门将多次犯与多次犯罪进行区分似乎无特别必要，实践中也较难把握标准。[3]

还有学者讨论的多次犯罪是指未经法律评价的原始的犯罪现象，认为多次犯罪的最本质特征是具有一系列有犯罪性质的行为，并将多次犯罪分为真正的多次犯罪与假性的多次犯罪。其中，真正的多次犯罪是指不仅从自然形态上看是数个罪，从法律评价的结果看也是数个的犯罪。假性的多次犯罪是指虽然其具有一系列行为，但由于对其实际法律评价的结果并非数罪而在自然状态下却貌似数罪。[4] 按照本书对多次犯罪的分类，假性的多次犯罪应包括情节加重和累计数额处罚两种多次犯罪类型。

狭义的多次犯概念与广义的多次犯概念并不是相互对立的关系，反而在逻辑上是真包含的关系。这两种概念之间的联系在于都是从规范意义上研究多次犯罪有关立法和司法解释，区别表现在两者各自选取的研究范围和研究角度不同。广义的概念涵摄立法和司法解释中所有本书划分的多次犯罪类型，狭义的概念仅研究现实中高发的多次违法行为犯罪化情形。"违法行为的犯罪化"是指将过去的违法行为纳入刑法的调整范围，它代表犯罪圈的扩大和

---

[1] 参见张正新、金泽刚：《论刑法中的多次犯罪》，载《湖北社会科学》2011年第7期，第151页。
[2] 参见娄云：《多次犯研究》，南昌大学2009年硕士学位论文，第8页。
[3] 参见曹坚：《多次犯形态的认定》，载《人民检察》2013年第14期，第17页。
[4] 参见张鸥：《试论多次犯罪》，中国政法大学2005年硕士学位论文，第5页。

入罪门槛的降低。① 多次违法行为入罪包括立法上犯罪化和司法上犯罪化②两种情形，尤其以后者表现最为突出，如强迫交易三次以上即可入罪。

（二）重构多次犯既遂概念

就本书而言，笔者在第二章第四节明确了本书研究对象——多次犯，研究范围限于那些多次违法行为犯罪化的立法和司法解释规定，故适宜采用狭义的多次犯概念。但上述多次犯的狭义概念的各种表述，笔者认为与本书研究实际难以契合，实不足取，并具体表现在以下两方面。一方面，刘德法等学者提出的多次犯概念过于限定了多次犯的适用范围，不仅将违法行为次数限定为"两次以上"，而且还要求违法行为需"受过行政处罚"，这与司法解释中大多数多次犯规定不符，即违法行为次数通常规定为"三次以上"，也有些多次不法行为类型对违法行为是否受过行政处罚未作硬性规定，如破坏生产经营罪。另一方面，赵永红、罗鹏等学者出于主观主义立场提出的多次犯概念主要是以行为人的危险性作为多次违法行为入罪的理论依据，而笔者站在客观主义立场主张多次犯立法的正当性的理论基础是社会危害性理论。主观主义刑法观所重点关注的是行为人的危险性格，也就是行为人所表现出来的反复实施犯罪的危险性，而客观主义刑法观所重点关注的对象是行为人在客观外部所表现出来的行为及其对法益的侵害。③ 实践中，选择不同的刑法观，对同一行为人的行为的评价，往往会得出不一样的结论。同时，多次犯立法的理论基础在一定意义上表明了立法者对多次犯本质的认识，概念是反映事物本质属性的思维形式，故笔者定义的多次犯概念的内涵、特征必然与其有着根本上的不同。

有学者认为"多次犯"称谓充满争议性，其与"多次行为""多次违法构成犯罪""反复实施同种危害行为""多次犯罪""多次型犯罪"等概念的

---

① 参见叶萍、张志勋：《多次违法行为犯罪化的立法研究》，载《河南大学学报（社会科学版）》2016年第3期，第72页。

② 司法上的犯罪化，也可谓解释适用上的犯罪化，即在适用刑法时，将迄今为止没有适用刑法作为犯罪处理的行为，通过新的解释将其作为犯罪处理。参见张明楷：《司法上的犯罪化与非犯罪化》，载《法学家》2008年第4期，第66页。

③ 参见张明楷：《刑法学（上）》（第五版），法律出版社2016年版，第9页。

外延存在交叉之处，如果将这些概念全部法定化，势必造成刑法理论概念的庞杂，进而引起相关理论的混淆。① 对于这一质疑，笔者认为，正是因为这些概念与多次犯相类似，所以才有必要单独命名以便与其区分开来，进而避免因实践中对犯罪类型认识不足，导致法律适用出现混乱。理论上将多次违法入罪的犯罪类型命名为"多次犯"，在笔者看来，有如下两个方面的考量。

一方面，避免混淆多次犯与多次犯罪。从危害行为性质上看，多次犯的单次行为是一般违法行为，而多次犯罪的每一次行为都具有犯罪的社会危害性。多次犯是入罪的标准之一，是犯罪既遂的一种表现形式，外延仅包括多次违法行为构成基本犯罪的立法类型。而多次犯罪在本质上是将同种数罪以法律拟制的方式作为一罪加重处罚的刑法现象。所以，多次犯归属犯罪论范畴，主要讨论多次犯成立的相关内容，而多次犯罪归属刑罚论，主要讨论对行为人如何科刑等相关内容，两者界限可谓一清二楚。

另一方面，区分多次犯与相近罪数形态的必要。在多次犯罪范畴内，多次犯、情节加重犯、累计犯是三种不同类型的多次犯罪。从罪数角度比较分析，多次犯是单纯的一罪，情节加重犯与累计犯是包括地评价为一罪。从犯罪形态视野观察多次犯罪的犯罪构成，基本的犯罪构成是多次犯，附加的犯罪构成是情节加重犯，实质的犯罪构成是累计犯。此外，在我国刑法学罪数理论中，调整"多次行为"的罪数概念还有继续犯、接续犯、结合犯、吸收犯、连续犯、集合犯等，多次犯单次行为性质的特殊性，是区别这些罪数形态的主要特征。关于多次犯与相近罪数形态的关系，笔者将在本书后续章节加以详细论述。

根据上文笔者对多次犯构成要素的分析，以我国刑法和司法解释中的多次犯规定为限，借鉴目前刑法学界关于多次犯的认识成果，笔者认为，我国刑法及有关司法解释中的多次犯具有如下主要特征。

1. 多次犯是法定的犯罪形态

多次犯是我国刑法立法和司法解释中明确规定的一种特殊的犯罪类型，目前还不是一个约定俗成的概念，仅是部分学者对一种刑法现象的抽象归纳。

---

① 参见王蕾：《刑法入罪中"多次行为"研究》，西南政法大学2016年硕士学位论文，第8页。

没有法律就没有犯罪,没有法律就没有刑罚。基于罪刑法定原则的基本要求,多次犯的存在依赖刑法的规定。这意味着多次犯不是一种犯罪学意义上的犯罪现象,从而将那些未被刑法明确规定的多次犯罪现象排除其范围外,如多次放火。从多次犯的违法行为类型看,立法者主要将社会中那些多发且难以控制的违法行为犯罪化,这些犯罪化了的多次违法行为类型主要集中分布在刑法分则侵犯财产罪、妨害社会秩序罪、破坏市场经济秩序罪章节中。

对于这种刑事立法模式,有学者这样评价道:对不具常态性和普遍性的危害行为应当慎重犯罪化,不能把偶然发生的只具有个别或例外特征的危害行为轻易地规定到刑法中,反之,刑法将沦为具体的惩罚命令而丧失其普遍性的本质特性。[①] 多次犯立法从社会关系反复被侵害出发,在对行为人采用道德规范、说理教育、行政处罚方式不足以遏制其反复违法行为时,为适应惩治现实中一些多发性违法行为的需要,在总结经验教训的基础上,使用刑罚惩处多次违法分子,符合刑法制裁措施的不得已性原则,有利于维护法制权威,预防和减少违法活动,加强社会治安综合治理。

2. 多次犯的多次行为性质完全相同,且单次行为均不构成犯罪

具有严重社会危害性的行为是刑法评价的对象,行为是刑法理论中最基础的概念。前文在论述我国刑法中行为的意义基础上,厘清了多次犯的单次行为的性质,即单次行为应归属我国刑法中的一般违法行为范畴,达不到应受刑罚惩罚的程度。在我国"违法+犯罪"二元制裁体系下,单次行为由行政机关处理,多次行为由司法机关处理的理由只能是多次行为的严重社会危害性,而其社会危害性需要通过多次与违法行为结合才能整体达到犯罪的危害性程度。多次犯危害行为的独特结构是多次犯确立并区别于其他犯罪形态的关键所在。

行为人多次违法行为的性质应当完全相同,如果单次行为之间性质互相各异,如一次盗窃、一次抢夺、一次强迫交易,则不能机械地相加评价为多次犯。多次行为性质完全相同,是指行为人多次的违法行为都违反同一法律规定且应受行政处罚的情形。实践中,在判断单次行为是否完全相同,需要注意以下几点:一是多次违法行为类型同一但不限定具体的实施方式,如行

[①] 参见梁根林:《论犯罪化及其限制》,载《中外法学》1998年第3期,第56页。

为人敲诈勒索行为方式主要有威胁、要挟以及轻微的暴力，其中威胁和要挟的方式可以由行为人向被害人当场或直接作出，也可以通过寄送信件或第三人代为传达行为人的意思；二是单次违法行为达到应受行政处罚的程度，单次行为是多次犯积极的构成要件要素，具有危害性，没有社会危害性的单次行为（如违背风俗习惯，违反道德规范、宗教规范的行为）不属于多次犯的行为范畴，社会危害性小的单次行为也不应被认定为"多次"中的一次；三是单次违法行为被行政机关发现并予以行政处罚的，不要求行政机关对多次违法行为决定的行政处罚种类相同。《行政处罚法》（2021年修订）第5条第2款规定："设定和实施行政处罚必须以事实为依据，与违法行为的事实、性质、情节以及社会危害程度相当。"据此，行为人的单次违法行为存在被行政机关给予不同行政处罚的可能。

此外，多次犯的单次行为具有独立性特点。单次行为独立性是指构成多次犯的多次行为之间彼此客观上无任何事实关联；单次行为是根据一定的次的认定标准，被评价为一次的违法行为，具有独立存在的时空形式。因而，连续实施多次行为，如行为人在一定时间内连续多次实施抢夺他人财物的行为，或一个行为具有继续性（如行为人非法拘禁他人三天），又或行为人以数个举动实施一个行为等。这些行为，从形式上看像多次行为，但实际上都不能被评价为多次犯中的多次行为。笔者认为，判断单次行为是否独立，应在认定一次行为的基础上，需要排除多次行为之间存在连续性。首先，排除行为人在主观上具有连续的意思，行为人不能基于同一的故意实施多次违法行为，行为人多次违法意思应是相互独立的。然后，根据不同类型的多次犯的具体情况（行为的时间、地点，行为的方法、手段，侵害的客体、对象）进行具体分析。例如，在分析时间因素时，多次行为间必然在时间上存在间断，对于时间上紧接，或在时间上保持有连续关系，或数个行为在时间上有先后次序可分，都可以认为行为具有连续性，[①] 反过来说，多次行为不存在独立性。可见，多次犯与连续犯的数个行为在时间表现上刚好相反，连续犯的数个犯罪行为独立且连续实施，多次犯的多次违法行为独立但不具有连续性。

[①] 参见马克昌主编：《犯罪通论》（第三版），武汉大学出版社2013年版，第697页。

3. 多次犯是故意犯罪，多次犯的单次行为都是行为人有意实施的行为

我国刑法中规定的任何犯罪，不仅在客观上是具有严重社会危害性的行为，而且要求这种行为必须是行为人基于一定的罪过心理而实施的。马克思主义者认为，人只对其自觉的、有意识的、有意志的活动负责。行为人对有罪过实施的危害行为负刑事责任的理论依据在于，一个意志自由的人应当对自己的行为负责，实施或不实施犯罪，都是通过人的意识和意志的积极作用来实现的。①

根据我国犯罪构成理论，罪过是犯罪构成的必备条件，罪过的有无，决定行为人主观恶性的有无。所谓罪过，是指行为人对自己的行为将引起的危害社会的结果所持的一种故意或过失的心理态度。② 从外延看，其包含在犯罪主观方面之中，犯罪主观方面的内容除了罪过外，还包括犯罪动机和目的等。我国刑法划分罪过形式采取了传统的方法，将罪过分为故意和过失两种。在刑法理论上，故意又分为直接故意和间接故意两种形式，过失又包括过于自信的过失和疏忽大意的过失两种形式。

考察从我国刑法分则和司法解释中有关多次犯的刑法规范，根据我国刑法关于故意犯罪的规定，③ 多次犯属于故意犯罪范畴，无过失多次犯罪，如盗窃罪在主观方面要求行为人必须有盗窃的故意，即明知是他人的财物，为了非法取得，而实施窃取行为。有学者分析认为，多次犯立法旨意在于，立法者主要考虑的是行为人屡教不改的主观恶性，行为人被行政处罚后，在主观上明知其行为违法，但仍不思悔改，抱着"大错不犯，小错不断"的侥幸心理，置法律于不顾，继续实施该种违法行为，显然属于明知故犯，这种肆意破坏法律秩序的行为需要动用刑法制裁。④ 笔者认为其分析是有一定道理的。透过行为人多次反复实施违法行为的表象，可以推断出其在主观上具有违法故意，至于行为人故意多次违法行为的动机或目的，则根据多次犯类型

---

① 参见马克昌主编：《犯罪通论》（第三版），武汉大学出版社2013年版，第324页。
② 参见马克昌主编：《犯罪通论》（第三版），武汉大学出版社2013年版，第314页。
③ 现行《刑法》第14条规定："明知自己的行为会发生危害社会的结果，并且希望或者放任这种结果发生，因而构成犯罪的，是故意犯罪。故意犯罪，应当负刑事责任。"
④ 参见刘德法、孔德琴：《论多次犯》，载《法治研究》2011年第9期，第85页。

不同而有所区别。

多次犯的罪过形式是故意，但何谓故意？在刑法理论上曾有以下三种见解。[①]

一是认识主义，又称预见主义。该观点主张故意的成立以行为人认识构成犯罪的客观事实为要件，只要认识到自己的行为会发生危害结果，行为人仍然实施此行为，便表明行为人存在主观上的反社会性，符合犯罪故意的特征。至于行为人的动机如何，决意如何，以及对危害结果的态度，对成立犯罪故意没有影响。

二是希望主义，又称意志主义。该观点认为犯罪故意的成立不仅要求行为人对犯罪事实的发生有所认识，而且要求行为人具有希望犯罪事实发生的决意，这才符合故意的明知故犯的含义。

三是容认主义。容认主义立足于意志因素的各种形式，主张在认识因素的基础上，凡危害结果的发生不违背行为人主观意志的，都属于犯罪故意。容认的含义可以从两方面去理解：在消极的意义上，容认是指行为人不介意犯罪结果的发生的心理；在积极的意义上，容认是指行为人坚持实施既定犯罪行为的态度。

认识主义的根本缺陷是没有考虑行为人心理活动的意志因素，意志是心理活动的核心，是主观态度的标志，直接决定着行为的发动与抑止，规定着行为的方向和归宿。在犯罪故意认定中，脱离意志因素，是不可能科学揭示犯罪故意的价值的，认识主义应用实践会不适当地扩大犯罪故意的范围，如将有认识的过于自信的过失纳入故意的范畴。希望主义把希望视为意志态度的唯一形式，无视意志态度的其他形式，如行为人对其行为结果的发生持放任态度，也是一种意志态度，按照希望主义理解故意，势必会缩小犯罪故意的范围。容认主义克服了认识主义和希望主义的不足，适当确定了犯罪故意的基本范围，成为各国刑事立法的依据。

从现行《刑法》第14条第1款规定可以看出，我国犯罪故意坚持容认主义，犯罪故意包括认识因素和意志因素两个方面的内容。认识因素和意志

[①] 参见高铭暄主编：《刑法学原理》（第一卷），中国人民大学出版社2005年版，第13-14页。

因素是犯罪故意中两项有机联系的因素，在认定构成犯罪的故意中缺一不可。其中，认识因素是意志因素存在的前提，也是犯罪故意成立的基础；意志因素则是在认识因素基础上的发展，是犯罪故意中具有决定性作用的因素，它对于把犯罪故意客观化，即把犯罪思想变为犯罪行为，具有重要的主导作用。[①] 因此，如果一个人的行为虽然在客观上会发生甚至已经发生了危害社会的结果，但他本人在行为时并不知道自己的行为会发生这种结果，那就不构成犯罪的故意。在故意的认识因素中，关于明知的内容是经常引起争论的问题，认识的内容对于确定罪过形式具有重要作用，因而有必要予以明确。

我国刑法上的犯罪构成是指，法律规定成立犯罪所必须具备的全部主观、客观方面的条件，理论上称之为犯罪构成要件。客观要件和主观要件在传统上被划分为犯罪的四个方面要件，即犯罪客体、犯罪的客观方面、犯罪主体、犯罪的主观方面。其中，犯罪客观方面是指，刑法规定的、能够说明行为社会危害性及其程度的客观和外在事实特征。客观方面的要件要素，包括危害行为、危害结果以及危害行为与危害结果之间的因果关系；有些罪的犯罪构成还要求发生在特定的时间、地点，使用特定的方法，或行为人具有特殊身份。犯罪主观方面是指，行为人实施犯罪的心理态度。犯罪主观方面的要件就是上文提到的罪过、某些犯罪具有特定的犯罪目的或动机。通说认为，在社会主义刑法中，犯罪是主观要件和客观要件的统一。"'统一性'是说犯罪主观方面与犯罪客观方面互为表里，相辅相成，缺一不可。"[②] 前者是实施犯罪的内在根据，后者是犯罪的外在表现，缺乏任何一个方面都不可能构成犯罪；只有两个方面的构成要件齐备而成为一个整体时，才认为具有刑事违法性，是成立犯罪的前提和基础。根据犯罪主观要件和客观要件的统一性关系，一般认为，明知的内容应当包括法律所规定的构成某种故意犯罪所不可缺少的危害事实，即作为犯罪构成要件的客观事实。[③] 具体而言，就是在前述客观方面的要件要素内容中，对危害结果的明确认识是最根本的明知内容，行

---

① 参见高铭暄、马克昌主编：《刑法学》（第六版），北京大学出版社、高等教育出版社2014年版，第108页。
② 于阜民：《犯罪论体系研究》，科学出版社2014年版，第20页。
③ 参见高铭暄、马克昌主编：《刑法学》（第六版），北京大学出版社、高等教育出版社2014年版，第107页。

为人对其行为的性质等客观事实情况的认识,都是由对危害结果有认识这一点派生出来的。①

所以,遵循上述犯罪故意认识内容的见解,就多次犯而言,行为人主观上明知的内容应然是多次犯犯罪构成要件的客观事实。笔者认为,仅此确定多次犯故意的认识内容,还不能充分说明多次犯犯罪故意的成立依据,因为多次犯的犯罪构成不同于一般犯罪的犯罪构成,多次犯是刑法将多次违法行为一体化评价为犯罪。按照传统的故意理论,犯罪故意的成立取决于行为人对危害结果的意志态度,危害结果是犯罪行为危害社会具体的、客观的表现,而多次犯犯罪构成要件行为要素在性质上是违法行为,结果要素亦为一般违法结果,由是,多次犯单次行为的故意是一般违法行为的故意,并非犯罪故意,两者是具有本质区别的。但即使存在这样质的区别,笔者认为,单次行为故意的成立与犯罪故意的判断标准是一样的,即单次行为故意的内容同样包括认识因素和意志因素,这两个因素之间的关系也没有改变,违法故意主观上明知的内容是违法客观事实,违法故意的成立仍然取决于行为人对违法结果的意志态度。笔者这种判断的理由在于,从心理学视角看,犯罪故意与违法故意一样,都是行为人的一种心理态度,两者皆属于社会心理学范畴,而在心理学场域,现代心理学对人的心理的研究成果在分析犯罪故意与违法故意的结论是一致的。二者的区别在于法律场域下内涵迥异,核心差异体现在不同性质的危害社会的结果上,即犯罪故意明知危害结果具有严重社会危害性,而违法故意明知危害后果具有一般社会危害性。同时,按照马克思主义唯物论的原理,违法故意必然也要受到客观外在条件的制约,行为人基于违法故意实施危害行为承担法律责任的理论依据同犯罪故意一样。

所以,多次犯的故意是数个违法故意被刑法整体评价为犯罪故意,评价的依据就在于危害结果的整体发生质的变化。在明确多次犯单次行为违法故意内容的基础上,是否要求行为人对多次犯构成要件要素"多次"也认识呢?倘若"多次"应当是行为人主观上明知的内容,那么实践中行为人为规避刑罚以不清楚为由,或者因客观上单次行为间时间间隔过长,有些行为人

---

① 参见马克昌主编:《犯罪通论》(第三版),武汉大学出版社2013年版,第330页。

确实忘记自己违法行为的次数,那么根据犯罪故意理论,就会阻却多次犯犯罪故意成立,进而不构成犯罪。如此,刑法容易轻纵行为人,将多次犯成立或不成立取决于行为人对违法次数的认识,这显然是不可接受的。笔者认为,"多次"作为多次犯犯罪构成要件要素,是评判行为人违法行为社会危害程度的直接依据。根据故意的要素分析模式,[①]"多次"属于情状要素,即行为要素与结果要素之外的构成要素,且应当是违法要素,行为人在主观上应当对比明知该要素还具有故意规制机能。这是否与前述不要求行为人对"多次"认识矛盾呢?其实不然,应当区别行为人对客观违法要素的认识与行为人对客观违法要素的评价。例如,对于多次盗窃,只要是行为人对符合多次的盗窃行为事实有认识即可,而不需要行为人认识到法律对自己的行为评价为多次。[②] 再者,一般认为,对规范要素并不需要行为人对其认识达到与法律解释完全一致的程度,行为人只需对该规范要素的前提事实和表征该类要素不法属性的事实具有认识即可。[③] 所以,行为人只要对单次违法行为——多次的前提事实有认识就够了,至于行为人对自己违法行为的次数是否属于刑法规范中的"多次",则是行为人法律上的认识错误问题。

4. 多次犯是我国刑法立法和司法解释将部分多次违法行为犯罪化的犯罪形态

在刑法上,判断某种行为是否成立犯罪,以及如何成立犯罪,这是由法律所规定的犯罪构成来加以说明的。离开犯罪构成,就无法说明一定的行为在法律上是如何成立犯罪的,因此只有犯罪构成才能作为判断某种行为是否成立犯罪的法定规格或标准,只有符合犯罪构成的行为,才能称之为"犯罪"行为。[④] 多次犯与其他犯罪类型一样,需要以我国犯罪构成理论作为其

[①] 犯罪的客观构成要素分为三类:行为要素、情状要素与结果要素。其中,情状要素是指行为要素与结果要素之外的其他客观构成要素,如行为对象、主体或时间、地点等其他法定事实。参见劳东燕:《犯罪故意的要素分析模式》,载《比较法研究》2009年第1期,第52页。

[②] 王强:《罪量因素:构成要素抑或处罚条件》,载《刑事法评论》2012年第2期,第376页。

[③] 参见[日]山口厚:《刑法总论》(第二版),付立庆译,中国人民大学出版社2011年版,第190-194页。转引自吴亚安:《论我国刑法中的多次犯》,上海交通大学2016年博士学位论文,第40页。

[④] 参见马克昌主编:《犯罪通论》(第三版),武汉大学出版社2013年版,第85页。

成立的理论基础。

从前述多次犯的几个特征看，多次犯是法定的犯罪形态，由行为人故意多次实施同一违法行为而构成犯罪，理论上称之为"违法行为的犯罪化"，即将过去的违法行为纳入刑法的调整范围，代表着犯罪圈的扩大和入罪门槛的降低。① 然而，仅此一点，尚不能与其他犯罪形态进行区分，不足以确立多次犯为一种独立、新型的犯罪形态，因为其他犯罪形态的危害行为通常也大多经历了由一般违法行为升级为犯罪行为的变迁过程，如随着时代变迁，交通肇事违法行为，因其违反道路交通安全法律，具有严重的社会危害性，而被纳入刑法的调整范围。那么，多次犯这种犯罪形态是如何确立的呢？

姜伟教授认为，犯罪形态是现实存在的犯罪现象在法律上的反映，不过其是对某类犯罪特征的概括。任何犯罪形态都具有以下三点特征。其一，犯罪形态是构成事实与法律评价的统一，这是刑法的罪刑法定原则的基本要求。其二，犯罪形态是主观因素与客观因素的统一，这是刑法的主客观相一致原则的直接体现。其三，犯罪形态是定罪与处罚的统一，这是刑法的罪刑相适应原则的具体要求。② 进一步而言，这些特征是所有犯罪形态的共有特征，但实践中各种具体的犯罪形态之间要如何实现相互区别呢？既然犯罪形态是"对某类犯罪特征的概括"，那么区分不同犯罪形态实质上就是对不同类犯罪的区分。在我国刑法中，法律规定的各种犯罪行为的犯罪构成要件各不相同，犯罪构成由此成为划分各种犯罪行为界限的标准。所以，形形色色的犯罪形态来源于刑法上规定的各种各样的犯罪构成。犯罪形态与犯罪构成的这种关系，正如姜伟教授所言，"犯罪构成是犯罪形态的实质内容，犯罪形态是犯罪构成的特定形式"③。

从多次犯的犯罪构成内容分析，多次犯是定罪意义上的犯罪形态，如果其能归属于我国刑法理论中任一犯罪既遂种类，就没有独立成为一种既遂犯的必要。反之，多次犯应视为我国刑法规定的一种新型的犯罪形态。刑法理

---

① 参见叶萍、张志勋：《多次违法行为犯罪化的立法研究》，载《河南大学学报（社会科学版）》2016年第3期，第72页。
② 参见姜伟：《犯罪形态通论》，法律出版社1994年版，第1-2页。
③ 参见姜伟：《犯罪形态通论》，法律出版社1994年版，第6页。

论通说认为，犯罪既遂分为行为犯与结果犯、危险犯与实害犯、结果加重犯与情节加重犯。[1] 笔者认为，结果加重犯与情节加重犯是有关加重某种犯罪法定刑的情况，因而两者不属于既遂犯的范畴。下面就行为犯、结果犯、危险犯三种犯罪形态的既遂的表现形式予以简要说明。

行为犯是指，刑法分则规定的基本的犯罪构成不要求有危害结果的发生，只要实行行为一实施完毕，基本构成要件即为齐备的犯罪类型。[2] 行为犯意味着只要实施了行为，就犯罪既遂，并不要求造成物质性的和有形的犯罪结果。行为犯的行为是指，刑法分则所规定的犯罪构成的危害社会的行为，理论上习惯称之"实行行为"。但是，实行行为又不是一着手即告完成的，按照刑法要求，实行行为要达到一定的程度才能视为完成。因此，在行为人着手实行犯罪的情况下，如果达到了刑法要求的程度，就视为既遂了。如脱逃罪的既遂以脱逃行为是否达到逃离羁押、关押的程度为标准。

结果犯又称实害犯，是以法定的犯罪结果的发生为犯罪构成要件的犯罪，如过失致死罪。结果发生了，行为方可成立犯罪；反之，犯罪不成立。[3] 在行为人着手实行犯罪的情况下，只有当某种特定的危害结果发生时，该种犯罪才属于完整的犯罪形态，是犯罪既遂，反之，则不是犯罪既遂。结果犯的危害结果是指，行为人的危害行为给犯罪客体造成实际的损害，且结果的内容只能是刑法分则特别规定的。[4] 根据犯罪主观方面的不同，在过失的结果犯中，危害结果是犯罪成立的标志，不存在既遂犯问题；对于间接故意的结果犯，危害结果未发生就不构成犯罪，反之，则构成犯罪既遂；就直接故意的结果犯而言，危害结果的发生影响犯罪形态的认定。

危险犯是指以行为人实施的危害行为足以造成法定危险状态作为既遂标志的犯罪。[5] 在刑法理论上，有的学者将危险犯分为具体的危险犯与抽象的危险犯两种类型，前者需要根据案情判断具体危险结果是否存在，而后者由

---

[1] 参见高铭暄主编：《中国刑法学》，中国人民大学出版社1989年版，第169－170页。
[2] 参见李希慧、童伟华：《论行为犯的构造》，载《法律科学》2002年第6期，第44页。
[3] 参见苏彩霞：《结果犯理论的反思及界定》载《中国刑事法杂志》2000年第1期，第28页。
[4] 参见姜伟：《犯罪形态通论》，法律出版社1994年版，第120－121页。
[5] 参见叶高峰、彭文华：《危险犯研究》，载《郑州大学学报（社会科学版）》2000年第6期，第34页。

于行为本身包含发生某种危险的可能性，只要认定行为人实施了危害行为，就意味着发生了抽象危险结果。危险犯既遂的成立，不仅要求行为人实施了刑法分则规定的某种犯罪构成的行为，还要求发生刑法分则指明的某种特定的危险状态，这是区别于行为犯的主要特征。危险状态的发生，对危险犯来说，是必不可少的要件。例如，破坏交通设施罪的既遂以行为只要足以使交通工具发生倾覆、毁坏危险为标志。

基于以上考证，无法将多次犯归入行为犯、结果犯、危险犯三种既遂形态中的任意一种，主要理由有以下三点。一是危害行为的性质不同。多次犯的单次行为的性质是一般违法性，而以上三种犯罪形态的危害行为皆是犯罪故意支配下实施的单次实行行为，这是多次犯有别于它们的主要法律特征。二是既遂的表现形式相异。多次犯是通过多次违法行为的形式来体现社会危害性严重程度的，而行为犯、结果犯、危险犯分别以实行行为、法定的危害结果、危险状态的形式来反映之。三是刑法评价的对象有别。由于多次犯是多次违法行为入罪的犯罪构成，故刑法评价的对象是"多次"违法行为整体，即需要在认定单次违法行为的社会危害性的基础上，然后对"多次"违法行为的违法程度进行整体评价。而对于其他三种犯罪形态，刑法评价的对象是"一次"实行行为整体表现出的社会危害性及其程度。所以，多次犯是我国刑法规定的一种新型的既遂形式的犯罪形态。

综上所述，笔者认为，多次犯作为一种新型的犯罪形态，应作如是定义，即所谓多次犯，是指刑事立法和司法解释中规定的，行为人在一定期限内多次实施同一性质的行政违法行为，整体上具有严重的社会危害性，达到应受刑罚惩罚的犯罪既遂形态。

第六章 多次犯既遂形态

社会主义的刑法，不是建立在客观因素与主观因素的脱离或对立的基础上，而以辩证地，结合对主体和他的行为的评价为基础。[①]

——特拉伊宁

一、多次犯是否存在未完成形态

（一）故意犯罪的停止形态概述

故意犯罪作为一种客观存在的社会现象。从纵向考察看，故意犯罪通常在时间和空间上表现为这样一个过程，即从犯罪人产生犯罪动机、确立犯罪故意起始，接着准备犯罪工具、制造利于犯罪完成的条件，之后着手实施犯罪行为，直至整个犯罪完成。但实践中，一些犯罪未能完整经历这一过程，犯罪人实施犯罪必然发生在一定的社会环境中，在具体的犯罪情境中，犯罪情境的组成因子呈现复杂、多变的特点，使得犯罪人的犯罪行为经常受到它们的影响和制约，在犯罪不同的发展阶段不再发展而固定下来，形成各种停止形态。所谓故意犯罪的停止形态，是指故意犯罪在其发生、发展和完成的过程及阶段中，因主客观原因而停止下来的各种犯罪状态。故意犯罪的各种停止形态，按其停止下来时是否已完成犯罪为标准，可以区分为两类犯罪形态：一是犯罪的完成形态，即犯罪的既遂形态；二是犯罪的未完成形态。其中，按其停止犯罪的原因或其距犯罪完成的距离，又可以进一步将其区分为

[①] ［苏］A. H. 特拉伊宁：《犯罪构成的一般学说》，王作富等译，中国人民大学出版社1958年版，第46页。

犯罪的预备形态、未遂形态和中止形态。① 具体而言,预备形态、未遂形态和中止形态是我国刑法规定的三种法定犯罪形态,根据现行《刑法》第22条第1款②规定,预备形态是指,犯罪人为了犯罪,已经实施犯罪的预备行为,但由于行为人意志以外的原因,未能着手实行犯罪的犯罪形态。③ 根据《刑法》第23条第1款④规定,未遂形态是指,犯罪分子已经着手实行犯罪,由于意志以外的原因而未能达到犯罪既遂的一种未完成犯罪形态。⑤ 根据《刑法》第24条第1款⑥规定,中止形态是指,在直接故意犯罪过程中,行为人自动放弃其犯罪行为,或者有效地防止了危害结果发生的一种犯罪形态。⑦ 对于既遂形态,由于我国刑法对其概念并没有直接予以规定,目前学界尚无统一认识。通说认为,犯罪既遂是指,行为人故意实施的行为已经具备了某种犯罪构成要件的全部要素的犯罪形态。⑧ 故意犯罪的四种停止形态之间是彼此独立存在的关系,不存在相互转化的可能。从犯罪构成视角看,犯罪的完成形态与未完成形态应当是一般与特殊的关系,对于犯罪的完成形态的构成,在我国刑法分则中作了明文规定,只要符合刑法分则某一条文的具体规定,即可按照该条文以犯罪既遂追究行为人的刑事责任。而犯罪未完成形态的构成,要以刑法分则相应的犯罪构成为基础,以刑法总则的有关规定为补充来确定。⑨

（二）多次犯未完成形态争议

多次犯是故意犯罪,根据上述故意犯罪停止形态理论,现实中多次犯也会存在各种停止形态可能。研究多次犯的停止形态的目的在于,在实践中准

---

① 参见高铭暄主编：《中国刑法学》，中国人民大学出版社1989年版，第266页。
② 现行《刑法》第22条第1款规定："为了犯罪，准备工具、制造条件的，是犯罪预备。"
③ 参见马克昌主编：《犯罪通论》（第三版），武汉大学出版社2013年版，第416页。
④ 现行《刑法》第23条第1款规定："已经着手实行犯罪，由于犯罪分子意志以外的原因而未得逞的，是犯罪未遂。"
⑤ 参见马克昌主编：《犯罪通论》（第三版），武汉大学出版社2013年版，第438页。
⑥ 现行《刑法》第24条第1款规定："在犯罪过程中，自动放弃犯罪或者自动有效地防止犯罪结果发生的，是犯罪中止。"
⑦ 参见马克昌主编：《犯罪通论》（第三版），武汉大学出版社2013年版，第463-464页。
⑧ 高铭暄、马克昌主编：《刑法学》（第六版），北京大学出版社、高等教育出版社2014年版，第147页。
⑨ 参见陈兴良：《本体刑法学》（第二版），中国人民大学出版社2011年版，第385页。

确判断多次犯在不同发展阶段的社会危害性及其程度,进而有助于正确定罪量刑。目前学界对多次犯的犯罪形态的认识分歧主要集中在:多次犯是否存在未完成形态?笔者认为,争议的根源在于多次犯特殊的犯罪构成,多次犯成立以多次违法行为为充要条件,多次的违法行为在事实上皆完成,符合分则有关条文规定时,多次犯呈现完成形态,一般不存在争议;问题在于多次犯的单次行为具有一般违法性、独立性、同一性的特点,实践中遇到部分或全部单次行为在事实上没有完成情形,就会发生可否按照故意犯罪停止形态理论认定其存在未完成形态的争议。学界对此存在以下两种对立的观点。

一是肯定说,主张多次犯在这种情形下存在未遂形态。张明楷教授认为,盗窃罪是侵犯财产型犯罪,所以不能将多次盗窃视为行为犯,不能认为只要是多次盗窃,即使是分文未取,也成立盗窃既遂。对于多次盗窃,应以行为人取得值得刑法保护的财物为既遂标准,分文未取的,只能认定为盗窃未遂,并且还要综合考虑行为的时间、方式、对象,以及已经窃取的财物数额等。[1]陈忠林教授指出,对于那些有小偷小摸恶习,多次偷拿公私财物,情节显著轻微的,不以犯罪论,但多次盗窃公私财物接近数额较大起点时,应根据案件的具体情节和行为人的综合情况进行全面分析,最终确定罪与非罪的问题。[2] 叶良芳教授也认为,多次盗窃虽然不要求窃取财物数额较大,但应以多次窃取的财物接近数额较大的标准为必要。[3]

还有学者认为,按照我国刑法总则关于犯罪未遂的规定,理论上刑法分则中任何一种具体犯罪在原则上都是存在犯罪未遂形态的,在总体肯定盗窃罪存在犯罪未遂形态的基础上,具体判断一种构成犯罪的情形是否存在犯罪未遂形态,则主要依据该行为所体现的社会危害性及其程度。既然犯罪未遂是以成立犯罪为前提的,若要肯定行为存在犯罪未遂形态,那么该行为在没有完全齐备犯罪构成要件要素情况下所具有的社会危害性必须达到犯罪的程度。以多次盗窃为例,判断多次盗窃是否存在犯罪未遂形态,需要考察在多

---

[1] 参见张明楷:《刑法学(下)》(第五版),法律出版社2016年版,第964页。
[2] 参见陈忠林主编:《刑法(分论)》(第四版),中国人民大学出版社2016年版,第176页。
[3] 参见叶良芳:《刑法分论》,法律出版社2017年版,第245页。

次盗窃行为没有达到既遂状态时，是否具备成立犯罪相当的社会危害性。①

二是否定说，认为多次犯存在单次行为未完成情形下，不是犯罪未完成形态，且不构成犯罪。马克昌教授认为，盗窃行为在我国比较常见且多发，所以对于盗窃未遂应当处罚，从理论上讲，盗窃罪的基本犯也有未遂，但"多次盗窃"是盗窃罪成立的罪量要素，只要盗窃行为未达多次（未达到数额较大），就不成立盗窃罪，其基本犯的未遂也不能作为犯罪处理。② 学者吴亚安运用劳东燕教授提出的"犯罪故意的要素分析模式"，认为在意志本位和结果本位的故意概念下，行为要素只对认识因素具有规制作用，只存在是或否的判断；不属于意志因素的判断对象，不可能进行是否得逞的判断。多次作为表征行为规模的量的要素，同样只会规制故意的认识因素，而不会成为得逞与否的评价对象；相应地，多次犯只会存在构成与否的问题，而不存在犯罪未完成形态的问题。③

有学者从故意犯罪停止形态语境分析，认为从故意犯罪产生、发展、变化过程看，行为一般遵循预备、未遂、既遂形态依次进行，尽管因各种主客观因素行为，可能在犯罪的某种形态上固定下来，但从故意犯罪行为的发展规律看，该固定下来的形态必然隐含之前经过的历程。但上述历程仅仅存在于故意犯罪的情况下，而且要求是在单一行为的进行过程中。易言之，刑法中的预备、未遂和既遂均是按照以单一行为的发展历程为基础的，这也是行为刑法的内在和必然要求。若离开这一刑法语境，当单次行为对法益的侵害或威胁的程度，无法达到必须动用刑法调整，而必须以叠加多次行为方式方能满足刑法调整的要求时，即当特定构成要件的设置违背了行为刑法，而诉之以行为人刑法的基本指导思想时，犯罪的发展过程就不可能再存在未完成形态的问题，而将只存在犯罪的成立与否的问题。"盗窃三次以上"是既遂标准，盗窃数额对既遂的成立没有影响，本构成要件不存在未遂形态。④

---

① 参见秦晰：《盗窃罪未遂研究》，西南政法大学2014年硕士学位论文，第19页。
② 参见马克昌主编：《百罪通论》（下卷），北京大学出版社2014年版，第768页。
③ 参见吴亚安：《论我国刑法中的多次犯》，上海交通大学2016年硕士学位论文，第40—41页。
④ 参见邵栋豪：《"多次盗窃"的立法检讨与司法适用》，载《上海政法学院学报（法治论丛）》2016年第1期，第76页。

归纳来看,在多次行为存在未完成情形时,肯定说的主张建立在对多次行为的社会危害性评价的基础上,结合案件的其他情况,如果能反映出多次行为与成立犯罪具有相当的社会危害性,就构成多次犯的未完成形态;否定说则主要从多次犯的犯罪构成要件,即要素单次行为的性质上,予以否认多次犯未完成形态。相比较而言,笔者赞同否定说的观点,认为多次犯不存在未完成形态。

(三) 多次犯未完成形态之否定——犯罪构成视角

笔者认为,在判断多次犯是否存在未完成形态问题上,应当明确故意犯罪的未完成形态负刑事责任的根据,借此不仅可以理解刑法为何规定犯罪未完成形态,还可以在实践中做到对其正确把握。

在这个问题上,域外刑法理论中有"客观责任论"和"主观责任论"两种主张。其中,刑事古典学派奉行"客观责任论",主张行为的客观危害性是行为人负刑事责任的根据,认为犯罪预备行为尚无实际危害,因而刑法不应处罚预备犯;而犯罪未遂由于已表现为外部的危害行为,对刑法保护的法益具有客观的威胁,有些甚至已经造成了一定的实际危害,因而未遂犯应负刑事责任。刑事社会学派则力倡"主观责任论",主张犯罪意思是行为人负刑事责任的根据,由于犯罪预备和犯罪未遂都以行为表现出了行为人的主观犯罪故意,证明行为人对社会具有人身的和主观的危险性,因而预备犯和未遂犯均应负刑事责任。这两种观点的缺陷在于各执客观或主观一端,未能从主客观相统一的原则上,科学地解决犯罪未完成形态应负刑事责任的根据问题。[①]

苏联刑法理论认为,行为具备主客观相统一的犯罪构成是成立一切犯罪和使行为人负刑事责任的唯一根据,但这一主张不能解释犯罪未完成形态为何应负刑事责任,因为犯罪未完成形态不齐备某些客观因素,是缺乏主客观相统一的犯罪构成。在认识到犯罪未完成形态应罚性后,提出应罚的理由是因为这些未完成形态所表现出来的行为和行为人的社会危险性或社会危害性。[②]

---

① 参见高铭暄主编:《中国刑法学》,中国人民大学出版社1989年版,第276页。
② 参见[苏]B.M.契希克瓦节主编:《苏维埃刑法总则》(上),中央人民政府法制委员会编译室、中国人民大学刑法教研室译,法律出版社1955年版,第330-331页。

这种解释只是用犯罪概念所揭示的社会危害性来回应，根据前述"唯一根据"主张，没有回答犯罪未完成形态与犯罪构成的关系，所以犯罪未完成形态应负刑事责任的根据的问题未能在苏联刑法理论中彻底解决。

针对上述各种观点缺陷，我国刑法学者以主客观相统一的原则为指导思想，以犯罪构成为理论基础，提出了犯罪未完成形态承担刑事责任的依据，即其完全具备了犯罪构成四个方面的要件。马克昌教授认为，预备犯、未遂犯、中止犯的犯罪构成是修正的犯罪构成，修正的犯罪构成是以基本的犯罪构成为前提，适应行为的发展阶段或共同犯罪的形式而分别加以修改变更的犯罪构成。在确定这类犯罪构成时，要把有关犯罪在刑法分则中规定的犯罪构成和刑法总则中关于该修正的犯罪构成的规定结合起来加以认定。① 我国有学者用三个公式分别表示犯罪预备、犯罪未遂、犯罪中止的修正的犯罪构成，即犯罪预备＝主体＋故意＋准备行为（修正要件）＋客体；犯罪未遂＝主体＋故意＋没有造成一定犯罪结果的实行行为或者没有达到一定危险程度的实行行为（修正要件）＋客体；犯罪中止＝主体＋故意（希望或不希望）（修正要件）＋准备行为或实行行为（因自动中止或采取防止措施未导致犯罪结果出现）（修正要件）＋客体。② 既然犯罪未完成形态负刑事责任的根据是行为符合修正的犯罪构成，那么只需证明多次犯是否存在修正的犯罪构成，则多次犯未完成形态问题就迎刃而解了。

根据马克昌教授对犯罪构成的分类，修正的犯罪构成是与基本的犯罪构成相对而言的，基本的犯罪构成是指刑法条文就某一犯罪的基本形态规定的犯罪构成。③ 这里的基本形态应如何理解？通说认为，我国刑法分则条文是以单独犯罪既遂模式规定的，由此这里的基本形态就是犯罪实行行为的既遂形态。犯罪实行行为是指符合各种构成要件的行为，亦即刑法分则中具体犯罪构成客观方面的行为。④ 从实质上看，犯罪实行行为是对刑法保护的客体有现实侵害或侵害危险的行为。而多次犯的客观方面构成要件要素行为具有

---

① 参见马克昌：《犯罪构成的分类》，载《法学》1984年第10期，第14页。
② 参见王勇：《论修正的犯罪构成》，载《法律科学》1990年第1期，第50－51页。
③ 参见马克昌：《犯罪构成的分类》，载《法学》1984年第10期，第14页。
④ 参见高铭暄、马克昌主编：《刑法学》（上），中国法制出版社1999年版，第269页。

一般违法性，并不对刑法保护的社会关系有现实侵害或侵害危险，只有当多次违法行为一体化时，才具有严重的社会危害性。在部分或全部单次违法行为在事实上没有完成，或者违法行为的实际次数达不到多次犯规定的次数标准的情形下，从定罪意义来看，实质上其一体化的社会危害性程度达不到刑法评价标准，或者形式上不齐备多次犯的犯罪构成的全部要件，则必然不会构成犯罪。那么既然不构成犯罪，又何来修正的犯罪构成？修正的犯罪构成毕竟也是关于犯罪的构成，预备犯、中止犯、未遂犯是修正的犯罪构成的特定表现形式，从以上三种未完成形态修正的犯罪构成的公式看，预备犯的准备行为、未遂犯的实行行为、中止犯的预备行为或实行行为皆是各个修正的犯罪构成不可缺少的构成要件，且是具有犯罪性的危害行为，也就是说，因为这些危害行为对刑法保护的客体有侵害危险，才被纳入刑法调整范围。而多次犯的单次违法行为在质与量上显然不具有预备行为或实行行为的社会危害性，犯罪行为是犯罪构成的核心要件要素，多次犯的单次违法行为只有在多次犯基本的犯罪构成中才有刑法意义，但无法以其为基石建立起修正的犯罪构成。所以，多次犯不存在修正的犯罪构成，也就意味着不存在犯罪未完成形态。

二、多次犯既遂形态

（一）犯罪既遂形态标准学说

前文论述道，在定罪意义上，多次犯是一种独立的、新型的犯罪既遂形态。那么实践中如何认定多次犯既遂呢？由于刑法学界关于犯罪既遂的标准存在多种学说，因而有必要确立一种适用于多次犯的科学合理的既遂标准，这对于实践中正确认定多次犯既遂形态，进而对行为人准确定罪量刑具有重要的现实意义。

关于犯罪既遂的概念，我国刑法中没有对之直接予以规定，"犯罪既遂"是刑法学理论中的专有名词，目前刑法学界对犯罪既遂的解释仍然存在争议，学界大致有以下四种观点。[1]

---

[1] 参见高铭暄、马克昌主编：《刑法学》（第六版），北京大学出版社、高等教育出版社2014年版，第146–147页。

一是目的说。该观点认为犯罪既遂是指行为人故意实施犯罪行为并达到了其犯罪目的的情况，主张既遂与未遂的区别就在于行为人是否达到了其犯罪目的，达到犯罪目的即为犯罪既遂，未达到犯罪目的则是犯罪未遂。其理由是，既遂犯只存在于直接故意犯罪中，而直接故意犯罪都有犯罪目的。犯罪目的的实现，既意味着犯罪愿望的满足，也意味着整个犯罪活动的完成。①如有学者认为犯罪既遂的定义应当是，犯罪人实施终了的犯罪行为，引起了他所希望发生的犯罪结果。②

二是结果说。该观点主张犯罪既遂是故意实施犯罪行为并且造成了法律规定的犯罪结果的情况。犯罪结果一般是指物质性的危害结果。而且，该观点认为既遂与未遂的区别就在于是否发生了犯罪结果，实行故意犯罪并发生犯罪结果的是犯罪既遂，未能发生犯罪结果的是犯罪未遂。如有学者认为，犯罪既遂是指行为发生了行为人所追求的、行为性质所决定的犯罪结果，即发生了行为的逻辑结果。③

三是实际损害说。该观点认为犯罪既遂的标准应当是行为人所实施的行为，对刑法保护的社会关系造成了实际损害，具体判断犯罪既遂的界限在于行为人是否"得逞"。对这一观点，有学者批判道："其不当之处在于抹杀不同类型犯罪的差别。将结果犯、危险犯、行为犯等法律规定的不同犯罪类型同一化。"④

四是构成要件说。该观点主张犯罪既遂是指着手实行的犯罪行为具备了具体犯罪构成要件全部要素的情况，认为既遂与未遂区别的标志，就是犯罪实行行为是否具备了犯罪构成的全部要件，具备的是既遂，未能完全具备的是未遂。至于犯罪构成要件全部要素是否具备的具体标志，在各类犯罪里可以有不同的表现。构成要件说是目前中外刑法学界关于犯罪既遂以及既遂与未遂区分的较为通行的观点。

---

① 参见马克昌主编：《犯罪通论》（第三版），武汉大学出版社2013年版，第491页。
② 参见陈彦海、张伯仁：《犯罪既遂定义浅探》，载《西北政法学院学报》1988年第4期，第65页。
③ 参见张明楷：《再探犯罪未遂的特征》，载《中南政法学院学报》1989年第4期，第73页。转引自王成祥：《犯罪既遂标准探析》，载《经济与社会发展》2003年第3期，第97页。
④ 赵秉志主编：《犯罪总论问题探索》，法律出版社2003年版，第418页。

在上述各种观点中，目的说、结果说和实际损害说尽管能解决我国刑法规定的一些犯罪的既遂形态的认定问题，但三者皆存在无法贯彻和适用于所有的故意犯罪的缺陷。例如，我国刑法分则规定的行为犯和危险犯，其中行为犯意味着只要实施了行为，就构成犯罪既遂，并不要求造成物质性的、有形的犯罪结果；而危险犯既遂的成立不仅要求行为人实施了刑法分则规定的某种犯罪构成的行为，还要发生刑法分则指明的某种特定的危险状态。在这两类犯罪中，并没有将行为人的犯罪目的和行为造成的危害结果作为犯罪构成客观方面的必要条件，不影响犯罪既遂的成立。又如，我国刑法分则大量规定的情节犯，通常情况下，行为人着手实行犯罪就会对刑法保护的客体造成实际损害，而在情节犯场合尚不能成立犯罪，一定要具备情节犯的情节，才能成立犯罪既遂。对此，实际损害说显然难以解释。

构成要件说避免了目的说、结果说和实际损害说的缺陷，使得对我国刑法及司法解释中各种类型的犯罪既遂问题的认定，获得了统一的标准，且"以法定的犯罪构成要件在事实上是否全部具备，作为区分犯罪既遂和未遂的标准，从而避免了在区分标准上的多元性和随意性"①。本书采用通说——构成要件说认定多次犯既遂，即以行为人所实施的行为，是否齐备刑法和司法解释所规定的多次犯的全部构成要件，作为认定犯罪既遂的标志。所以，多次犯既遂可用这个公式来表示：多次犯既遂 = 主体 + 故意 + 多次违法行为 + 客体。

（二）多次犯既遂形态标准

笔者认为，运用上述公式认定多次犯既遂，就是仅从形式上判断，而无法从实质上判断多次犯的社会危害性及其程度。划分罪与非罪的界限，说到底是由行为的社会危害性及其程度所决定的。于阜民教授认为："'构成要件说'与我国《刑法》第13条规定的'但书'（……但是情节显著轻微危害不大的，不认为是犯罪）难以协调。具而言之，具备了具体犯罪构成全部要件的故意行为，适用《刑法》第13条'但书'作实质判断而不认为是犯罪场合，运用构成要件说作犯罪停止形态类型的判断却可以得出成立犯罪既遂的

---

① 马克昌主编：《犯罪通论》（第三版），武汉大学出版社2013年版，第491页。

结论。犯罪不能成立谈何犯罪既遂？"① 笔者以司法实践中发生的真实案件为例，进一步揭示构成要件说在具体判断既遂形态时遇到的困难。

案例一：毛某某盗窃案。② 2021 年 5 月 29 日、6 月 8 日、6 月 15 日凌晨时分，被告人毛某某三次来到被害人唐某位于灵川县的韭菜地里盗割了几厢地的韭菜去卖，三次共盗割韭菜 200 余斤。6 月 15 日凌晨，被告人毛某某还到被害人李某位于上述地点的青豆地里偷摘青豆去卖。6 月 15 日 13 时许，公安机关在灵川县农业银行前，将正在摆摊的被告人毛某某抓获，并当场查获赃物韭菜 74.6 斤、青豆 13 斤，赃款 8 元。公安机关已将当场查获的赃款赃物分别发还被害人，其余赃物被丢弃。法院认为，被告人毛某某以非法占有为目的，多次盗窃他人财物，其行为已触犯现行《刑法》第 264 条之规定，构成盗窃罪。遂判决被告人毛某某犯盗窃罪，判处有期徒刑 6 个月，并处罚金 1000 元人民币。

案件信息发布后引发社会热议，北京大学法学院陈永生教授说："盗窃肯定是不对的，应该受到处罚，但是大多数人认为这个只偷八块钱的东西显然不至于应该坐牢，而且这个案件法院判有期徒刑六个月，长达半年时间，不符合一般百姓的这种朴素的公平观念。"中国社会科学院法学研究所刑法研究室主任刘仁文说："（社会公众）感觉到是不是有一点突破了我们法律上的比例性原则。我们刑法上的比例性原则就是强调罪刑要相适应，罪刑要均衡，简单地讲就是说，打苍蝇，不能用大炮。比如先通过一个治安处罚，如果他还屡教不改，再通过刑罚来处理，这样的话，是不是更加符合这种层层递进的一个社会治理的逻辑？"中国政法大学王志远教授说："从盗窃的度上应该看的是损失，财产犯罪不要去看你获利多少，而应该看的是你造成别人损失多少。"针对公众质疑，灵川县人民法院副院长唐景锋解释道："本案中毛某的盗窃数额并没有达到盗窃罪的入罪标准，之所以定罪处罚，是综合考虑了毛某的主观恶性和社会危害性，适用了'两年三次'的这一规定。而且

---

① 于阜民：《犯罪论体系研究》，科学出版社 2014 年版，第 89 页。
② 参见广西壮族自治区桂林市灵川县人民法院（2021）桂 0323 刑初 249 号刑事判决书。

它是有社会危害性的,因为我们当地的老百姓大部分是以种植进行销售获得经济收入,然后危害性还是比较大,而且老百姓对这块小偷小摸的行为也是比较痛恨的,如果他实在是贫困的话,他去偷一点自己来吃,这是不够入刑的,如果他是进行贩卖谋利,那肯定是我们要进行打击的。"①

案例二:流浪农民工盗窃外卖案。② 2021年9月,张某从老家安徽枞阳来到河北省衡水市桃城区某建筑工地务工,在工地抬运建筑材料时扭伤了脚,之后没活干加之本身也没有积蓄便回不了家,无奈之下,张某选择露宿火车站广场。他本想在火车站捡别人的剩饭充饥,然而除了一些半瓶的水、饮料外,并没有发现吃的东西。两三天后,张某就饿得撑不住了。在广场闲逛时,他注意到,火车站广场一侧有不少餐馆,到了饭点,外卖员就会过来取餐,而就在外卖员到店内等餐之际,电瓶车上的送餐箱往往无人看管。于是,张某就选择了偷食外卖。案发后,他交代了全部犯罪事实:2021年10月5日中午,偷了餐箱内米饭、鸡公煲一份;10月5日晚上,偷了米线一份;10月6日中午,偷了米饭、炒菜一份;10月7日中午,偷了京酱肉丝一份;10月8日中午,偷了米线一份;10月9日中午,偷了盒饭两份;10月9日晚上,偷了米饭、水煮肉片一份。公安机关通过走访外卖员,调取监控录像内容,经核实,证据确实充分,张某在公共场所多次盗窃,涉嫌犯罪。没多久,公安机关提请桃城区人民检察院批准逮捕张某。办案检察官对案件事实进行深入审查后发现,张某没有前科,只是因为极度饥饿,才盗窃食物用来充饥。全面审查证据之后,办案检察官认为虽然张某的行为在客观上达到了定罪量刑的起点,但从社会危害性和社会治理的角度来讲,追究张某的刑事责任并不是"良法善治"的要求,对张某涉嫌盗窃一案应不予批准逮捕。最终,桃城区人民检察院没有支持公安

---

① "'偷韭菜获利8元'被判半年?当地法院回应",载新浪网,https://finance.sina.com.cn/wm/2021-12-06/doc-ikyakumx2422611.shtml,2022年11月15日访问。

② 参见于潇、陈鑫欣、阴栓法:《流浪汉为果腹偷盒饭,需不需要动用刑罚?》,载《检察日报》2022年1月9日,第1版。

机关提请批准逮捕的意见。随后，公安机关作出了撤销案件的决定，并将张某释放。

以上案例中的毛某某和张某的盗窃行为具备了多次盗窃的全部构成要件，按照构成要件说，皆应认定为盗窃既遂，那么为何毛某某被判处刑罚，而张某最终无罪释放？分别从灵川县人民法院副院长唐景锋的解释和桃城区人民检察院办案检察官的审查意见看，实践中，多次盗窃既遂的判断不能仅依据是否具备多次盗窃犯罪构成要件，还需要对其多次盗窃行为的社会危害性大小进行实质判断，即依据"但书"规定看是否排除多次盗窃的犯罪性，若排除犯罪性，则不构成盗窃罪，反之，构成盗窃罪既遂，依法追究行为人刑事责任。

于阜民教授认为，构成要件说以法定的构成要件去定义犯罪形态，得到的必定是犯罪既遂的形式概念。[1] 而我国刑法对犯罪概念是从犯罪的实质特征和法律特征的统一上定义的，法律特征是刑事违法性，也就是行为符合刑法规定的犯罪构成。所以，犯罪既遂的形式概念只是表明了犯罪的法律特征，没有揭示立法者界定这种形态的根据和理由，不免失之于片面性。实践中，按照构成要件认定多次犯犯罪既遂，必然出现如上述两个案例中同样多次盗窃且均符合刑事违法性而最终结果不同的尴尬局面。

遂而，要解决运用"但书"排除犯罪性与采取构成要件说进行故意犯罪停止形态类型判断时得出的不同结论之间的矛盾，且考虑到"但书"在我国刑法中的地位和价值，于阜民教授提出唯有选择重构犯罪既遂概念之路径。他先在探索犯罪既遂之本质的基础上，提出犯罪既遂的实质概念，即犯罪既遂是立法者依据其对某一类型的行为社会危害性程度的判断，而决定对该行为处以刑罚的绝对界限。[2] 然后，结合犯罪既遂形态的构成要件说的形式定义，构建犯罪既遂的混合概念，该概念既揭示犯罪既遂的本质特征，又指出犯罪既遂的法律特征。于阜民教授认为，犯罪既遂的混合概念是指，已经着手实行犯罪，具备了该种犯罪构成全部要件，依据其社会危害性程度达到了

---

[1] 参见于阜民：《犯罪论体系研究》，科学出版社2014年版，第95页。
[2] 参见于阜民：《犯罪论体系研究》，科学出版社2014年版，第93页。

应受刑罚惩罚的绝对界限的犯罪形态。① 本书采用"犯罪既遂的混合概念"为多次犯既遂的成立标准。在司法实践中，依照于阜民教授提出的犯罪既遂认定模式来判断多次犯既遂形态，即先作形式判断，再作实质判断。具体言之，首先根据刑法和司法解释规定，判断行为人的行为是否具备具体的多次犯的犯罪构成的全部要件，然后根据我国现行《刑法》第13条"但书"规定，判断行为人的行为的社会危害性程度是否达到了应受刑罚处罚的绝对界限，没有达到这个界限时，不成立犯罪，亦不成立犯罪既遂。如此，实践中就会减少机械执法现象，即对形式上凡符合多次犯的行为一律入罪。

由此可见，于阜民教授提出的"犯罪既遂混合概念"，为犯罪既遂提供了法定性、客观性和全面性的标准，体现了罪刑法定原则的必然要求，有利于保障公民自由。"既遂形态认定模式"又为司法者指明了认定犯罪既遂的正确路径，具有方法论的意义，有利于促进司法实践刑法统一适用，实现司法公正。因而，这一概念及模式是解决犯罪既遂问题的科学理论，值得提倡和推广。

还有一个问题需要说明，就是在司法实践中如何把握多次犯的严重社会危害性，正确区分罪与非罪的界线。

大多数罪名的罪量要件有明确的司法解释规定，使得司法人员对行为的社会危害性评价有了法定的依据。而多次犯的罪量要件只是规定次的数量而无其他具体的评价标尺，易导致司法人员对多次犯的严重社会危害性的判断出现混乱。笔者认为，我国《刑法》第13条"但书"规定是区分罪与非罪的法定依据，行为的犯罪性只能在刑法视野里判断。在具体判断多次犯的社会危害性是否达到刑法要求的严重程度，在没有具体的罪量要件规定作为裁量依据时，应以并列的罪量规定为参照，如抢夺罪"多次抢夺"的社会危害性应比照"数额较大"的标准，也就是说，"多次抢夺"的社会危害性应相当于"数额较大"的社会危害性的标准。这种相当的社会危害性应该说是维持了抢夺罪的社会危害性的统一性，既没有减少，也没有加大，并使得抢夺罪中"多次抢夺"与"数额较大"的社会危害性保持平衡。特定犯罪构成的

---

① 参见于阜民：《犯罪论体系研究》，科学出版社2014年版，第93页。

罪与非罪的界限应该是明确、专属的、唯一的。虽然社会危害性的严重程度会影响刑罚的轻重，但在犯罪成立的标准层面，社会危害性程度应是同一个标准。符合一个犯罪构成，若存有两个或多个社会危害性定罪标准的认识是危险的，会产生刑法的不确定性、法官恣意擅断、裁判不统一等不利于刑事法治的影响。

（三）实践中认定多次犯既遂形态存在的若干问题

实践中，按照上述认定多次犯既遂形态的模式，先表面判断行为人违法行为的次数是否达到刑法或司法解释规定的要求，对于如何判断多次犯犯罪构成要件要素"次"，笔者在本书第五章主张在坚持多元论标准的基础上，对次的理解和界定，既要从行为的客观表现来把握，也不能忽视行为人主观方面的意思因素，综合多种因素进行分析认定，故此处不再赘述。而后在实质判断阶段，这也是判断多次犯既遂的决定阶段，司法者对多次违法行为的社会危害性程度的绝对界限的把握上存在认识分歧，如违法行为是否需要行政处罚？未完成的违法行为是否算作一次？违法行为有无时效限制？行为人主动投案情形如何评价？行为人主动消除危害后果？这些问题影响多次违法行为入罪，为了防止对行为人不当入罪或出罪，因而有必要在这里予以澄清。

1. 关于行政处罚前置的争议

对于刑法和司法解释中规定的暗示型多次犯，如扰乱国家机关工作秩序罪，由于条文直接规定多次犯的部分违法行为需经"行政处罚"，根据罪刑法定原则，行政处罚是多次犯成立的前提条件，因而对该类型多次犯不存在行政处罚前置的争议问题。行政处罚前置争议主要发生在明示型多次犯场合，如多次盗窃，对于该类型多次犯，条文仅规定"多次"违法行为，至于"多次"违法行为是否必须被行政处罚则未予以明确，因而实践中对此产生争议。争议的焦点在于，多次犯的成立是否以行为人的多次违法行为受过行政处罚为必要条件。

持否定说的学者认为，刑法和司法解释虽然没有明确多次违法行为是否应受行政处罚，但多次违法行为均是行为人故意实施的危害行为，客观上单次行为都达到了应受行政处罚的程度，整体上表现为严重的社会危害性。因而，不论违法行为有无受过行政处罚，只要行为人多次违法行为符合多次犯犯罪构成要件即可，行为人的违法行为是否实际受到行政处罚对多次犯的成立并无影响。

持肯定说的学者认为，行为人曾经因实施性质相同的违法行为受过两次以上的行政处罚，这是构成多次犯的客观要件。其理由在于，从准确把握客观事实的角度讲，只有已受过行政处罚且能够收集到相关的行政处罚决定书及其相关事实证据，才能准确地证明行为人曾经实施了两次以上的同种违法行为，否则就可能导致法律事实认定上的随意性，破坏刑法适用的严肃性和刑罚的公正性。[1] 还有学者从刑法谦抑性视角，认为必须对明示型多次犯的成立条件有所限制，防止多次犯被司法滥用，即以多次违法行为应当受到行政处罚，作为明示型多次犯成立的前提条件，如若不然，司法实践中会出现超出多次犯立法旨意，降低多次违法行为入罪门槛，任意扩大多次犯适用范围的情形。

笔者认为，明示型多次犯的成立不应设置行政处罚前置条件，其主要理由有以下三点。

一是罪刑法定原则的基本要求之一是法定化，即犯罪和刑罚必须事先由法律作出明文规定，不允许法官擅断。[2] 法官不能独断出入罪，需要严格遵循刑法条文规定的定罪量刑。既然明示型多次犯的刑法条文中没有明令违法行为需要行政处罚，那么法官不得额外增加"违法行为需经行政处罚"条件来阻却多次犯成立，否则司法有轻纵行为人之嫌。

二是多次犯的单次违法行为应当是被行政法评价为达到行政处罚程度的危害行为，多次违法行为才能整体上达到犯罪层面的社会危害性程度。因此，多次违法行为作为一种客观违法事实，是否实际上被行政处罚并不影响它们的社会危害性发生聚合质变。实践中，有些违法行为因各种原因（如行为人主动消除危害后果、被害人放弃追究行为人责任、行为人违法行

---

[1] 参见刘德法、孔德琴：《论多次犯》，载《法治研究》2011年第9期，第85页。
[2] 参见陈兴良：《规范刑法学》（第三版），中国人民大学出版社2015年版，第39页。

为隐秘未被行政机关发现等）而没有被行政处罚，这些违法行为都应当被纳入多次犯的客观方面，反之，则会出现以行政处罚决定犯罪是否成立的不当结论。

三是从多次犯立法旨意看，多次违法行为反映出行为人有屡教不改的主观恶性和犯罪倾向性的危险人格，且通过行政处罚手段难以遏制多次违法现象。也就是说，行政处罚多次违法行为在社会上收效甚微，一方面行政处罚后违法行为有复发可能，另一方面未被行政处罚的违法行为大量存在。多次违法行为反复侵害社会关系，具有严重的社会危害性，遂被纳入刑法评价范围。由是，如若增加行政处罚条件，那些大量未被行政处罚的违法行为无法入罪，其存在的社会危害性也不能消除，必然导致多次犯的入罪功能被大大减弱，不符合多次犯的立法目的。

有学者从目前我国的法制现状分析，关于行政违法与刑事违法的具体区别，在我国学界和实务界尚未形成统一认识，致使实践中对行政处罚与刑事处罚的选择适用存在分歧，"有案不移、有案难移、以罚代刑"乱象依然存在。在多次犯场合，如果增加行政处罚前置条件，这些乱象使得多次犯成立可能止步于行政处罚阶段。因此，就目前中国的法制状况而言，这种不当缩小多次犯的范围的情形是不可取的。只要严格遵守罪刑法定原则，就能做到不使多次犯过度蔓延，同时又能更好地发挥其功能，并取得良好的法律实效，实现特殊预防与一般预防的有机统一。[①]

2. 已被行政处罚的违法行为是否应予排除

实践中存在这种情形，行为人在一定时间段内实施多次违法行为，其中部分违法行为被行政机关发现并处以行政处罚，但还有部分违法行为没有被行政机关掌握，这些违法行为的次数累计达到了某种多次犯的入罪要求。那么，刑法评价的范围是否包括已经被行政处罚的违法行为呢？以"多次盗窃"为例，学界存在以下两种对立的观点。

第一种观点认为，"'多次盗窃'中的每次盗窃行为既应包括未经处理或

---

① 罗鹏：《多重价值视野下的多次犯研究》，载《湖北经济学院学报（人文社会科学版）》2018年第2期，第91页。

处罚的盗窃行为,也应包含已经受过行政处罚或刑事处罚的盗窃行为"①。

第二种观点认为,"三次盗窃行为均须是未经治安管理处罚的行为,任意一次经过治安管理处罚,则不得再以盗窃罪定罪处罚。反之,如果包括已经治安管理处罚的行为,则会出现'犯罪行为不入罪而行政违法行为却定罪'的悖论"②。具体而言,在如下情形中产生悖论:行为人实施的前两次行为均已构成盗窃罪,第三次盗窃行为只达到治安管理处罚的程度,对行为人只能进行治安管理处罚;而当行为人实施的前两次盗窃行为均已经过治安管理处罚,第三次盗窃行为的性质被认定为行政违法时,如果对前两次盗窃行为再次评价,则根据多次盗窃的犯罪构成,行为人构成盗窃罪。问题的根源在于"将已经治安管理处罚的行为重新作为入罪的条件"③。

对于第二种观点,笔者认为,多次犯成立的条件是多次违法行为整体的社会危害性,整体的社会危害性由各个单次行为的社会危害性聚合质变而成。单次行为本身不具有犯罪性,反之,单次行为若具有犯罪性,则直接按照盗窃罪基本犯类型的犯罪构成定罪量刑。如前文所述,在前两次盗窃犯罪行为与第三次违反治安管理盗窃行为性质相异因而无一体化评价之可能时,只能对第三次违反治安管理行为单独评价。所以,前两次盗窃犯罪行为对第三次盗窃违法行为而言,既不具有定罪功能,也不具有量刑价值,故该观点提出的悖论并不存在。

笔者基本赞同第一种观点,多次犯是多次违法行为入罪的犯罪形态,所以不主张"多次盗窃"中的每次盗窃行为包含未经刑事处罚的盗窃行为或已经受过刑事处罚的盗窃行为。有学者认为,对已受过行政处罚的违法行为在刑法中再次评价,有违反禁止重复评价原则的嫌疑。其实不然,关于刑法学界对多次犯立法违反禁止重复评价原则的质疑,笔者在本书第四章给予了积极回应,兹不赘述。

---

① 刘宪权:《盗窃罪新司法解释若干疑难问题解析》,载《华东政法大学学报》2013年第6期,第91页。
② 邵栋豪:《"多次盗窃"的立法检讨与司法适用》,载《上海政法学院学报(法治论丛)》2016年第1期,第76页。
③ 邵栋豪:《"多次盗窃"的立法检讨与司法适用》,载《上海政法学院学报(法治论丛)》2016年第1期,第77页。

从实践中看，若将已受过行政处罚的违法行为排除在多次犯构成要素范围外，势必会导致如下所述一些不合常理的情景。

（1）行为人实施违法行为一次，行政机关对其处罚一次，则意味着无论行为人实施多少次违法行为，均不能对其适用多次犯规定追究刑事责任。

（2）行为人到案后若主动承认以前未被行政机关掌握的违法事实，经行政机关核实后，只要达到行政处罚程度，则存在多次犯成立可能，而事实上行为人普遍会向行政机关隐瞒、否认之前的违法事实，对其很难入罪处理。

（3）行政机关对行为人的违法行为听之任之，等到行为人的违法行为次数满足刑法要求后，将先前的违法记录和新的违法情况一并打包移送公安机关按刑事案件处理。

（4）行为人为逃避刑罚，主动请求行政机关对其违法行为进行行政处罚。

（5）多次违法行为入罪，由是否受到行政处罚的偶然性决定。

所以，将受过行政处罚的危害行为排除的主张，不仅在法理上难以成立，而且在实践中也是行不通的。①

3. 单次违法行为是否以完成为必要

这个问题主要在如下场合讨论，即行为人多次实施违法行为，存在一些违法行为没有完成的情况，参照故意犯罪停止形态，没有完成表现为预备、中止、未遂等形态。对于这些没有完成的违法行为，能否被评价为多次犯的构成要素？对于该问题，学界和实务界认识分歧较大。

一是肯定说。有学者认为"将'多次盗窃'单独列为盗窃罪的行为类型，主要是考虑到'多次盗窃'足以反映出行为人的主观恶性及盗窃习性。只要行为人着手实施犯罪，就已经构成'一次'盗窃，即便因为意志以外的原因未能得逞，也不影响其盗窃次数的认定。从社会危害程度看，盗窃预备和盗窃中止一般不宜计入盗窃次数"②。还有学者认为"即便是没有拿到任何财物的盗窃未遂行为，也对刑法所保护的财产利益具有现实具体的危险。行

---

① 参见黄祥青：《认定多次盗窃的事实与法理依据》，载《人民司法》2009 年第 9 期，第 73 页。
② 张勇：《盗窃罪司法解释新论》，载《河北法学》2013 年第 10 期，第 120 – 121 页。

为人主观上有非法占有他人财物的故意，客观上实施了多次盗窃的行为，虽然有一次盗窃未遂，应当作为对行为人量刑时考虑的情节，不影响对行为人盗窃罪的认定"①。

二是否定说。有学者认为"既然多次盗窃不以盗窃数额作为构成犯罪的要件，而以盗窃多次作为构成犯罪的要件，那么对这里的'多次'的认定标准就不能降低，即每一次的盗窃行为必须是完成形态，对于未完成形态的作案次数应予排除"②。

实务界存在将多次未遂的违法行为认定为"情节严重"以犯罪未遂处罚的做法。③ 笔者认为，多次犯的单次违法行为未完成与犯罪未完成形态不可相提并论，前者是指单次违法行为事实上未完成，后者则是犯罪构成的表现形式，因此不可直接套用故意犯罪停止形态的理论来认识、评价未完成的单次违法行为。

在我国法律体系中，没有违法预备、中止、未遂概念，而是一般以实际的危害结果评价行为人违法的社会危害性，对于没有危害结果或危害结果轻微并改正的，不予处罚。在行为未遂语境下，单次违法行为未得逞就是指针对行为性质是否得手，如多次盗窃中，单次盗窃行为未得逞仅指分文未得。④

---

① 徐晋红、李俊：《盗窃罪研究：以刑法修正案（八）为视角》，载《山西高等学校社会科学学报》2011年第12期，第90页。

② 贺平凡：《论刑事诉讼中的数量认定规则》，载《法学》2003年第2期，第108页。

③ 例如，2018年11月11日，犯罪嫌疑人谭某行至甲市A县某医院住院楼二楼，趁保洁室无人之机进入室内，将屋门反锁，正在实施盗窃过程中，被返回保洁室的保洁员抓获。另查明，2017年5月16日，谭某在甲市B区医院内科楼一科病房35床实施盗窃时被抓获，被处以行政拘留15日；2018年7月15日，谭某在甲市C县某医院脑科二楼25床实施盗窃时被当场抓获，被C县公安局行政拘留15日。谭某属于多次盗窃未遂情形，基于以下事实可视为属于其他情节严重的情形：经法院查明，谭某除了案情中所反映的两年内三次盗窃行为之外，还曾因盗窃被劳动教养一年、因犯盗窃罪被法院判处有期徒刑六个月以及因其他盗窃行为被行政拘留两次，谭某属于非常典型的盗窃惯犯，且屡教不改，具有较大的社会危害性和人身危险性；谭某将盗窃的地点均选择在医院，盗窃的目标均针对住院的病人及医院医务、保洁等工作人员的财物，严重危害了病人的财物安全和医院工作人员财物安全及工作秩序，体现了行为人主观恶性较大，客观危害也更为严重。根据《最高人民法院、最高人民检察院关于办理盗窃刑事案件适用法律若干问题的解释》（法释〔2013〕8号）第12条规定，认定谭某盗窃未遂，依法追究其刑事责任。参见王金勇：《多次在医院盗窃未遂可认定为"情节严重"》，载《检察日报》2019年7月5日，第3版。

④ 参见吴亚安：《论我国刑法中的多次犯》，上海交通大学2016年博士学位论文，第134页。

行为人未得逞就意味着没有造成实际的损害结果，根据《行政处罚法》（2021年修订）第33条第1款[①]之规定不予行政处罚。

多次犯的严重社会危害性是通过行为人实施多次违法行为造成的整体社会危害性来体现的，是由单次的社会危害性组成的有机统一整体。因而，多次犯中行为人单次行为的社会危害性是必然存在的，没有社会危害性的单次行为不属于多次犯的行为范畴。如若将没有完成的单次违法行为计入多次违法行为，会至少出现两个不利法律后果。一是尽管全部没有完成的违法行为，或将部分未完成的违法行为与完成的违法行为放在一起，形式上符合多次犯的犯罪构成，但由于这些没有完成的单次违法行为没有社会危害性，多次犯整体的社会危害性必然不存在或大打折扣，于是在实质判断阶段多次犯既遂不成立。二是容易破坏罪刑的内在比例关系，导致罪刑失衡。例如，行为人甲实施盗窃三次，每次均未窃取财物，或三次中有一两次未得逞，符合多次盗窃犯罪构成入罪；行为人乙亦实施盗窃三次，但每次均得逞，也符合多次盗窃犯罪构成入罪。行为人甲和乙盗窃犯罪的社会危害性程度实际不等，但刑法对他们各自评价的结论相同，毫无疑问，这种评价不符合罪责刑相适应原则，有重刑主义之嫌。

综上所述，笔者认为，单次违法行为完成是多次违法行为入罪的基础性条件。至于单次行为的社会危害性程度则具体依行为人自身的情况、行为类型、损害规模、违法性质等因素进行综合评价。

4. 关于多次违法行为的存续期间问题

多次犯由多次违法行为构成，在时间维度上，行为人实施的多次违法行为之间，必然在客观上存在一定的时间间隔。时间间隔或长或短，会影响多次犯是否成立。具体说来，由于单次违法行为彼此追诉期限届满的时间不同，如果部分违法行为追诉时效届满，又不存在其他可延长时效的法定事由，则该部分违法行为就不应该被行政处罚，从而不能被认定为多次

---

① 《行政处罚法》（2021年修订）第33条第1款规定："违法行为轻微并及时改正，没有造成危害后果的，不予行政处罚。初次违法且危害后果轻微并及时改正的，可以不予行政处罚。"

犯中的违法行为。因此，就多次犯成立而言，就有必要锁定多次违法行为的存续期间。

另外，从我国刑法规定追诉时效制度意义看，对于多次犯的构成要素之多次违法行为，也应当限定在一个具体的时间段内，这个时间段就是多次违法行为的存续期间，不在该时间段内的违法行为不予刑法评价。笔者认为，从刑法谦抑性的视角考量，刑事立法或司法解释设定多次违法行为存续期间的目的在于限制多次犯的适用范围，防止出现刑法打击面过大的问题，保障公民人权，维护社会秩序稳定。

从我国刑法及有关司法解释中规定的多次犯的条文表述看，刑法和司法解释对于多次违法行为的存续期间的要求不太一致，从没有限制到五年不等，其依据不明，随意性过大。① 有的要求以一年为限，如刑法中关于多次走私普通货物、物品入罪情形的规定；② 有的要求以二年为存续期间，如有关司法解释中对多次诽谤他人认定为"情节严重"入罪的规定；③ 有的规定在三年期限内，如相关司法解释对多次实施破坏草原资源违法行为入罪的规定；④ 有的要求以五年为存续期间，如刑法中关于多次逃避缴纳税款入罪的规定；⑤ 还有相当多的多次犯条文对多次违法行为的存续期间未明确规定，如有关司法解释中对多次非法出售或者提供试题、答案认定为"情节严重"

---

① 参见张志勋、卢建平：《多次犯：刑法的制度化产物及其限制路径》，载《江西社会科学》2015年第6期，第144页。
② 参见现行《刑法》第153条第1款第1项规定："走私货物、物品偷逃应缴税额较大或者一年内曾因走私被给予二次行政处罚后又走私的，处三年以下有期徒刑或者拘役，并处偷逃应缴税额一倍以上五倍以下罚金。"
③ 参见《最高人民法院、最高人民检察院关于办理利用信息网络实施诽谤等刑事案件适用法律若干问题的解释》（法释〔2013〕21号）第2条规定："利用信息网络诽谤他人，具有下列情形之一的，应当认定为刑法第二百四十六条第一款规定的'情节严重'：……（三）二年内曾因诽谤受过行政处罚，又诽谤他人的；……"
④ 参见《最高人民法院关于审理破坏草原资源刑事案件应用法律若干问题的解释》（法释〔2012〕15号）第1条第1款规定："非法占用草原，改变被占用草原用途，数量在二十亩以上的，或者曾因非法占用草原受过行政处罚，在三年内又非法占用草原，改变被占用草原用途，数量在十亩以上的，应当认定为刑法第三百四十二条规定的'数量较大'。"
⑤ 参见现行《刑法》第201条第4款规定："有第一款行为，经税务机关依法下达追缴通知后，补缴应纳税款，缴纳滞纳金，已受行政处罚的，不予追究刑事责任；但是，五年内因逃避缴纳税款受过刑事处罚或者被税务机关给予二次以上行政处罚的除外。"

入罪的规定。[①]

由于我国刑法及有关司法解释并没有对多次违法行为的存续期间进行一般性规定,有学者认为,应当将多次犯的多次违法行为限定在五年内,可以比较好地解决这类犯罪的追诉期限问题。[②] 其实,多次违法行为存续期间不同于多次犯的追诉时效,多次违法行为存续期间涉及多次犯适用范围问题,进而影响多次犯成立与否,追诉时效是追究行为人刑事责任的有效期限,多次犯成立是其追诉时效起算的前提。所以,假使多次违法行为存续期间限定两年时,并不改变多次犯追诉时效,又何必延长至五年呢?以追诉时效确立多次违法行为存续期间的观点有待商榷。笔者认为,多次违法行为的存续期间在一定程度上可以说明多次犯的社会危害程度,这对于多次犯成立具有重要意义,并按照以下原则确立较为妥当。

第一,按照罪刑法定原则,刑法及有关司法解释有明确规定的,从其规定,排除超出期间的违法行为。

第二,刑法及有关司法解释没有明确规定的,应当结合行政处罚时效[③]来确定,排除超过时效的违法行为。其主要原因在于,多次犯的一次行为的性质是违反行政法规且应受行政处罚的违法行为,由是,行政法领域的行政处罚时效制度对其自然适用。所谓行政处罚时效制度,是指规范行政机关行使行政处罚权的制度,它意味着超过时效期间,行政机关对违法行为将不再处罚,不再执行。[④] 因此,在发生多次违法行为中的一次违法行为超出行政处罚的追诉时效场合,基于时效制度兼具维护法的安定性、限制行政处罚机

---

① 参见《最高人民法院、最高人民检察院关于办理组织考试作弊等刑事案件适用法律若干问题的解释》(法释〔2019〕13号)第5条规定:"为实施考试作弊行为,非法出售或者提供法律规定的国家考试的试题、答案,具有下列情形之一的,应当认定为刑法第二百八十四条之一第三款规定的'情节严重':……(四)多次非法出售或者提供试题、答案的;……"

② 刘德法、孔德琴:《论多次犯》,载《法治研究》2011年第9期,第86页。

③ 关于我国行政处罚的时效,《行政处罚法》(2021年修订)第36条规定:"违法行为在二年内未被发现的,不再给予行政处罚;涉及公民生命健康安全、金融安全且有危害后果的,上述期限延长至五年。法律另有规定的除外。前款规定的期限,从违法行为发生之日起计算;违法行为有连续或者继续状态的,从行为终了之日起计算。"《中华人民共和国治安管理处罚法》第22条规定:"违反治安管理行为在六个月内没有被公安机关发现的,不再处罚。前款规定的期限,从违反治安管理行为发生之日起计算;违反治安管理行为有连续或者继续状态的,从行为终了之日起计算。"

④ 参见杨小君:《行政处罚研究》,法律出版社2002年版,第238页。

关权力、确保行政处罚正确性、提升行政效能等多重功能取向,① 该次违法行为自追诉时效届满之日起脱离行政法调整范围,即其在行政法上具有的否定性价值被诉讼时效消灭,成为不具有法律意义的行为,据此,该次违法行为不会被计入多次犯之多次违法行为之列。多次犯是刑法对多次违法行为评价入罪的犯罪类型,其成立依赖于多次违法行为整体的社会危害性,该次违法行为被排除后,多次犯的既遂就会止步于形式判断阶段。反而言之,只有没有超过诉讼时效且应被处以行政处罚的违法行为才具有刑法评价的意义。多次违法行为的存续期间结合行政处罚时效确定,便于行政机关对行为人多次违法行为性质的判断,并及时将有可能在实质上构成多次犯的案件移送给司法机关,这对于解决现实中行政法与刑法衔接不通畅问题大有裨益。

---

① 参见夏金莱:《论行政处罚追责时效——〈行政处罚法〉第36条的解释论》,载《学术界》2022年第10期,第168–169页。

第七章　多次犯与相关罪数概念辨析

　　所谓单纯一罪，指外形上一次符合一个构成要件是明明白白的，没有必要特别给予构成要件的评价的犯罪。①

——大谷实

一、多次犯属于单纯一罪

（一）罪数概述

1. 罪数概念和意义

所谓罪数，是指行为人的危害社会的行为构成犯罪的单、复。危害社会的行为，构成单一罪的，是一罪；构成两个以上复数罪的，是数罪。简而言之，罪数是指一罪与数罪的犯罪个数，② 其本质上是犯罪形态与刑罚适用的有机统一体。③

然而，现实生活中的犯罪现象纷繁复杂、形态万千，有的行为人的一个危害行为构成一罪，而有的行为人的数个危害行为也构成一罪；有的行为人的一个危害行为构成数罪，而有的行为人的数个危害行为构成数罪。那么，究竟一罪是什么，如何才是一罪？数罪是什么，如何才是数罪？一罪与数罪之间如何区别？这些问题都是罪数论研究的基本问题，罪数论是我国刑法学中犯罪论的有机组成部分。罪数论就是研究犯罪在实质上与形式上、实质上

---

① ［日］大谷实：《刑法讲义总论》（第四版），成文堂1994年版，第489页。
② 参见马克昌主编：《犯罪通论》（第三版），武汉大学出版社2013年版，第608页。
③ 参见吴振兴：《罪数形态论》，中国检察出版社1996年版，第2页。

与法律上、实质上与处理上的个数的理论。①

罪数论研究的意义，主要表现为以下三点。一是罪数论研究有助于准确定罪。在司法实践中，准确定罪的内容包括行为人的行为是否构成犯罪，构成何种具体犯罪以及行为人实施的危害行为构成犯罪的罪数形态。没有准确认定行为人犯罪的罪数形态，就难以实现全面准确定罪的任务。二是罪数论研究有助于对行为人合理适用刑罚。根据罪责刑相适应原则，对行为人裁量适当的刑罚，既要与犯罪性质相适应，又要与犯罪情节相适应，还要与犯罪人的人身危险性相适应，这就要求必须准确认定行为人的行为所构成的犯罪个数，因为不同的罪数所体现的社会危害性与行为人的人身危险性不同。三是罪数论研究对于保障刑事诉讼顺利进行也具有一定的积极作用。一些罪数形态的构成特征、处断原则等对诉讼管辖、起诉范围、审判范围等诉讼方面有着重要影响。相比一般的刑事案件的诉讼程序，其存在特殊性和复杂性，这就要求实践中对这些罪数形态的构成特征、处断原则等要有深刻理解和准确把握。

2. 区分一罪与数罪的标准

如何区分一罪与数罪，在大陆法系国家刑法理论中，历来存在着诸多关于罪数判断标准的学说，归纳起来主要有以下四种。

（1）行为标准说。该学说主张区分一罪与数罪，应以行为的个数作为计算标准。行为人实施了一个行为，为一罪；实施了多个行为，为数罪。持此说者认为，行为是犯罪的首要因素，没有行为就没有犯罪，犯意没有外化为行为也不成立犯罪，犯罪是侵害法益的行为，先有行为侵害法益，才引起法益被侵害的危害后果。

行为标准说又分为自然行为标准说和法律行为标准说。前者主张行为的单复应以自然意义上的身体动作的个数来判断。后者主张行为的单复应从法律意义来认定。

（2）法益标准说，又称结果标准说。该学说认为犯罪的本质是对法益的

---

① 参见吴振兴：《罪数形态论》，中国检察出版社1996年版，第5页。

侵害，刑法的目的在于保护法益；犯罪人之所以应受刑罚惩罚，是因为其行为侵害了法益。因此，侵害法益（或者犯罪结果）的个数也就决定着犯罪的个数。侵害一个法益者，为一罪；侵害数个法益者，为数罪。关于法益单、复的确定，又因法益种类而有所不同。国家法益和社会法益为公共法益，其性质为单数，个人专属法益的单、复以法益持有者的个数为准，个人非专属法益（财产法益）的个数以具有财产监督权者的个数为准。

（3）犯意标准说。该学说认为犯罪是行为人主观上的犯罪意思的外部体现，犯罪行为与结果不过是用来说明行为人犯罪意图的。因此，犯罪意思的单、复决定着犯罪的个数。行为人的犯罪基于一个犯意，为一罪；基于数个犯意的，为数罪。

（4）构成要件标准说。该学说认为犯罪首先以构成要件符合性为标准才能成立，行为不具备构成要件符合性就不可能构成犯罪，所以判断罪数是一罪还是数罪只能以构成要件为标准。在构成要件的评价中，一次符合构成要件的行为，是一罪；数次符合构成要件的行为，是数罪。

在我国刑法理论中，犯罪是符合刑法规定的犯罪构成的行为，而犯罪构成则是犯罪的客观要件与主观要件的统一。"诸构成要件缺乏其一，固然不可；将诸构成要件分为主要次要、为主为副，亦为不当。"[①] 以上各种学说中，行为标准说、法益标准说、构成要件标准说以客观主义刑法理论为基础，均属于客观主义的罪数论，而犯意标准说是主观主义刑法理论在罪数标准问题上的体现。行为标准说、法益标准说、犯意标准说的弊端均在于强调犯罪构成某一要件，将构成犯罪的其他要件弃置一旁，显然都具有片面性，不可能正确地区分一罪与数罪。构成要件标准说避免了前述三种学说存在的缺陷，相较而言，具有合理性，但此说依然存在严重缺陷，即排斥了犯罪的主观要件。按照大陆法系刑法理论，行为构成犯罪，需具备构成要件符合性、违法性、有责性三个条件，行为符合构成要件标准说只是犯罪成立的条件之一，需要进一步考察行为的有责性和违法性，才能确定是否成立犯

---

① 吴振兴：《罪数形态论》，中国检察出版社1996年版，第13页。

罪。因此，行为符合构成要件的次数不等于犯罪的个数，同样无助于罪数问题的合理解决。

在如何区分一罪与数罪问题上，我国刑法学界的通说是犯罪构成标准说，又称主客观统一说。该学说认为，我国刑法中的犯罪构成，是主客观要件的统一，是犯罪成立要件的整体，行为符合犯罪构成，犯罪即可成立。所以，判断罪数是一罪还是数罪，应当以犯罪构成为标准，行为具备一个犯罪构成的，是一罪；行为具备数个犯罪构成的，是数罪。这里所说的犯罪构成，主要是指刑法分则条文对各种具体犯罪所规定的犯罪构成，包括独立的犯罪构成与派生的犯罪构成（即加重或减轻的犯罪构成）、基本的犯罪构成与修正的犯罪构成（即共同犯罪或犯罪未完成形态的犯罪构成）等。[①]

我国运用犯罪构成说判断罪数，无疑是在吸收、借鉴上述构成要件标准说合理成分的基础上提出的。我国的犯罪构成包括了表明犯罪成立的一切积极的要件，是犯罪的成立要件意义上的犯罪构成。[②] 由是，以犯罪构成的个数作为区分罪数单、复的标准，实际上就是把犯罪成立的一切积极的要件作为判断罪数标准的因素。

这种学说有利于确保判定罪数的法定性、统一性和公正性，为区分一罪与数罪提供了主客观相统一的科学的依据。[③]

3. 罪数的分类

罪数的分类，包括一罪的分类和数罪的分类。在刑法学界，关于数罪的分类并无多大分歧，一般认为数罪包括同种数罪和异种数罪。其中，同种数罪是指行为人实施的数个行为均可独立构成犯罪，但属于性质相同、罪名相同的数罪；异种数罪是指行为人的数个犯罪行为性质不同、罪名不同。[④]

对于一罪的分类，国外刑法学界学说林立。目前我国刑法学界对一罪的分类，也存在多种主张，从分类方法归纳，主要有分为两类的两分法、分为

[①] 参见高铭暄、马克昌主编：《刑法学》（第六版），北京大学出版社、高等教育出版社2014年版，第181页。

[②] 参见马克昌主编：《犯罪通论》（第三版），武汉大学出版社2013年版，第70—71页。

[③] 参见高铭暄、马克昌主编：《刑法学》（第六版），北京大学出版社、高等教育出版社2014年版，第182页。

[④] 参见吴振兴：《罪数形态论》，中国检察出版社1996年版，第50页。

三类的三分法以及分为四类的四分法。其中，具有代表性的分类主张有以下几种。

刑法学界通说认为罪数形态应分为两类：①一行为法定为一罪或处断上为一罪的犯罪形态，主要包括继续犯、想象竞合犯；②数行为法定为一罪或处断上为一罪的犯罪形态，主要包括结合犯、连续犯、牵连犯、吸收犯等。①

有学者认为，应将罪数分为两种，即单纯一罪（又称本来的一罪、理论上的一罪）和处断上的一罪。前者包括单一罪、吸收犯、结合犯、继续犯、集合犯（营业犯、常业犯、惯犯）、结果加重犯、法规竞合等，后者包括想象竞合犯、牵连犯、连续犯。②

马克昌教授主编的《犯罪通论》一书中，将一罪分为三类：①单纯一罪，即行为人实施法律规定的某种犯罪行为，具备一个犯罪构成，构成一罪的情况，如继续犯、法规竞合等；②实质一罪，即行为人实施数个行为，或实施一个行为产生加重结果，形式上具备数个犯罪构成，实质上构成一罪的情况，如结合犯、结果加重犯、吸收犯等；③裁判上一罪，即行为人实施一个犯罪行为，触犯数个罪名，或者实施数个犯罪行为，具备数个犯罪构成但作为一罪处分的情况，如想象竞合犯、连续犯、牵连犯等。③

张明楷教授借鉴日本的罪数论体系，将罪数的诸形态区分为单纯的一罪、包括的一罪、科刑的一罪。单纯的一罪，是指无论依据什么标准，都只能评价为一罪，只能适用一个刑法分则条文的情形，包括连续犯、法条竞合等；包括的一罪，是指对行为进行孤立的评价，可能得出数罪的结论，但如果进行整体的评价，只需要适用一个刑法分则条文的情形，包括连续犯、集合犯、数额犯、情节犯等；科刑的一罪，是指行为构成数个犯罪，应当适用数个刑法分则条文，但只需要适用一个重法定刑的情形，包括想象竞合犯、不并罚的牵连犯等。④

---

① 参见高铭暄主编：《刑法学原理》（第二卷），中国人民大学出版社 2005 年版，第 503 - 504 页。
② 参见顾肖荣：《刑法中的一罪与数罪问题》，学林出版社 1986 年版，第 11 页。
③ 参见马克昌主编：《犯罪通论》（第三版），武汉大学出版社 2013 年版，第 619 页。
④ 参见张明楷：《刑法学原理》（第二版），商务印书馆 2017 年版，第 441 页。

于阜民教授主编的《刑法学》将一罪分为以下四类：①单纯的一罪，即行为人基于一个犯意，实施一个行为，侵害一个客体，仅构成一罪的情况；②实质的一罪，即行为人基于一个或数个犯意，实施一个行为，侵害一个或数个客体，似乎符合数个犯罪的犯罪构成，但由于只实施了一个行为，因而只评价为一罪的情况，包括继续犯、想象竞合犯和结果加重犯；③法定的一罪，即行为人基于数个犯意，实施数个行为，侵害数个客体，但法律明文规定仅构成一罪的情况，包括结合犯和集合犯；④处断的一罪，又称裁判的一罪，即本来是符合数个犯罪构成的数罪，但由于某种原因，通常以一罪论处的情况，包括连续犯、吸收犯和牵连犯。①

笔者认为四分法的分类是比较适宜的。其主要理由在于，犯罪构成标准说是我国区分一罪与数罪的基本理论。按照这一标准，第一步，首先将齐备一个犯罪构成的一罪与齐备数个犯罪构成但因某种原因作为一罪的罪数形态区分开来。第二步，齐备一个犯罪构成的一罪固然包括单纯的一罪的情况，即基于一个罪过形式，实施一个行为，符合一个犯罪构成。我国刑法学界将其视为典型的、纯粹的一罪。而以继续犯、结果加重犯为例，虽然它们具有一定的数罪特征，继续犯的犯罪行为处于继续状态，结果加重犯有两个罪过，但究其实质，它们分别只齐备了一个犯罪构成，属于实质的一罪的类型，因而应独立于单纯的一罪。实质的一罪不同于单纯的一罪，其主要不同在于实质的一罪的诸种罪数形态在外观上或形式上具有一定的数罪特征或类似数罪的特征。② 第三步，齐备数个犯罪构成但因某种原因作为一罪的罪数形态的划分。与实质的一罪对应的是本来的数罪，所谓本来的数罪，是指本来是齐备了两个以上的犯罪构成，成立两个以上各自独立的犯罪，但因其具备某种特定理由或本身固有的一定事实特征，而在法律上规定为一罪或处理时作为一罪。③ 由是，根据一罪处理是否基于法律规定，齐备数个犯罪构成但因某种原因作为一罪的罪数形态划分为法定的一罪与处断的一罪两种罪数形态。显而易见，前述二分法、三分法都存在将法定的一罪与实质的一罪混合的弊

---

① 参见于阜民主编：《刑法学》（第二版），科学出版社2013年版，第142页。
② 参见吴振兴：《罪数形态论》，中国检察出版社1996年版，第48页。
③ 参见吴振兴：《罪数形态论》，中国检察出版社1996年版，第45页。

端，实不足取。

(二) 多次犯属于单纯的一罪

根据上述四分法的分类，笔者认为，多次犯属于单纯的一罪，即多次违法行为齐备一个犯罪构成的罪数形态。但多次犯的犯罪构成要件的构造又不同于单纯的一罪的标准形态。刑法理论上，典型的单纯的一罪在主观上是一个罪过形式，在客观上实施了一个（犯罪）行为，符合一个犯罪构成的情况。而多次犯的犯罪构成是数个违法行为，在主观上是数个违法故意，但又被刑法评价为一罪的刑法现象。所以，难以将多次犯归类为典型的单纯的一罪。

现实中的犯罪现象错综复杂，从犯罪构成看，有些犯罪行为不是典型的一罪或典型的数罪。储槐植教授就该等犯罪的罪数问题提出罪数不典型概念，所谓罪数不典型，是指犯罪要件组合数不标准形态。在内涵上，罪数不典型就是既非典型一罪，也非典型数罪，而是被当作（立法规定为或者司法认定为）一罪处罚的犯罪构成形态。在外延上，罪数不典型包括两大类。一类是一行为因行为延展性而形成的罪数不典型，表现在一行为先后或同时产生两个以上结果、触犯两个以上罪名（想象竞合犯），或者是一行为在发展过程中出现性质转化，从而改变行为起初实行时的罪名（转化犯）。另一类是数行为因行为整合性而形成的罪数不典型，整合性表现为行为的惯性或连续性，又或者表现在行为之间的结合关系或吸收关系上。罪数不典型的基本特征是，犯罪构成数量形态的不典型性。①

就多次犯而言，行为人单次行为的性质是一般违法性，达不到应受刑罚惩罚的程度，在我国"违法+犯罪"二元制裁体系下，单次行为由行政机关处理，多次行为由司法机关处理的理由只能是多次违法行为的严重社会危害性。可见，多次违法行为整合在一起才具备了刑法评价的条件。"整合功能是将数个犯罪构成组合成一个整体，即数行为因相同或相近的犯罪动机而组合成同一行为过程，原先各犯罪构成便成为整体的组成部分，从而失去独立性，这是数行为不实行并罚的犯罪论根据。"虽然多次犯只符合一个犯罪构成，并非储槐植教授提出的数行为因行为整合性而形成的罪数不典型形态，

---

① 参见储槐植：《论罪数不典型》，载《法学研究》1995年第1期，第72页。

但笔者从中获得的重要启示是，因多次犯是刑法规定的入罪类型，那么数个非实行行为的违法行为何以入刑的原理，就是刑事立法使得多次犯的多次违法行为具备了行为的整合性。也就是说，多次犯的多次违法行为同样因行为整合性而形成一罪，原单次违法行为成为多次犯整体的组成部分，不再是彼此独立的违法行为。如果没有多次违法行为整合性，各违法行为互相独立，则达不到应受刑罚惩罚的社会危害性，也就不能入罪。因此，参照罪数不典型理论分析，多次犯是不典型的单纯的一罪。

二、多次犯与相关罪数概念辨析

行为人通过反复实施危害行为侵害或威胁一定的社会关系，在我国刑法中，这种形式的犯罪除了多次犯外，还存在累计犯、接续犯、连续犯、继续犯、集合犯、同种数罪等多种形态。多次犯与该等犯罪形态存在相似之处，为了避免在司法实践中发生混淆和错误认定，有必要对多次犯与这些犯罪形态进行理论辨析。

（一）多次犯与累计犯

我国刑法中没有规定累计犯的概念，于阜民教授在其著作《犯罪论体系研究》一书中首倡"累计犯"概念，主张累计犯是我国刑法中新出现的一罪类型，即刑法明文规定触犯同一罪名的数个行为之犯罪数额、数量累计计算，排除数罪并罚，按一罪处理的犯罪形态，如现行《刑法》第201条第3款[①]关于如何计算偷税数额的规定，其与传统的一罪类型之"连续犯"相比较而存在。

1. 累计犯的概念和特征[②]

所谓累计犯，是指出于同样的犯意，实施数个符合同一罪名的构成要件的行为，依据刑事法律规定犯罪数额或数量累计计算而作为一罪处罚的犯罪形态。其中，所谓同样的犯意，是指支配数行为的心理态度符合同一罪名的主观方面构成要件的特征；数行为是否能够独立成罪，在所不问，但是该等

[①] 现行《刑法》第201条第3款规定："对多次实施前两款行为，未经处理的，按照累计数额计算。"

[②] 参见于阜民：《犯罪论体系研究》，科学出版社2014年版，第102－104页。

数个行为必须符合同一罪名的行为要件的特征。累计犯主要表现为以下两个方面的特征。

（1）累计犯的主观方面特征。依据我国现行《刑法》总则中关于罪过形态的规定和分则中累计犯的罪状表述，可以看出累计犯是故意犯罪。而且，构成累计犯的数行为都是出于同样的犯意，至于数行为之间是否存在总犯意或犯意关联关系，在所不问。

（2）累计犯的行为特征。依据我国现行《刑法》分则累计犯条文规定，以行为特征为视角，符合同一罪名行为要件特征的数行为可能在以下三种成立累计犯的场合。

①累计达到数额、数量界限的。行为人数次作出同一罪名的构成要件行为而未经处理，每次行为都没有达到刑法规定的数额较大或其他数量界限，但是累计数额或数量达到了规定界限的，成立累计犯，应当认定该罪名之一罪成立，按照累计数额或数量处罚。如果累计计算仍然没有达到犯罪成立的数额或数量界限的，则不构成犯罪，亦谈不上成立累计犯。

②某一次达到数额或数量界限的。行为人数次作出某一罪名的构成要件行为而未经处理，其中只有一次达到刑法规定的"数额较大"或其他数量界限，而其余各次均未达到规定的数额、数量界限的，成立累计犯，应当认定该罪名之一罪成立，按照累计数额或数量处罚。此后，如果行为人之行为再次触犯该罪名，已经累计计算或评价的行为均不应当再度累计计算或重复评价。

③部分或全部达到数额、数量界限的。行为人多次作出某一罪名的构成要件行为而未经处理，数行为全部达到刑法规定的"数额较大"或其他数量界限，或者其中两次以上达到数额、数量界限，而其余行为未达到数额、数量界限的，成立累计犯，应当认定该罪名之一罪成立，按照累计数额或数量处罚。倘若行为人此后的行为再次触犯该罪名，已经累计计算、评价的行为均不应当再度累计计算或重复评价。

2. 多次犯与累计犯辨析

（1）多次犯与累计犯相近之处。

①按照本书对我国刑法中多次犯罪规定的划分，多次犯与累计犯同属多次犯罪范畴，在客观方面，二者均表现为行为人多次反复侵害同种法律保护

的社会关系，具有严重的社会危害性。

②就规范性而言，多次犯与累计犯皆属于法定的犯罪形态，基于罪刑法定原则的基本要求，刑法或司法解释对二者有明确的规定是它们得以确立的前提条件，那些超规范的多次犯罪（如多次诈骗）既不属于多次犯，也不属于累计犯。

③在主观方面，根据我国刑法及有关司法解释中多次犯和累计犯的规定，多次犯与累计犯皆是故意犯罪，而且多次犯的多次违法行为或累计犯的多次危害行为都受同样的犯意所支配，数个犯意之间不存在关联。

④在罪数分类上，多次犯与累计犯皆属单纯的一罪，即两者皆为无论在形式上还是实质上，具备一个犯罪构成，构成一罪的情况。

（2）多次犯与累计犯区别表现。

①多次犯与累计犯各自具有独立的犯罪构成，在外延上不存在交叉范围，如多次贪污未经处理的，可能构成累计犯，但不存在构成多次犯的可能。

②多次犯与累计犯的既遂标准不同。多次犯是多次违法行为在形式上符合多次犯犯罪构成，再实质判断其社会危害性是否达到应受刑罚惩罚的程度。累计犯成立以每次行为或数次行为累计达到刑法规定的"数额较大"或其他数量界限为标准。

③多次犯的多次违法行为不以受行政处罚为必要，可以同时包含已受行政处罚和未受行政处罚的违法行为。累计犯要求累计数额或数量的载体是未经处理的，不包括已经处理的危害行为。

④多次犯的单次行为的性质是应受行政处罚的一般违法行为，而累计犯存在一次或数次达到刑法规定的犯罪数额或数量的情形。也就是说，累计犯的数次危害行为中或含有犯罪性的危害行为。

（二）多次犯与接续犯

1. 接续犯的概念和特征

所谓接续犯，是指行为人在时间、场所较为接近的条件下，以性质相同的数个举动连续地完成一个犯罪行为。[1] 根据行为方式不同，可划分为反复

---

[1] 参见吴振兴：《罪数形态论》，中国检察出版社1996年版，第147页。

接续犯和相续接续犯。反复接续犯是指行为人以数个相类似、密接的个别举动，一再实现同一构成要件的情形，如接连扇耳光、连打数拳等；相续接续犯是指行为人历经先后不同的行为阶段，最后终于达到实现犯罪结果目的的情形，如通过多次投放微量毒素方式致被害人逐渐死亡。可以看出，这种接续犯与累计犯存在一定程度的交叉关系。① 接续犯是一种独立的犯罪形态，虽然其在形式上看似数行为，但实际上是由数个身体动作构成某种犯罪行为的一种犯罪现象。在刑法理论上，接续犯被认为是特殊犯中的一种类型。② 接续犯主要有以下几个特征。③

（1）犯罪行为具有合成性，这是接续犯的基本特征。它是指接续犯的一个犯罪行为是由数个举动总合而成的，其每个举动都是该犯罪行为的有机组成部分，不可分解，如果分解开来，则没有独立意义。

（2）接续犯的数个举动之间必须具有紧密接续关系。这种密接性是以行为人反复实施数个举动为前提的。否则，其密接性也就无从谈起。这种密接性的外在表现是时间、场所的接近性，即其数个举动是在同时同地或者时间场所较为接近的条件下实施的。

（3）接续犯的数个举动的法律性质必须是相同的。只有数个举动性质相同，触犯同一罪名，才可能合成一个犯罪行为。否则，数个举动就无法统一于一个犯罪行为，因而也就无法成立接续犯。

（4）接续犯的数个举动侵害的权益必须是相同或一致的。当被害权益具有专属性时，必须是同一权益；当被害权益没有专属性时，则只要被害权益是同种的，即认为具有一致性。

2. 多次犯与接续犯辨析

（1）多次犯与接续犯相近之处。

①在主观方面，多次犯与接续犯皆是故意犯罪，而且多次犯的多次违法行为或接续犯的数个动作或行为都受同样的犯意所支配。

---

① 参见林钰雄：《新修正刑法论文集》，台湾五南图书出版公司2006年版，第240页。
② 参见姜伟：《犯罪形态通论》，法律出版社1994年版，第297页。
③ 参见吴振兴：《罪数形态论》，中国检察出版社1996年版，第147－150页。

②在相续接续犯场合，多次犯与接续犯在客观上皆由数个行为构成，且数个行为的性质相同。

③在罪数分类上，多次犯与接续犯皆属单纯的一罪，即无论在形式上，还是在实质上，二者的多个行为均只符合一个犯罪构成，成立一罪。

④接续犯表现为行为人的一系列危害行为反复实施造成危害后果，多次犯也具有行为人多次实施违法行为的行为特征。

（2）多次犯与接续犯区别表现。

①从犯罪场所看，接续犯的地域特征是在同一场所实施犯罪。同一场所是指行为人的危害社会活动是在某一特定的区域内实行的，一般是在同一个犯罪现场。同一犯罪场所的范围有多大，取决于行为人的犯罪活动。[①] 而多次犯的犯罪地点范围应以行为人侵害能力所及对象的空间范围为界，一般没有同一性要求，例外存在犯罪地点同一性可能，如行为人多次在同一小区的不同居民家里盗窃财物。

②从犯罪时间看，接续犯的实施也具有时间的同一性，一般是在较短的时间内完成整个犯罪活动。如果行为人的数个危害动作或行为之间的时间间隔较长，有可能构成其他犯罪形态。而多次犯的多次违法行为之间存在着明显的时间间隔，且一般间隔时间较长，正因为如此，刑法及有关司法解释规定了多次行为的存续期间，以限制多次犯的适用范围。

③接续犯的一个犯罪行为是由数个举动总合而成的，每个具体的身体动作或行为在刑法上不具有独立的否定性价值。而构成多次犯的多次违法行为是互相独立的，这种独立性基于单次违法行为的完整性，具体表现为单次违法行为都是被行政法评价为应受行政处罚的行为。"尽管两者都需要且只能性质以及支配其中的哲学原理并不完全相同：看成一个整体才能最终转变成犯罪行为，但是单个行为的即类似于殊途同归的情形。"[②]

④接续犯的一系列犯罪活动是指行为人基于一个故意侵害特定的被害人，且在刑法上被评价为侵犯同一犯罪客体，最终也只会造成一个危害结果。而

---

① 参见姜伟：《犯罪形态通论》，法律出版社1994年版，第298页。
② 王吉龙：《"多次行为"研究——以我国刑法典与有权解释为基础》，西南政法大学2011年硕士学位论文，第18页。

多次犯因多次违法行为彼此间具备独立性，必然表现为行为人在主观上存在数个"故意"，客观上针对数个侵害对象，法律上侵害数个法律权益，以致造成数个危害后果。因此，从犯罪构成要件要素数量看，接续犯是单数的，多次犯是复数的。

（三）多次犯与连续犯

1. 连续犯的概念和构成要件

连续犯的理论概念源于中世纪意大利法学，认为行为人对同一客体反复实施侵害，刑罚适用并科主义过于严苛，遂承认连续犯罪的理论。连续犯的本义是指连续犯数个罪名，仅科一个刑罚。连续犯正式进入刑法视野，首见于1813年费尔巴哈起草的德国《巴伐利亚刑法典》，其刑法定义是"犯罪如对于同一客体或同一人实行数次时，连续该数次行为，认为单一事实，但量刑应予加重"。[①]

刑法学界对连续犯概念的认识尚处于争论冲突状态，表现为连续犯废止说与存置说两种对立的观点。这种学理争论反映到各国刑事立法上，如有些国家刑法废止连续犯，而有些国家刑法对之坚持。虽然一些国家的刑事立法未明文规定连续犯，但刑法学界对连续犯的理论仍然持肯定态度。

我国刑法对连续犯采取存置说做法，体现在现行《刑法》第89条第1款[②]关于犯罪追诉时效的规定中，通说认为该条规定是我国刑法承认连续犯的法律依据。长久以来，因刑法没有直接规定连续犯概念，学界关于连续犯的罪数本质、概念、构成条件、存废等方面的见解不一。

我国刑法理论通说认为，连续犯是指基于同一或者概括的犯罪故意，连续实施性质相同的独立成罪的数个行为，触犯同一罪名的犯罪形态。[③] 例如，某甲以盗窃某小区业主财物的意思，反复实施盗窃行为，将同小区的若干业主家财物分别盗取，某甲的数个盗窃行为就是连续犯。连续犯的构成要件，

[①] 参见高仰止：《刑法总则之理论与实用》，台湾五南图书出版公司1983年版，第356页。
[②] 现行《刑法》第89条第1款规定："追诉期限从犯罪之日起计算；犯罪行为有连续或者继续状态的，从犯罪行为终了之日起计算。"
[③] 高铭暄、马克昌主编：《刑法学》（第六版），北京大学出版社、高等教育出版社2014年版，第191页。

包括以下三方面。①

（1）在主观方面，犯罪分子对于数个犯罪行为，必须有连续的同一故意，才能构成连续犯。所谓连续的同一故意有两层含义：一是故意是同一的，而不是多种的；二是同一的故意，具有连续犯罪的意思，也称之"总犯意"。具体而言，犯罪分子以连续的数行为实施犯罪，在主观上，于开始实施犯罪时，为了完成一个预定的犯罪计划，或为了实现一个总的目的（目标），或预见总的犯罪结果，这就是连续意思。

（2）须连续实施数个可以独立成罪的行为。判断数个行为间是否具有连续性，应当以行为人主客观要件的统一为标准，对各种不同案件的具体情况要进行具体分析。所谓数个独立的犯罪行为，是指连续的各行为独立构成犯罪，即各自具有具体犯罪构成的全部要件。

（3）须触犯同一罪名。在我国刑法学中，同一罪名以犯罪性质完全相同为准。一般来说，犯罪行为侵害的直接客体是确定犯罪性质的依据，所以同一罪名在以下场合确定：一是独立成罪的数个行为均与具体犯罪的基本构成相符合；二是数个行为中，有的符合具体犯罪基本的犯罪构成，有的符合该具体犯罪派生的加重或减轻的犯罪构成；三是数个行为中，有的符合具体犯罪基本的犯罪构成，有的符合共犯或故意停止形态等修正犯罪构成。②

2. 多次犯与连续犯辨析

（1）多次犯与连续犯相近之处。

①在主观方面，多次犯与连续犯皆是故意犯罪，而且多次犯的多次违法行为或连续犯的数个犯罪行为都受同样的犯意所支配。

②在行为特征上，多次犯与连续犯的行为人均实施数个危害行为，且数个危害行为的性质相同，即侵害同种社会关系。

③在罪名确立上，多次犯与连续犯均被刑法评价为触犯同一罪名、成立一罪处罚。

---

① 参见马克昌主编：《犯罪通论》（第三版），武汉大学出版社2013年版，第695－699页。
② 参见高铭暄、马克昌主编：《刑法学》（第六版），北京大学出版社、高等教育出版社2014年版，第192－193页。

④经济性的连续犯（如多次贪污），按照作案的经济总数额定罪科刑，这与多次犯罪类型——累计犯的定罪处罚原则相同。

（2）多次犯与连续犯区别表现。

①数个危害行为的性质不同。多次犯是多次违法行为入罪，行为实施的数个危害行为的性质是应受行政处罚的违法行为。连续犯的行为人实施的数个行为必须是独立成罪的行为，即各个行为都独立具备犯罪构成的要件。所以，相比较而言，多次犯的单次行为的社会危害性小于连续犯的一个行为的社会危害性。

②在主观方面，支配多次犯的数个违法行为的数个故意不要求具备连续性，相反地，通常彼此应当是独立的。行为人实施违法行为具有临时性特征，当然不排除实践中行为人的多次行为存有连续意思可能，这涉及"次"的认定问题。连续犯的行为人具有连续犯罪的故意，且数个犯罪故意受行为人总犯意所统领，这是连续犯必不可少的主观条件。连续意思，不是在犯罪途中，也不是在犯罪结束，而是在犯罪一开始就预定了。[①] 如果行为人没有连续意思，即使实施了多次犯罪，也因为多次犯罪间缺少联系，而不构成连续犯。

③多次犯是法定的犯罪形态。其适用范围仅限于刑法及有关司法解释明确规定的不法行为类型，现实中有些多次违法行为（如多次放火）没有被刑法评价为具有否定性价值，则不构成多次犯。连续犯的适用范围较广，不以刑法明文规定为成立条件，而是只要符合连续犯的构成要件，就成立连续犯。以符合连续犯的特征为必要，涉及的犯罪类型较多。

④犯罪构成数量及处断原则不同。笔者认为，"多次违法行为入罪"是我国刑法及有关司法解释规定的新类型既遂形态，形式上具备一个犯罪构成，实质判断构成一罪，属于单纯的一罪，裁判适用犯罪基本的法定刑，根据社会危害性在法定刑幅度内决定具体刑罚即可，不存在加重处罚情形，属于犯罪论范畴研究的问题。通说认为，连续犯的行为人实施数个独立的犯罪行为，形式上具备数个犯罪构成，但裁判为一罪并且从重或加重处罚，不实行数罪并罚，从科刑角度看，属于刑罚论领域探讨的问题。

[①] 参见马克昌主编：《犯罪通论》（第三版），武汉大学出版社2013年版，第696页。

（四）多次犯与继续犯

1. 继续犯的概念和特征

继续犯，也称持续犯，同连续犯一样，我国现行《刑法》第89条第1款就提到了继续犯。除此之外，刑法没有明文规定继续犯的概念，学界对继续犯概念的概括颇不一致，有学者认为"持续犯是指犯罪行为在一定时间内呈继续状态的犯罪"[①]；还有学者认为"继续犯是指犯罪行为与不法状态在一定时间内处于继续状态的犯罪"[②]。我国刑法学通说认为，继续犯是指作用于同一对象的一个犯罪行为从着手实行到行为终了，犯罪行为与不法状态在一定时间内同时处于继续状态的犯罪。[③] 例如，现行《刑法》第238条[④]规定的非法拘禁罪是典型的继续犯，此外脱逃罪、遗弃罪等也是立法例证。继续犯的本质在于犯罪行为的继续，即某种犯罪行为在一定时间内处于实施过程中。继续犯可划分为纯粹的继续犯和不纯粹的继续犯两类。纯粹的继续犯是指某种犯罪只能由继续犯构成，如非法拘禁罪，是不可能即时完成的。不纯粹的继续犯是指某些犯罪可以即时完成，或者可以由继续行为完成。[⑤] 继续犯主要有以下几个特征。[⑥]

（1）继续犯是一个犯罪行为所构成的犯罪。之所以是一个犯罪行为，是因为在主观上，行为人只有一个犯意，在客观上，行为人只实施了一个行为。其并不因行为的持续状态而认为是数个行为，如果是数个行为，就一定不是继续犯。

（2）继续犯是持续侵犯同一客体或相同客体的犯罪。继续犯对刑法保护客体的持续侵害是其既遂后行为延续的重要特征。如果在犯罪既遂时，行为对客体的侵害随之完结，则不成立继续犯。

[①] 姜伟：《犯罪形态通论》，法律出版社1994年版，第291页。
[②] 吴振兴：《罪数形态论》，中国检察出版社1996年版，第127页。
[③] 参见高铭暄、马克昌主编：《刑法学》（第六版），北京大学出版社、高等教育出版社2014年版，第183页。
[④] 现行《刑法》第238条规定："非法拘禁他人或者以其他方法非法剥夺他人人身自由的，处三年以下有期徒刑、拘役、管制或者剥夺政治权利。具有殴打、侮辱情节的，从重处罚。"
[⑤] 姜伟：《犯罪形态通论》，法律出版社1994年版，第292-293页。
[⑥] 参见马克昌主编：《犯罪通论》（第三版），武汉大学出版社2013年版，第620-623页。

（3）继续犯是犯罪既遂后，犯罪状态仍在继续中。这是继续犯与有关犯罪形态区分的显著特征。犯罪状态在继续中，包括三层含义：一是犯罪行为必须具有继续性；二是犯罪行为所引起的不法状态必须具有继续性；三是犯罪行为与不法状态同时处于持续的过程中。

（4）继续犯是犯罪行为在相当时间内持续。具有时间上的持续性，是继续犯的成立要件。"犯罪行为与不法状态同时处于持续的过程"就表明继续犯有一定的时间过程，没有时间过程何谈犯罪状态持续。所谓时间的继续，是指犯罪行为在相当时间内处于持续状态，各种犯罪的具体情况不同，构成继续犯的各种犯罪的时间延续长度，就有可能不同。

2. 多次犯与继续犯辨析

（1）多次犯与继续犯的相近之处。

①在主观方面，多次犯与继续犯皆是故意犯罪，支配多次犯的多次违法行为的故意内容是同样的。继续犯中，无论犯罪行为的时间延续多长，从行为开始至行为终了，均是一个犯意。

②多次犯与继续犯的行为均符合一个犯罪构成，成立一罪。在罪数分类上，皆属于单纯的一罪。在科刑上，均以刑法规定为依据，处以相应的法定刑。

③在追诉时效起算上，多次犯与继续犯均从违法行为（最后一次）或犯罪行为终了之日起计算。

④从故意犯罪的停止形态角度看，多次犯与纯粹的继续犯都没有未遂形态，后者未达到一定时间就不构成犯罪。例如，未达到一定时间（24小时）的非法拘禁行为，就不是犯罪。

⑤在时间维度上，多次犯成立以多次违法行为存续期间为条件，排除不在存续期间内的违法行为。继续犯要求犯罪行为在相当时间内持续。可见，时间皆对二者犯罪成立有重要意义。

（2）多次犯与继续犯的区别表现。

①在主观方面，多次犯表现为数个故意支配的数个违法行为，故意是复数的。继续犯的故意贯穿于实行行为始至行为终，无论犯罪行为延续时间多长，行为人预期的犯罪意图只有一个，因而故意是单数的。

②行为对象不同。多次犯的多次违法行为侵害数个对象，如某甲两年内三次分别盗取某小区业主乙、丙、丁家财物。而继续犯必须持续地作用于同一对象，如果某种行为虽呈继续状态，但涉及不同对象，则其不是继续犯，而有可能是同种数罪。

③行为数量、性质不同。多次犯由多个违法行为构成，且单独看是应受行政处罚的行为。多次犯自始至终只有一个实行行为，即使犯罪行为的形式不同，且具有严重社会危害性。

④多次犯的多次行为之间是互相独立的，单次违法活动具有即成性特点，违法行为实施终了，违法即完成，而有的多次犯的不法状态处于持续过程中，如多次盗窃。继续犯要求犯罪行为与不法状态同时处于持续的过程中。

（五）多次犯与集合犯

1. 集合犯的概念和特征

集合犯是大陆法系刑法理论的一个概念，最早出现在德国刑法学中，它是指出于一个犯罪故意而实施数个行为、科处一个刑罚的犯罪。[①] 在大陆法系刑法理论中，主要在必要的共同犯罪形式和罪数形态理论两个方面涉及集合犯。[②] 刑法上的常业犯、常习犯、职业犯、营业犯等可以包括在集合犯之中，它们是集合犯的具体形式，由刑法明文规定。我国 1979 年《刑法》规定了惯犯，如惯窃、惯骗，因而学界对惯犯关注较多，而对集合犯的研究颇少。鉴于 1997 年《刑法》取消了惯犯概念，我国刑法学者们遂转向集合犯探讨，惯犯退出研究视野。

刑法通说认为，所谓集合犯，是指行为人以实施不定次数的同种犯罪行为为目的，虽然实施了数个同种犯罪行为，刑法规定还是作为一罪论处的犯罪形态。[③] 集合犯主要有以下几个特征。[④]

---

① 参见 [德] 弗兰茨·冯·李斯特：《德国刑法教科书》，徐久生译，法律出版社 2000 年版，第 398 页。
② 参见林亚刚：《论集合犯》，载《法学研究》2001 年第 3 期，第 80 页。
③ 参见高铭暄、马克昌主编：《刑法学》（第六版），北京大学出版社、高等教育出版社 2014 年版，第 189 页。
④ 参见高铭暄、马克昌主编：《刑法学》（第六版），北京大学出版社、高等教育出版社 2014 年版，第 190 页。

(1) 集合犯在主观方面表现为，行为人以实施不定次数的同种犯罪行为为目的，即行为人不是意图实施一次犯罪行为即结束，而是预计实施不定次数的同种犯罪行为。例如，非法行医罪，行为人就是意图实施不定次数的非法行医行为。

(2) 集合犯通常实施了数个同种的犯罪行为。所谓通常，是指刑法将行为人可能实施数个同种犯罪行为的情形，规定为集合犯的客观构成要件，而实践中行为人一般也是实施数个同种犯罪行为。同种的犯罪行为是指数个犯罪行为的法律性质是相同的。①

(3) 集合犯必须是刑法将可能实施的数个同种犯罪行为规定为一罪。因此，行为人实施了数个同种犯罪行为，仍然只能构成一罪，即集合犯是法定的一罪。可能实施是指，刑法预定的数个同种犯罪行为在事实上并不必然发生的情形，也有可能行为人只实施了一个行为，但不影响集合犯认定。所以，集合犯与实施的行为次数并没有必然的联系，犯罪次数的多少并不是集合犯的必要条件。②

根据我国刑法规定，参考国外刑法理论中集合犯的种类，我国集合犯有常业犯和营业犯两种。③ 常业犯是指行为人意图实施多次同种犯罪行为，法律规定以反复实施同种犯罪行为为构成要件的犯罪。简言之，常业犯是以一定的行为为常业的犯罪，如我国现行《刑法》第303条第1款④规定的赌博罪。营业犯是指通常以营利为目的，意图以反复实施一定的行为为业的犯罪，如我国现行《刑法》第326条第1款⑤规定的倒卖文物罪。

---

① 参见林亚刚：《论集合犯》，载《法学研究》2001年第3期，第83页。
② 参见姜伟：《犯罪形态通论》，法律出版社1994年版，第345页。
③ 参见高铭暄、马克昌主编：《刑法学》（第六版），北京大学出版社、高等教育出版社2014年版，第190页。
④ 现行《刑法》第303条第1款规定："以营利为目的，聚众赌博或者以赌博为业的，处三年以下有期徒刑、拘役或者管制，并处罚金。"
⑤ 现行《刑法》第326条第1款规定："以牟利为目的，倒卖国家禁止经营的文物，情节严重的，处五年以下有期徒刑或者拘役，并处罚金；情节特别严重的，处五年以上十年以下有期徒刑，并处罚金。"

2. 多次犯与集合犯辨析

（1）多次犯与集合犯的相近之处。

①在主观方面，多次犯与集合犯皆是故意犯罪，支配多次犯的多次违法行为故意内容是同样的。集合犯预定的数个犯罪行为的法律性质相同，根据主客观一致原则，集合犯的数个故意内容是同一的。

②在客观方面，多次犯与集合犯皆表现为行为人反复多次实施危害行为。就常业犯而言，行为人需反复实施同种犯罪行为，才构成犯罪。多次犯以多次违法行为入罪，行为人实施一次违法行为，不是刑法评价的对象。

③在行为特征上，多次犯与集合犯的行为人均实施数个危害行为，且数个危害行为的性质相同，即侵害同种社会关系。当集合犯的数次危害行为的性质是违法行为时，其在客观上与多次犯颇为相似，二者的区别就在于主观上的不同。

④在定罪方面，对于多次犯来说，行为人实施多次违法行为只符合一个犯罪构成，成立一罪。集合犯的行为人实施多次同种犯罪行为，同样也仅根据刑法的规定以一罪论处。二者皆是法定的一罪。

（2）多次犯与集合犯的区别表现。

①在主观方面，多次犯的行为人实施违法行为是临时起意为之，行为人并未事先计划实施多次违法行为。集合犯的行为人是预计实施不定次数的同种犯罪行为，主观上存在总犯意，对每次犯罪行为的犯意起统领作用。

②罪数类型不同。多次犯是多次违法行为符合一个犯罪构成，成立一罪，在罪数分类上，属于单纯的一罪，科刑上以刑法规定处以相应的法定刑。集合犯是行为人实施数个同种的犯罪行为，形式上具备数个犯罪构成，但根据刑法规定按一罪论处，属于实质的一罪。

③数个危害行为性质不同。多次犯是多次违法行为入罪，行为实施的数个危害行为的性质均是应受行政处罚的违法行为。集合犯是刑法规定行为人实施数个危害行为，构成一罪。其对数个危害行为的性质没有限定，主要包括如下三种情形：第一，均是独立构成犯罪的危害行为；第二，部分是违法行为，部分是犯罪行为；第三，均是一般违法行为。

④入罪标准不同。多次犯要求行为人在一定期限内实施法定次数的违法

行为即可入罪，危害后果不是多次犯成立的构成要件。对于集合犯而言，通常表现为行为人多次实施同种犯罪行为按一罪论处的情形，也存在行为人实施一次犯罪行为就构成犯罪的情形，如营业犯。

(六) 多次犯与"同种数罪"

1. "同种数罪"的概念和特征

我国刑法通说认为，所谓同种数罪，是指行为人出于数个相同的犯意，实施数个行为，符合数个性质相同的基本犯罪构成，触犯数个罪名相同的数罪。① 例如，某甲于一月份趁乙外出潜入乙家窃取数额较大的财物，于三月份在公共汽车扒窃他人手机一部。前后两次盗窃均可以独立成罪，但性质相同、罪名相同，应为同种数罪。从概念可以看出，行为人实施的数个犯罪行为是否成立同种数罪，主要取决于两个方面：一是数个犯罪行为独立构成犯罪；二是数个犯罪行为触犯同一罪名。行为是否构成犯罪，按照犯罪构成理论判断即可，对于同一罪名，刑法学界判断标准不一，有构成要件说、同质法益说、同一罪质说和同一基本构成要件说。相比较而言，同一基本构成要件说克服了其他三种标准的弊端，其是指以具体犯罪中基本犯的犯罪构成要件为标准，行为人的数行为均符合同一犯罪基本构成的，为触犯同一罪名；数行为符合犯罪基本构成，也符合与犯罪基本构成相对应的"对应构成"的，也视为符合同一犯罪基本构成，作为触犯同一罪名看待。② 目前同一基本构成要件说是刑学界的通说。同种数罪有以下四个基本特征。

(1) 同种数罪是行为人出于数个犯意，实施的数个犯罪行为，侵害数个客体，根据犯罪构成标准说，分别符合数个犯罪构成，实质上成立数个犯罪。

(2) 同种数罪是行为人的数个犯罪行为符合性质相同的犯罪构成的数罪。这是区别于异种数罪的重要特征，异种数罪是行为人出于数个不同的犯意，实施数个行为，符合数个性质不同的犯罪构成，触犯数个不同罪名的数罪。③

---

① 参见高铭暄、马克昌主编：《刑法学》（第六版），北京大学出版社、高等教育出版社2014年版，第197页。

② 参见吴振兴：《试论连续犯的同一罪名》，载《法学评论》1992年第12期，第43页。

③ 参见高铭暄、马克昌主编：《刑法学》（第六版），北京大学出版社、高等教育出版社2014年版，第197页。

(3) 同种数罪的数个犯罪行为间具有相对独立性，区别于集合犯、连续犯。主观上，行为人的数个犯意不存在关联关系，彼此独立，不像集合犯、连续犯存在总犯意。客观上，根据主客观相一致原则，数个犯罪行为相应地也是互相独立的关系。

(4) 同种数罪是行为人的数个犯罪行为侵害相同的客体的数罪。客体相同是指刑法所保护的具体社会关系的性质相同，这是确立同种数罪的关键因素。在我国刑法中，犯罪客体决定犯罪性质，若犯罪客体不相同，何谈数行为符合性质相同的犯罪构成？

2. 多次犯与同种数罪辨析

(1) 多次犯与同种数罪的相近之处。

①在同种故意犯罪场合，多次犯与同种故意犯罪在主观上皆有数个犯意，数个犯意内容是同样的，但它们之间没有关联，也不存在总犯意。

②在客观方面，多次犯与同种数罪都表现为行为人实施数个危害行为，数个危害行为的性质相同，即侵害同种社会关系。

③多次犯的数个违法行为之间是互相独立的，同种数罪的数个犯罪行为间同样具有相对独立性。数行为独立特点使得二者有别于集合犯、连续犯。

④多次犯是多次违法行为被刑法评价为一罪的犯罪形态。从我国司法实践来看，对同种数罪基本上按照犯罪情节一罪处罚，如多次抢劫的，按一个抢劫罪加重处罚，累计犯也是例证。

(2) 多次犯与同种数罪的区别表现。

①行为性质不同。多次犯的数个违法行为均是应受行政处罚的行为，同种数罪的数个危害行为均是犯罪的实行行为，二者的单个危害行为由不同的法律规范调整。

②多次犯是故意犯罪。同种数罪包括同种故意犯罪，也存在同种过失犯罪情形，如行为人多次违反交通运输管理法规，发生重大事故，成立多个交通肇事罪。

③入罪标准不同。多次犯的多次违法行为经整体评价才可入罪，单次违法行为不具有刑法上的价值。同种数罪的数个行为均是犯罪构成要件要素，可独立构成犯罪。

④罪数不同。多次犯是多次违法行为符合一个犯罪构成，成立一罪，属于单纯的一罪，科刑上以刑法规定处以相应的法定刑。同种数罪是行为人实施数个性质相同的犯罪行为，符合数个犯罪构成，成立数罪。对同种数罪如何处罚，刑法学界有一罚说、并罚说、折中说，目前折中说是通说，即具体案情具体对待，处罚要符合罪责刑相适应原则，就结果而言，同种数罪的量刑必然重于单个犯罪。

余 论

综上便是本书对我国多次犯基本问题的全部研究内容，现对全书权作以下简要总结。

我国多次犯罪刑事立法是由惯犯演变而来的，产生和形成有其客观的时代条件、实践基础和理论渊源，经历了初步确立—法典化—扩张发展三个阶段。在刑事立法上，多次犯罪的数量不断增加，适用范围不断扩大，总体上呈现一种扩张发展趋势，在刑事司法中发挥着非常重要的作用。同时，我们也注意到，多次犯罪全部分散在刑法分则与正式解释中，在刑法总则尚未确立多次犯罪的指导性规定，这种立法缺失造成司法实践中对具体案件在适用法律上存在相对不统一的解释和结论。

根据我国刑事立法、正式解释中关于多次犯罪的规定，秉持效力刑事司法实践需要的目标，结合学界多次犯罪分类的研究成果，按照多次犯罪的犯罪构成的形式标准，笔者将我国刑法上多次犯罪立法模式划分为三种类型犯罪形态：多次犯、情节加重犯、累计犯。本书围绕多次犯展开理论研究，阐明概念，讲清原理，分析和解决司法实践中存在的法律适用难点问题，以期实现研究成果服务于我国刑法治理多次犯的实践之中。

理论界对多次犯立法的理论依据进行了持续深入的探讨，仍然存在着较大分歧，已经形成了诸多不同的学术观点。归纳起来，代表性的观点主要有：人身危险性说、人格责任论、法益侵害说、量变质变说、社会危害性说。探究多次犯的理论基础，对于论证多次犯立法的合理性有重要意义，笔者在对这些代表性的学术观点一一述评的基础上，主张多次犯的立法动因是具有阶级性的社会危害性，与其他行为犯罪化的理论根据一样，社会危害性理论是多次犯立法的理论基石。我国刑法中的多次犯的范围，以多次违法行为具有阶级性的社会危害性为划分标准，立法者根据刑事保护社会主义社会关系的需要，将特定类型的多次违法行为在刑法上评价为犯罪，使其具有刑事违法性。

但理论界仍不乏对多次犯立法表示质疑的观点，一种观点认为多次犯立法违反禁止重复评价原则，另一种观点认为多次犯立法不符合现代刑法谦抑性精神。笔者认为，主张多次犯立法违反禁止重复评价原则，实则混淆了禁止重复评价原则与处罚竞合，两者不是对立统一的关系；另外，谦抑主义作为人们对刑法理想的一种价值诉求，应当建立在刑法满足现实生活基本需要的基础上，不能罔顾一定的国情和社会发展的阶段性特点。在我国本土法治环境下，多次犯立法应符合我国刑事法治实践需要，那些被纳入刑事规制范围的多次违法行为，必定是对社会造成严重危害后果（危险）的行为，刑法理应对此作出积极回应。我国刑法增加多次犯立法规定，加大了对社会生活中多次违法行为的打击力度，进一步发挥了刑法参与社会治理的功能，对维护社会稳定具有重要的现实意义。

在肯定多次犯立法价值后，笔者进一步就多次犯的概念问题展开论述。为形成一个相对完整、准确、合理的多次犯概念，首先需要对多次犯的构成要件要素"多""次""行为"等内涵有正确的认识和界定。在对多次犯的这些构成要件要素逐一进行解析的基础上，笔者重新确立了多次犯的概念。所谓多次犯，是指刑事立法和司法解释中规定的，行为人在一定期限内多次实施同一性质的行政违法行为，整体上具有严重的社会危害性，达到应受刑罚惩罚的犯罪既遂形态。

接下来，在探讨多次犯既遂形态问题部分，笔者从犯罪构成视角，认为多次犯的单次违法行为只有在多次犯基本的犯罪构成中才有刑法意义，但无法以其为基石建立起修正的犯罪构成。所以，多次犯不存在修正的犯罪构成，也就意味着不存在犯罪未完成形态。根据构成要件说，认定多次犯既遂，应以行为人所实施的行为，是否齐备刑法和司法解释所规定的多次犯的全部构成要件，作为认定犯罪既遂的标志。对此，可用如下公式来表示：多次犯既遂＝主体＋故意＋多次违法行为＋客体。笔者认为，运用该公式认定多次犯既遂，就是仅仅从形式上判断，而无法从实质上判断多次犯的社会危害性及其程度。划分罪与非罪的界限，遂需要根据我国刑法上"但书"的规定，实质判断行为人的行为的社会危害性程度是否达到了应受刑罚处罚的绝对界限，达到这个界限的，成立犯罪既遂。为了防止在实质判断阶段对行为人不当入罪或出罪，笔者对实践中认定多次犯既遂形态存在的若干问题逐一予以澄清。

在本书最后一章，笔者首先基于罪数基本理论，并参考储槐植教授提出的"罪数不典型"理论，论证了多次犯属于不典型的单纯一罪的罪数形态。在我国刑法中，行为人通过反复实施危害行为侵害或威胁一定的社会关系，这种形式的犯罪除了多次犯外，还存在累计犯、接续犯、连续犯、继续犯、集合犯、同种数罪等多种形态。多次犯与该等犯罪形态存在相似之处，为了避免在司法实践中发生混淆和错误认定，笔者对多次犯与这些犯罪形态的联系和区别逐一进行了理论上的辨析。

同时，笔者在对多次犯研究过程中，也注意到我国刑法及有关司法解释对多次犯的规定较为混乱，缺乏体系性。归纳起来，主要表现在以下几个方面：一是我国刑法总则中没有关于多次犯的概念的指导性规定，这是司法实践中多次犯适用发生分歧、混乱的主要原因；二是多次犯司法犯罪化现象严重，一些多次违法行为在刑法中尚未规定为多次犯，而在司法解释中已成为新的入罪类型，且在一定程度上表现为泛化趋势；三是司法解释不规范、形式各异，且具体的标准不统一。如司法解释的主体多元化，一些没有司法解释权的主体也参与解释工作，司法解释的形式有"指导意见""座谈会纪要""意见""解释"等，多次犯在具体规定上存在多次违法行为的存续期间规定不一致、先前违法行为是否应被行政处罚不统一、"多"与"次"的数量规定不明确等诸多缺陷。

针对上述刑法及司法解释中多次犯规定存在的不足，笔者拟提出以下粗浅建议，仅供参考。一是在刑法总则中明确规定多次犯指导性条款。我国刑法总则对刑法分则具有概括、指导和制约作用，多次犯在我国刑法分则及有关司法解释中广泛存在，形形色色的具体的多次犯虽然各具特殊性，但特殊性蕴含着共性，即皆是多次违法行为入罪的新型的既遂形态。据此，从宏观上，有条件将它们的共性内容进行科学的抽象和概括，提炼出共通性知识设置在刑法总则中。具体可在我国现行《刑法》第五章"其他规定"中增加一条关于多次犯的条款，按照刑事立法精简的要求，对多次犯如是设计适宜：本法所称多次犯，是指在一定期间内多次实施同种违法行为，具有可罚性的情形。二是从现代刑法谦抑精神考量，适度限制多次犯扩大化。我国刑法的任务，概括地说，就是惩罚犯罪、保护人民。诚然，实践中确实存在诸多行为人多次实施违法行为的社会现象，但是否有必要将其一律犯罪化上升到刑事层面予以制裁？无限扩张多次犯适用范围，一方面会超出国民预测可能性，另一方面会对法的安定性形成不利影响。因此，立法者动用刑法应当是不得已而为之的最后手段，只有当行为人多次实施违法行为具有相当严重程度的危害社会性，且社会其他措施及其他法律规范难以及时对其有效遏制时，才可发动刑法进行有力打击和控制。这正是刑法谦抑精神的应有之义。三是提高关于多次犯的司法解释规范性。从司法解释主体看，根据《全国人民代表大会常务委员会关于加强法律解释工作的决议》第2条[①]之规定，司法解释权专属最高人民法院和最高人民检察院，而目前一些关于多次犯的司法解释是由最高人民法院、最高人民检察院联合国务院某些组成部门发布，这在一定程度上影响了解释的效力，尤其当这些解释与其他司法解释的规定存在不一致情形时，势必会引起司法人员在适用上的困惑，影响法律适用的统一性。因此，笔者建议，关于多次犯的司法解释在解释主体、解释形式、解释内容等方面应当提升规范性，尤其在多次犯的认定标准上努力形成统一规定，实现相同罪行适用相同刑罚，从整体上维护法律的尊严和权威。

最后，笔者从犯罪预防角度，略谈一些预防多次犯的粗浅看法。我国刑法及有权解释规定的多次犯涉及侵犯财产犯罪、侵犯公民自由权利犯罪、破坏社会主义市场经济秩序犯罪、妨害社会管理秩序犯罪、危害国防利益犯罪等类罪，从多次犯在我国刑法中所占的比重看，突出反映了多次犯在社会中存在范围之广。更重要的是，通过明确的多次犯刑法规范，保障刑法保护社会机能的有效发挥，使国家警惕这些多次犯可能造成的严重社会危害性。笔

[①] 《全国人民代表大会常务委员会关于加强法律解释工作的决议》第2条规定："凡属于法院审判工作中具体应用法律、法令的问题，由最高人民法院进行解释。凡属于检察院检察工作中具体应用法律、法令的问题，由最高人民检察院进行解释。最高人民法院和最高人民检察院的解释如果有原则性的分歧，报请全国人民代表大会常务委员会解释或决定。"

者认为,多次犯刑法及司法解释扩张的宗旨在于预防而非单纯惩治,说到底,惩治也是预防的手段,通过构建完善旨在加强预防多次犯发生的法律规范和制度,降低多次犯发生风险的目标,是现实可行的。本书结合对多次犯的研究,拟提出以下预防多次犯发生的对策和制度完善建议。

(一) 多次犯风险预防制度内容

1. 登记备案

登记是为了保存多次犯行为人的不良记录,由各行政执法机关按照法律赋予的职权对属于其部门范围内的多次违法行为依法处理并登记,如纳税人通过采取欺骗、隐瞒手段进行虚假纳税申报或者不申报的行为,由税务部门依法作出行政处罚并进行登记。同时,由各行政执法机关将案件信息以备案的形式传送给检察机关,检察机关是我国的法律监督机关,法律监督是其法定职责,故笔者认为向其备案的法律效果优于其他国家机关。

2. 法制教育

法制教育是预防犯罪的重要措施。多次犯的行为人往往法律观念淡薄,实践中,行为人为了谋取不法所得罔顾刑法威严,在被行政执法机关处理后仍重操旧业。这种对法律漠视的态度,决定了要对其加强法制教育。行政执法机关应使其认识到其行为造成的社会危害性,强化其法律意识,教育其要遵守法律,不要再实施危害社会的行为。实践中,一些部门还存在重执法轻教育的问题,对多次犯的行为人给予法律关怀,应成为行政执法机关的常态工作。

3. 强化监管和审查

行政执法机关要强化对破坏社会主义市场经济秩序、妨害社会管理秩序的多次犯的监管和审查,如虚报注册资本案、非法采矿案。多次犯的行为人从事市场经济行为或依法需要行政执法机关审批的事项,受相关执法机关监管和审查,因此行政执法机关对这两类多次犯的行为人在第一次依法处理后应予以重点关注,防止其再次通过同样的方式破坏市场经济秩序、妨害社会管理秩序,避免其有滑向多次犯的危险。

4. 案件移送

当行政执法机关根据行为人的案件记录发现行为人构成多次犯时,应依法将案件移送给公安机关或军队保卫部门，由后者启动刑事诉讼程序追究行为人的刑事责任。因案件信息在检察机关有备案，此阶段有助于检察机关履行立案监督职责。我国"两法衔接机制"在行政执法与刑事司法衔接上，已建立了有效的衔接工作机制和程序机制，行政执法机关可将多次犯案件直接按照"两法衔接机制"移送给刑事司法机关。

(二) 多次犯风险预防制度与"两法衔接机制"的关系

"两法衔接机制"是行政执法与刑事司法衔接机制的简称，是一种双向办案协助机制，即根据案件性质，由行政执法机关与刑事司法机关将案件互相移交给对方处理。而多次犯风险预防制度是由双方共享行为人案件信息，只在多次违法行为构成多次犯的情况下，由行政执法机关将案件移送给刑事司法机关。"两法衔接机制"旨在克服"有案不移、有案难移、以罚代刑"现象，多次犯风险预防制度旨在在行政执法机关与刑事司法机关之间形成预防多次犯发生的合力，两者制度设计的出发点不一样。两种制度存在对接关系，行政执法机关与刑事司法机关共享行为人多次违法行为的信息，有助于双方动态掌握和判断多次犯的犯罪风险。在风险发生的情况下，由行政执法机关直接移送案件给刑事司法机关，有助于克服"两法衔接机制"运行中的"有案不移、有案难移、以罚代刑"现象，多次犯风险预防制度则有助于推进"两法衔接机制"的实际运行。

主要参考文献

一、中文图书

［1］马克昌．犯罪通论［M］．武汉：武汉大学出版社，1999．

［2］刘宪权．刑法学［M］．上海：上海人民出版社，2008．

［3］许章润．犯罪学［M］．北京：法律出版社，2016．

［4］罗大华．犯罪心理学［M］．北京：中国政法大学出版社，2007．

［5］翟中东．刑法中的人格问题研究［M］．北京：中国法制出版社，2003．

［6］高铭暄，马克昌．刑法学［M］．6版．北京：北京大学出版社，2014．

［7］高铭暄．新中国刑法学研究综述［M］．郑州：河南人民出版社，1986．

［8］张明楷．刑法原理［M］．2版．北京：商务印书馆，2017．

［9］马克思恩格斯选集：第2卷［M］．北京：人民出版社，1972．

［10］马克斯恩格斯全集：第2卷［M］．北京：人民出版社，2016．

［11］马克昌．比较刑法原理：外国刑法学总论［M］．武汉：武汉大学出版社，2002年．

［12］陈兴良．刑法的启蒙［M］．北京：法律出版社，1998．

［13］李海东．日本刑事法学者：上［M］．北京：法律出版社，1995．

［14］张明楷．外国刑法学纲要［M］．北京：清华大学出版社，2007．

［15］高铭暄．刑法问题研究［M］．北京：法律出版社，1994．

［16］曲新久．刑法的精神与范畴［M］．北京：中国政法大学出版

社，2000．

［17］陈兴良．刑法哲学［M］．北京：中国政法大学出版社，1997．

［18］寇学军．人格塑造与犯罪预防［M］．杭州：浙江大学出版社，2008．

［19］赵秉志．刑罚总论问题探索［M］．北京：法律出版社，2002．

［20］张文，等．刑事责任要义［M］．北京：北京大学出版社，1997．

［21］徐久生．德语国家的犯罪学研究［M］．北京：中国法制出版社，1999．

［22］胡学相．量刑的基本理论研究［M］．武汉：武汉大学出版社，1999．

［23］张文，刘艳红，甘怡群．人格刑法导论［M］．北京：法律出版社，2005．

［24］黄希庭．人格心理学［M］．杭州：浙江教育出版社，2002．

［25］陈仲庚，张雨新．人格心理学［M］．沈阳：辽宁人民出版社，1986．

［26］黄光扬．心理测量的理论与应用［M］．福州：福建教育出版社，1996．

［27］张明楷．法益初论［M］．修订版．北京：中国政法大学出版社，2003．

［28］马克昌．近代西方刑法学史略［M］．北京：中国检察出版社，2004．

［29］张明楷．刑法学［M］．2版．北京：法律出版社，2003．

［30］张明楷．刑法学［M］．3版．北京：法律出版社，2007．

［31］何秉松．刑法教科书［M］．北京：中国法制出版社，2000．

［32］周光权．刑法各论讲义［M］．北京：清华大学出版社，2003．

［33］高铭暄．刑法学原理：第1卷［M］．北京：中国人民大学出版社，2005．

［34］毛泽东选集：第4卷［M］．北京：人民出版社，2008．

［35］毛泽东文集：第8卷［M］．北京：人民出版社，1999．

[36] 谷迎春.《黑格尔〈逻辑学〉一书摘要》初探［M］.郑州：河南人民出版社，1984.

[37] 薛瑞麟.俄罗斯刑法研究［M］.北京：中国政法大学出版社，2000.

[38] 高铭暄.中华人民共和国刑法的孕育和诞生［M］.北京：法律出版社，1981.

[39] 李海东.刑法原理入门：犯罪论基础［M］.北京：法律出版社，1998.

[40] 张明楷.行政刑法概念［M］.北京：中国政法大学出版社，1991.

[41] 张明楷.刑法格言的展开［M］.3 版.北京：北京大学出版社，2018.

[42] 陈兴良.刑法的价值构造［M］.北京：中国人民大学出版社，1998.

[43] 党建军.论刑法的公正价值［M］.北京：法律出版社，2002.

[44] 马克思恩格斯全集：第6卷［M］.北京：人民出版社，1961.

[45] 赵秉志.刑法解释研究［M］.北京：北京大学出版社，2007.

[46] 苏力.法治及其本土资源［M］.北京：中国政法大学出版社，2004.

[47] 张继钢.风险社会下环境犯罪研究［M］.北京：中国检察出版社，2019.

[48] 劳东燕.风险社会中的刑法［M］.北京：北京大学出版社，2010 年.

[49] 陈兴良.规范刑法学［M］.3 版.北京：中国人民大学出版社，2015.

[50] 杨小君.行政处罚研究［M］.北京：法律出版社，2002.

[51] 吴振兴.罪数形态论［M］.北京：中国检察出版社，1996.

[52] 顾肖荣.刑法中的一罪与数罪问题［M］.上海：学林出版社，1986.

[53] 林钰雄.新修正刑法论文集［C］.台湾：五南图书出版公司，2006.

[54] 姜伟.犯罪形态通论［M］.北京：法律出版社，1994.

[55] 高仰止. 刑法总则之理论与实用［M］. 台湾：五南图书出版公司，1983.

[56] 赵秉志. 犯罪总论问题探索［M］. 北京：法律出版社，2003.

[57] 于阜民. 犯罪论体系研究［M］. 北京：科学出版社，2014.

[58] 陈兴良. 本体刑法学［M］. 2版. 北京：中国人民大学出版社，2011.

[59] 张明楷. 刑法学：下［M］. 5版. 北京：法律出版社，2016.

[60] 陈忠林. 刑法：分论［M］. 4版. 北京：中国人民大学出版社，2016.

[61] 叶良芳. 刑法分论［M］. 北京：法律出版社，2017.

[62] 马克昌. 百罪通论：下卷［M］. 北京：北京大学出版社，2014.

[63] 张明楷. 刑法学：上［M］. 5版. 北京：法律出版社，2016.

[64] 马克昌. 犯罪通论［M］. 武汉：武汉大学出版社，2013.

[65] 王飞跃. 刑法中的累计处罚制度［M］. 北京：法律出版社，2010.

[66] 马克思恩格斯全集：第1卷［M］. 北京：人民出版社，1956.

[67] 马克思恩格斯选集：第4卷［M］. 北京：人民出版社，2012.

[68] 于阜民. 刑法学［M］. 2版. 北京：科学出版社，2013.

二、中文译著

[1]［意］杜里奥·帕多瓦尼. 意大利刑法原理［M］. 陈忠林，译. 北京：法律出版社，1998.

[2]［美］M.W.瓦托夫斯基. 科学思想的概念基础：科学哲学导论［M］. 范岱年，译. 北京：求实出版社，1983.

[3]［意］切萨雷·贝卡里亚. 论犯罪与刑罚［M］. 黄风，译. 北京：北京大学出版社，2018.

[4]［意］恩里科·菲利. 实证派犯罪学［M］. 郭建安，译. 北京：中国人民公安大学出版社，2004.

[5]［意］加罗法洛. 犯罪学［M］. 耿伟，等译. 北京：中国大百科全书出版社，1996.

［6］［意］恩里科·菲利. 犯罪社会学［M］. 郭建安，译. 北京：中国政法大学出版社，1990.

［7］［日］福田平，大塚仁. 日本刑法总论讲义［M］. 李乔，等译. 沈阳：辽宁人民出版社，1986.

［8］［德］罗克辛. 德国刑法学总论：第1卷［M］. 王世洲，译. 北京：法律出版社，2005.

［9］［德］黑格尔. 小逻辑［M］. 北京：商务印书馆，1980.

［10］［苏］B. M. 契希克瓦节. 苏维埃刑法总则［M］. 中央人民政府法制委员会编译室，中国人民大学刑法教研室，译. 北京：法律出版社，1954.

［11］［苏］A. A. 皮昂特科夫斯基. 苏联刑法科学史［M］. 曹子丹，等译. 北京：法律出版社，1984.

［12］［苏］A. A. 盖尔青仲. 苏维埃刑法中的犯罪概念［M］. 甘雨沛，译. 北京：法律出版社，1956.

［13］［美］哈伯特·L. 帕克. 刑事制裁的界限［M］. 梁根林，等译. 北京：法律出版社，2008.

［14］［英］吉米·边沁. 立法理论：刑法典原理［M］. 孙力，等译. 北京：中国人民公安大学出版社，1993.

［15］［美］E. 博登海默. 法理学：法哲学及其方法［M］. 邓正来，译. 北京：中国政法大学出版社，2004.

［16］［美］加里·S. 贝克尔. 人类行为的经济分析［M］. 王业宇，陈琪，译. 上海：格致出版社，2015.

［17］［德］乌尔里希·贝克. 风险社会［M］. 何博闻，译. 北京：译林出版社，2004.

［18］［日］小野清一郎. 犯罪构成要件理论［M］. 王泰，译. 北京：中国人民公安大学出版社，1991.

［19］［日］木村龟二. 刑法学词典［M］. 顾肖荣，等译. 上海：上海翻译出版公司，1991.

［20］［日］大谷实. 刑法讲义总论［M］. 黎宏，译. 北京：法律出版

社，2008.

[21] [日] 大塚仁. 刑法概论：总论 [M]. 3版. 冯军，译. 北京：中国人民大学出版社，2003.

[22] [德] 弗兰茨·冯·李斯特. 德国刑法教科书 [M]. 徐久生，译. 北京：法律出版社，2000.

[23] [苏] A. H. 特拉伊宁. 犯罪构成的一般学说 [M]. 王作富，译. 北京：中国人民大学出版社，1958.

[24] [日] 山口厚. 刑法总论 [M]. 2版. 付立庆，译. 北京：中国人民大学出版社，2011.

[25] [德] 汉斯·海因里希·耶赛克，托马斯·魏根特. 德国刑法教科书：上 [M]. 徐久生，译. 北京：中国法制出版社，2017.

[26] [法] 孟德斯鸠. 论法的精神：下册 [M]. 张雁深，译. 北京：商务印书馆，1963.

三、期刊论文

[1] 章百家. 改革开放与中国的变迁 [J]. 广东党史与文献研究，2019 (1)：6.

[2] 张小虎. 多次行为的理论定性与立法存疑 [J]. 法学杂志，2006 (3)：29.

[3] 王军仁. 管窥我国刑法中的"多次" [J]. 法治论丛，2007 (2)：45-49.

[4] 刘德法，孔德琴. 论多次犯 [J]. 法治研究，2011 (9)：83-93.

[5] 曹坚. 多次犯形态的认定 [J]. 人民检察，2013 (14)：17-21.

[6] 张正新，金泽刚. 论刑法中的多次犯罪 [J]. 湖北社会科学，2011 (7)：151.

[7] 熊亚文. 刑法中的"多次"犯罪问题研究 [J]. 贵州警官职业学院学报，2014 (5)：41-42.

[8] 姬忠彪，吴敬华. 论犯罪分类与刑事政策的关系及其发展趋势

［J］．山东警察学院学报，2006（6）：95．

［9］宣炳昭．论我国刑法总则中的犯罪分类［J］．法学家，1996（2）：32．

［10］李恩民．多次违法构成犯罪初探［J］．人民检察，1999（2）：12．

［11］刘艳红，马改然．刑法主观主义原则：文化成因、现实体现与具体危害［J］．政法论坛，2012（3）：33．

［12］陆诗忠．对我国犯罪本质理论的思考［J］．华东政法大学学报，2010（6）：26－35．

［13］郭泽强．主观主义与中国刑法关系论纲：认真对待刑法主观主义［J］．环球法律评论，2005（4）：456－459．

［14］吕晓璇．刑事古典学派和实证主义犯罪学学派对于犯罪原因和刑罚理论之比较［J］．法制博览，2012（5）：175．

［15］鲜铁可．格拉马蒂卡及其《社会防卫原理》［J］．中外法学，1993（4）：109－110．

［16］胡学相，孙雷鸣．对人身危险性理论的反思［J］．中国刑事法杂志，2013（9）：25．

［17］张文，刘艳红．人格刑法理论之推进与重建［J］．浙江社会科学，2004（1）：117．

［18］翟中东．关于将人格导入定罪活动的研究［J］．当代法学，2004（5）：28．

［19］张曙光．人格刑法专题研讨会集粹［J］．中外法学，2009，21（5）：793－799．

［20］陈兴良．人格刑法学：以犯罪论体系为视角的分析［J］．华东政法大学学报，2009（6）：25－26．

［21］陈璇．法益概念与刑事立法正当性检验［J］．比较法研究，2020（3）：51－72．

［22］陈兴良．社会危害性理论：一个反思性检讨［J］．法学研究，2000（1）：3－18．

［23］张明楷．新刑法与法益侵害说［J］．法学研究，2000（1）：23．

[24] 周光权. 论刑法学中的规范违反说 [J]. 环球法律评论, 2005 (2): 166-174.

[25] 付林, 李子恩. 关于唯物辩证法的规律和范畴 [J]. 江汉论坛, 1979 (2): 57.

[26] 储槐植. 我国刑法中犯罪概念的定量因素 [J]. 法学研究, 1988 (2): 28.

[27] 储槐植. 再论我国刑法中犯罪概念的定量因素 [J]. 法学研究, 2000 (2): 36.

[28] 王牧. 犯罪概念: 刑法之内与刑法之外 [J]. 法学研究, 2007 (2): 3-20.

[29] 刘桂欣. 唯物辩证法量质观新探 [J]. 北方论丛, 1994 (6): 32.

[30] 陈静. 对质量互变规律的再认识 [J]. 重庆科技学院学报 (社会科学版), 2011 (11): 34.

[31] 刘敬诚. 唯物辩证法应有三个基本规律 [J]. 南昌大学学报 (社会科学版), 1980 (4): 91.

[32] 薛双喜. 苏俄刑法学关于社会危害性理论的论争 [J]. 中国刑事法杂志, 2010 (3): 108.

[33] 董玉庭, 龙长海. 论中国刑事立法同苏俄、俄罗斯刑事立法的关系 [J]. 学习与探索, 2008 (4): 96.

[34] 李秀清. 新中国刑事立法移植苏联模式考 [J]. 法学评论, 2002 (6): 126.

[35] 樊文. 罪刑法定与社会危害性的冲突: 兼析新刑法第13条关于犯罪的概念 [J]. 法律科学, 1998 (1): 27.

[36] 王世洲. 中国刑法理论中犯罪概念的双重结构和功能 [J]. 法学研究, 1998 (5): 122.

[37] 赵秉志, 陈志军. 社会危害性与刑事违法性的矛盾及其解决 [J]. 法学研究, 2003 (6): 106-120.

[38] 刘艳红. 社会危害性理论之辨正 [J]. 中国法学, 2002 (2): 14.

[39] 王政勋. 论社会危害性的地位 [J]. 法律科学, 2003 (2): 31-38.

[40] 韩永初．犯罪本质论：一种重新解说的社会危害性理论［J］．法制与社会发展，2004（6）：81-93．

[41] 青锋．犯罪的社会危害性新论［J］．现代法学，1991（3）：24-27．

[42] 陈兴良．违法性论的重塑：一个学术史的考察［J］．政法论坛，2011（5）：10．

[43] 李居全．也论我国刑法中犯罪概念的定量因素：与储槐植教授和汪永乐博士商榷［J］．法律科学，2001（1）：91-101．

[44] 张明楷．论刑法分则中作为构成要件的"情节严重"［J］．法商研究，1995（1）：14．

[45] 张明楷．简评近年来的刑事司法解释［J］．清华法学，2014，8（1）：5-26．

[46] 陈兴良．禁止重复评价研究［J］．法学论丛，1996（3）：33．

[47] 王明辉，唐煌枫．重复评价禁止与想象竞合犯［J］．中国刑事法杂志，2005（2）：30．

[48] 崔冬．行政违法与犯罪衔接问题研究［J］．行政与法，2011（1）：67．

[49] 刘为军，郭泽强．禁止重复评价原则研究［J］．山东公安专科学校学报，2003（2）：42．

[50] 王周户，王漾田．论行政处罚的适用条件及其与刑罚的适用关系［J］．法律科学，2011（3）：117．

[51] 张明楷．论刑法的谦抑性［J］．法商研究，1995（4）：66．

[52] 刘咏，王雪琪．论刑法的谦抑性［J］．中州大学学报，2007（2）：9．

[53] 傅建平．刑法谦抑性的理论根基与价值［J］．华东刑事司法评论，2003（3）：76．

[54] 石聚航．刑法谦抑性是如何被搁浅的［J］．法制与社会发展，2014（1）：363．

[55] 张颖杰．论刑法谦抑之本质［J］．北京理工大学学报（社会科学版），2006（5）：39．

[56] 张明楷. 增设新罪的观念：对积极刑法观的支持 [J]. 现代法学, 2020 (9): 151-152.

[57] 薛克诚. 辩证唯物论的认识论是马克思主义哲学的中心 [J]. 杭州大学学报（哲学社会科学版），1979 (Z1): 19.

[58] 陈璐. 论刑法谦抑主义的消减 [J]. 法学杂志, 2018 (9): 123.

[59] 孙国祥. 反思刑法谦抑主义 [J]. 社会科学文摘, 2022 (3): 116.

[60] 卢建平. 刑事政策学的基本问题 [J]. 法学, 2004 (2): 101.

[61] 马克昌. "宽严相济"刑事政策与刑罚立法的完善 [J]. 法商研究, 2007 (1): 4.

[62] 熊永明. 论刑法谦抑性与刑法基本原则之间的契合 [J]. 云南大学学报（法学版），2007 (3): 47.

[63] 王清坤. 犯罪经济学初探 [J]. 江西公安专科学校学报, 1999 (3): 19.

[64] 宋浩波. 试论犯罪经济学的原理 [J]. 福建公安高等专科学校学报, 2003 (1): 6.

[65] 马克昌, 鲍遂献. 略论我国刑法上行为的概念 [J]. 法学研究, 1991 (2): 1-5.

[66] 罗鹏. 多重价值视野下的多次犯研究 [J]. 湖北经济学院学报（人文社会科学版），2018, 15 (2): 88-91.

[67] 刘宪权. 盗窃罪新司法解释若干疑难问题解析 [J]. 华东政法大学学报, 2013 (6): 91.

[68] 邵栋豪. "多次盗窃"的立法检讨与司法适用 [J]. 上海政法学院学报（法治论丛），2016, 31 (1): 72-77.

[69] 黄祥青. 认定多次盗窃的事实与法理依据 [J]. 人民司法, 2009 (9): 71-74.

[70] 张勇. 盗窃罪司法解释新论 [J]. 河北法学, 2013 (10): 120-121.

[71] 徐晋红, 李俊. 盗窃罪研究：以刑法修正案（八）为视角 [J]. 山西高等学校社会科学学报, 2011 (12): 90.

[72] 张志勋, 卢建平. 多次犯：刑法的制度化产物及其限制路径 [J].

江西社会科学，2015（6）：144.

［73］林亚刚．论集合犯［J］．法学研究，2001（3）：80-88.

［74］吴振兴．试论连续犯的同一罪名［J］．法学评论，1992（12）：43.

［75］夏金莱．论行政处罚追责时效：《行政处罚法》第36条的解释论［J］．学术界，2022（10）：168-169.

［76］马克昌．犯罪构成的分类［J］．法学，1984（10）：14.

［77］王勇．论修正的犯罪构成［J］．法律科学，1990（1）：50-51.

［78］陈彦海，张伯仁．犯罪既遂定义浅探［J］．西北政法学院学报，1988（4）：65.

［79］张明楷．再探犯罪未遂的特征［J］．中南政法学院学报，1989（4）：73.

［80］王成祥．犯罪既遂标准探析［J］．经济与社会发展，2003（3）：97.

［81］劳东燕．犯罪故意的要素分析模式［J］．比较法研究，2009（1）.

［82］于潇，陈鑫欣，阴栓法．流浪汉为果腹偷盒饭，需不需要动用刑罚？［N］．检察日报，2022-01-09（1）.

［83］叶萍，张志勋．多次违法行为犯罪化的立法研究［J］．河南大学学报（社会科学版），2016（3）：72.

［84］李希慧，童伟华．论行为犯的构造［J］．法律科学，2002（6）：44.

［85］苏彩霞．结果犯理论的反思及界定［J］．中国刑事法杂志，2000（1）：28.

［86］叶高峰，彭文华．危险犯研究［J］．郑州大学学报（社会科学版），2000（6）：34.

［87］柏浪涛．构成要件符合性与客观处罚条件的判断［J］．法学研究，2012（6）：141.

［88］肖中华．犯罪构成中的要件要素及犯罪形态［J］．法学，2005（4）：13.

［89］黎宏．论"客观处罚条件"的若干问题［J］．河南省政法管理干部学院学报，2010（1）：21.

［90］王强．罪量因素：构成要素抑或处罚条件［J］．刑事法评论，

2012（2）：350.

［91］梁根林．但书、罪量与扒窃入罪［J］．法学研究，2013（2）：135-136.

［92］赵永红．论人身危险性在刑法中的定位［J］．法学评论，2002（2）：63-70.

［93］张明楷．司法上的犯罪化与非犯罪化［J］．法学家，2008（4）：66.

［94］梁根林．论犯罪化及其限制［J］．中外法学，1998（3）：56.

［95］莫洪宪，刘峰江．刑法修正案（十）中"公共场合"的教义学理解：兼论刑事立法语言的统一性和模糊性［J］．刑法论丛，2018，56（4）：166-183.

［96］郝守才，梁胜涛．刑法中行刑法中行为理论之比较：兼论我国刑法中的行为概念为理论之比较［J］．河南司法警官职业学院学报，2004（3）：51.

［97］周光权．论内在的客观处罚条件［J］．法学研究，2010（6）：126.

［98］张明楷．"客观的超过要素"概念之提倡［J］．法学研究，1999（3）：28.

［99］刘春德．论盗窃罪中"多次盗窃"的认定［J］．法制与社会，2015（35）：70.

［100］张明楷．盗窃罪的新课题［J］．政治与法律，2011（8）：3-5.

［101］莫晓宇，李灏．多次犯的刑法规制、理论发展与生成机理探析［J］．西南石油大学学报（社会科学版），2016（3）：48.

［102］贺平凡．论刑事诉讼中的数量认定规则［J］．法学，2003（2）：107-108.

［103］马家福，刘一亮．刑法关于"多次盗窃"的重新解读［J］．福建公安高等专科学校学报，2007（5）：16.

［104］王飞跃．论我国刑法中的"次"［J］．云南大学学报（法学版），2006（1）：14-18.

［105］黎宏．论盗窃罪中的多次盗窃［J］．人民检察，2010（1）：21-26.

[106] 詹红星. 连续犯的基本问题探究 [J]. 兰州学刊, 2007 (9): 107.

[107] 陈世伟. "刑法中的行为"研究新视野 [J]. 当代法学, 2008 (2): 23-31.

[108] 谢嗣强, 莫晓宇. 盗窃罪中相容法效果法条竞合之处理 [J]. 贵州警官职业学院学报, 2016 (3): 72.

[109] 储槐植. 论罪数不典型 [J]. 法学研究, 1995 (1): 70-76.

四、学位论文

[1] 孙凤娇. 我国刑法中"多次犯"的立法研究 [D]. 武汉: 中南财经政法大学, 2020.

[2] 胡东平. 人格导入定罪研究 [D]. 武汉: 武汉大学, 2010.

[3] 王吉龙. "多次行为"研究: 以我国刑法典与有权解释为基础 [D]. 重庆: 西南政法大学, 2011.

[4] 夏颖芸. 多次行为研究: 以条文语言表述为视角 [D]. 广东: 华东政法大学, 2014.

[5] 娄云. 多次犯研究 [D]. 南昌: 南昌大学, 2009.

[6] 赵蕊. 刑法上多次行为的理解与适用 [D]. 大连: 大连海事大学, 2017.

[7] 常生燕. 论多次型犯罪 [D]. 上海: 上海交通大学, 2012.

[8] 覃斌武. 法益范畴的法理学改造 [D]. 湘潭: 湘潭大学, 2007.

[9] 张志勋. 多次犯研究: 以系统论为视角 [D]. 南昌: 南昌大学, 2016.

[10] 吴亚安. 论我国刑法中的多次犯 [D]. 上海: 上海交通大学, 2016.

附　录

我国 1997 年《刑法》明文规定多次犯罪不法行为类型后，根据司法实践中惩治多次犯罪的需要，相继颁布的正式解释和刑法修正案逐步扩张、延伸多次犯罪的适用范围，使多次犯在数量上和罪名上皆有所增加，并在司法实践中发挥着非常重要的作用，在一定程度上预防和减少了该类犯罪现象的发生。

根据我国刑事立法、正式解释中关于多次犯罪的规定，秉持效力刑事司法实践需要的目标，结合学界多次犯罪分类的研究成果，按照多次犯罪的犯罪构成的形式标准，笔者将我国刑法上多次犯罪立法模式划分为三种类型犯罪形态：多次犯、情节加重犯、累计犯。同时，笔者也注意到，目前我国刑法总则尚未确立多次犯罪的指导性规定，刑法和司法解释中关于多次犯罪的规定亦呈现分散、杂乱的局面。于是，笔者从我国现行《刑法》和司法解释中全面节选摘录了有关多次犯罪的刑法条文并进行整理汇编，以便于研究人员和司法人员查询多次犯涉及的罪名和内容，因此该附录具有工具性价值。

另外，该附录有助于实践中司法人员通过刑法条文表述形式初步判断多次犯罪三种犯罪类型。其中，"多次犯"的刑法条文一般表述为"多次（违法行为）……，处以基本法定刑"或"……受行政处罚，又（违法行为）……，处以基本法定刑"，如现行《刑法》第 264 条规定的多次盗窃和第 351 条非法种植毒品原植物罪之经公安机关处理后又种植的情形。情节加重犯的刑法条文一般表述为"多次（实行行为）……，法定刑升格"，如现行《刑法》第 263 条规定的多次抢劫情形，累计犯的刑法条文一般表述为"对多次（违法行为）未经处理的，按照违法行为累计数额或数量处罚"，如现行《刑法》第 383 条规定的按照累计贪污数额处罚情形。司法人员在形式判断的基础上，进一步根据各类型多次犯罪的犯罪构成，结合特定案件的具体事实，再实质判断犯罪是否成立，按照罪责刑相适应原则，处以相应的法定刑。

一、《刑法》

第一百五十三条　走私本法第一百五十一条、第一百五十二条、第三百四十七条规定以外的货物、物品的，根据情节轻重，分别依照下列规定处罚：（一）走私货物、物品偷逃应缴税额较大或者一年内曾因走私被给予二次行政处罚后又走私的，处三年以下有期徒刑或者拘役，并处偷逃应缴税额一倍以上五倍以下罚金。……

对多次走私未经处理的，按照累计走私货物、物品的偷逃应缴税额处罚。

第二百零一条　……对多次实施前两款行为，未经处理的，按照累计数额计算。

有第一款行为，经税务机关依法下达追缴通知后，补缴应纳税款，缴纳滞纳金，已受行政处罚的，不予追究刑事责任；但是，五年内因逃避缴纳税款受过刑事处罚或者被税务机关给予二次以上行政处罚的除外。

第二百三十七条　……猥亵儿童的，处五年以下有期徒刑；有下列情形之一的，处五年以上有期徒刑：（一）猥亵儿童多人或者多次的；……

第二百六十三条　以暴力、胁迫或者其他方法抢劫公私财物的，处三年以上十年以下有期徒刑，并处罚金；有下列情形之一的，处十年以上有期徒刑、无期徒刑或者死刑，并处罚金或者没收财产：……（四）多次抢劫或者抢劫数额巨大的；……

第二百六十四条　盗窃公私财物，数额较大的，或者多次盗窃……

第二百六十七条　抢夺公私财物，数额较大的，或者多次抢夺的……

第二百七十四条　敲诈勒索公私财物，数额较大或者多次敲诈勒索的……

第二百九十条　……多次扰乱国家机关工作秩序，经行政处罚后仍不改正，造成严重后果的，处三年以下有期徒刑、拘役或者管制。

多次组织、资助他人非法聚集，扰乱社会秩序，情节严重的，依照前款的规定处罚。

第二百九十二条　聚众斗殴的，对首要分子和其他积极参加的，处三年以下有期徒刑、拘役或者管制；有下列情形之一的，对首要分子和其他积极参加的，处三年以上十年以下有期徒刑：（一）多次聚众斗殴的；……

第二百九十三条　……纠集他人多次实施前款行为，严重破坏社会秩序的，处五年以上十年以下有期徒刑，可以并处罚金。

第二百九十四条　……黑社会性质的组织应当同时具备以下特征：……（三）以暴力、威胁或者其他手段，有组织地多次进行违法犯罪活动，为非作恶，欺压、残害群众；……

第三百零一条　聚众进行淫乱活动的，对首要分子或者多次参加的，处五年以下有期徒刑、拘役或者管制。

引诱未成年人参加聚众淫乱活动的，依照前款的规定从重处罚。

第三百一十八条　组织他人偷越国（边）境的，处二年以上七年以下有期徒刑，并处罚金；有下列情形之一的，处七年以上有期徒刑或者无期徒刑，并处罚金或者没收财产：……（二）多次组织他人偷越国（边）境或者组织他人偷越国（边）境人数众多的；……

第三百二十一条　运送他人偷越国（边）境的，处五年以下有期徒刑、拘役或者管制，并处罚金；有下列情形之一的，处五年以上十年以下有期徒刑，并处罚金：（一）多次实施运送行为或者运送人数众多的；……

第三百二十八条　盗掘具有历史、艺术、科学价值的古文化遗址、古墓葬的，处三年以上十年以下有期徒刑，并处罚金；情节较轻的，处三年以下有期徒刑、拘役或者管制，并处罚金；有下列情形之一的，处十年以上有期徒刑或者无期徒刑，并处罚金或者没收财产：……（三）多次盗掘古文化遗址、古墓葬的；……

盗掘国家保护的具有科学价值的古人类化石和古脊椎动物化石的，依照前款的规定处罚。

第三百四十七条　……对多次走私、贩卖、运输、制造毒品，未经处理的，毒品数量累计计算。

第三百五十一条　非法种植罂粟、大麻等毒品原植物的，一律强制铲除。有下列情形之一的，处五年以下有期徒刑、拘役或者管制，并处罚金：……

（二）经公安机关处理后又种植的；……

第三百八十三条 ……对多次贪污未经处理的，按照累计贪污数额处罚……

第三百八十六条 对犯受贿罪的，根据受贿所得数额及情节，依照本法第三百八十三条的规定处罚。索贿的从重处罚。

二、《最高人民检察院、公安部关于公安机关管辖的刑事案件立案追诉标准的规定（一）》（公通字〔2008〕36号）

第二十八条 ［强迫交易案（刑法第二百二十六条）］以暴力、威胁手段强买强卖商品、强迫他人提供服务或者强迫他人接受服务，涉嫌下列情形之一的，应予立案追诉：……（三）强迫交易三次以上或者强迫三人以上交易的；……

第三十三条 ［故意毁坏财物案（刑法第二百七十五条）］故意毁坏公私财物，涉嫌下列情形之一的，应予立案追诉：……（二）毁坏公私财物三次以上的；……

第三十四条 ［破坏生产经营案（刑法第二百七十六条）］由于泄愤报复或者其他个人目的，毁坏机器设备、残害耕畜或者以其他方法破坏生产经营，涉嫌下列情形之一的，应予立案追诉：……（二）破坏生产经营三次以上的；……

第三十七条 ［寻衅滋事案（刑法第二百九十三条）］寻衅滋事，破坏社会秩序，涉嫌下列情形之一的，应予立案追诉：……（三）强拿硬要或者任意损毁、占用公私财物价值二千元以上，强拿硬要或者任意损毁、占用公私财物三次以上或者具有其他严重情节的；……

第四十一条 ［聚众淫乱案（刑法第三百零一条第一款）］组织、策划、指挥三人以上进行淫乱活动或者参加聚众淫乱活动三次以上的，应予立案追诉。

第四十七条 ［故意损毁名胜古迹案（刑法第三百二十四条第二款）］故意损毁国家保护的名胜古迹，涉嫌下列情形之一的，应予立案追诉：……（二）损毁国家保护的名胜古迹三次以上或者三处以上，尚未造成严重损毁后果的；……

第五十二条 [非法组织卖血案（刑法第三百三十三条第一款）]非法组织他人出卖血液，涉嫌下列情形之一的，应予立案追诉：（一）组织卖血三人次以上的；……

第五十五条 [采集、供应血液、制作、供应血液制品事故案（刑法第三百三十四条第二款）]……具有下列情形之一的，属于本条规定的不依照规定进行检测或者违背其他操作规定：（一）血站未用两个企业生产的试剂对艾滋病病毒抗体、乙型肝炎病毒表面抗原、丙型肝炎病毒抗体、梅毒抗体进行两次检测的；……

第五十七条 [非法行医案（刑法第三百三十六条第一款）]未取得医生执业资格的人非法行医，涉嫌下列情形之一的，应予立案追诉：……（四）非法行医被卫生行政部门行政处罚两次以后，再次非法行医的；……

第五十八条 [非法进行节育手术案（刑法第三百三十六条第二款）]未取得医生执业资格的人擅自为他人进行节育复通手术、假节育手术、终止妊娠手术或者摘取宫内节育器，涉嫌下列情形之一的，应予立案追诉：……（二）非法进行节育复通手术、假节育手术、终止妊娠手术或者摘取宫内节育器五人次以上的；……

第七十八条 [引诱、容留、介绍卖淫案（刑法第三百五十九条第一款）]引诱、容留、介绍他人卖淫，涉嫌下列情形之一的，应予立案追诉：（一）引诱、容留、介绍二人次以上卖淫的；……

第八十二条 [制作、复制、出版、贩卖、传播淫秽物品牟利案（刑法第三百六十三条第一款、第二款）]以牟利为目的，制作、复制、出版、贩卖、传播淫秽物品，涉嫌下列情形之一的，应予立案追诉：……（三）向他人传播淫秽物品达二百至五百人次以上，或者组织播放淫秽影像达十至二十场次以上的；……

以牟利为目的，通过声讯台传播淫秽语音信息，涉嫌下列情形之一的，应予立案追诉：（一）向一百人次以上传播的；……

第八十四条 [传播淫秽物品案（刑法第三百六十四条第一款）]传播淫秽的书刊、影片、音像、图片或者其他淫秽物品，涉嫌下列情形之一的，应予立案追诉：（一）向他人传播三百至六百人次以上的；……

第八十五条 ［组织播放淫秽音像制品案（刑法第三百六十四条第二款）］组织播放淫秽的电影、录像等音像制品，涉嫌下列情形之一的，应予立案追诉：（一）组织播放十五至三十场次以上的；……

第八十九条 ［聚众冲击军事禁区案（刑法第三百七十一条第一款）］组织、策划、指挥聚众冲击军事禁区或者积极参加聚众冲击军事禁区，严重扰乱军事禁区秩序，涉嫌下列情形之一的，应予立案追诉：（一）冲击三次以上或者一次冲击持续时间较长的；……

第九十条 ［聚众扰乱军事管理区秩序案（刑法第三百七十一条第二款）］组织、策划、指挥聚众扰乱军事管理区秩序或者积极参加聚众扰乱军事管理区秩序，致使军事管理区工作无法进行，造成严重损失，涉嫌下列情形之一的，应予立案追诉：……（二）扰乱三次以上或者一次扰乱持续时间较长的；……

第九十七条 ［战时窝藏逃离部队军人案（刑法第三百七十九条）］战时明知是逃离部队的军人而为其提供隐蔽处所、财物，涉嫌下列情形之一的，应予立案追诉：（一）窝藏三人次以上的；……

第九十八条 ［战时拒绝、故意延误军事订货案（刑法第三百八十条）］战时拒绝或者故意延误军事订货，涉嫌下列情形之一的，应予立案追诉：（一）拒绝或者故意延误军事订货三次以上的；……

第九十九条 ［战时拒绝军事征用案（刑法第三百八十一条）］战时拒绝军事征用，涉嫌下列情形之一的，应予立案追诉：（一）无正当理由拒绝军事征用三次以上的；……

三、《最高人民检察院、公安部关于公安机关管辖的刑事案件立案追诉标准的规定（一）的补充规定》（公通字〔2017〕12号）

五、……以暴力、威胁手段强迫他人参与或者退出投标、拍卖，强迫他人转让或者收购公司、企业的股份、债券或者其他资产，强迫他人参与或者退出特定的经营活动，具有多次实施、手段恶劣、造成严重后果或者恶劣社会影响等情形之一的，应予立案追诉。

七、在《立案追诉标准（一）》第 34 条后增加一条，作为第 34 条之一：〔拒不支付劳动报酬案（刑法第 276 条之一）〕以转移财产、逃匿等方法逃避支付劳动者的劳动报酬或者有能力支付而不支付劳动者的劳动报酬，经政府有关部门责令支付仍不支付，涉嫌下列情形之一的，应予立案追诉……不支付劳动者的劳动报酬，尚未造成严重后果，在刑事立案前支付劳动者的劳动报酬，并依法承担相应赔偿责任的，可以不予立案追诉。

八、将《立案追诉标准（一）》第 37 条修改为：〔寻衅滋事案（刑法第 293 条）〕随意殴打他人，破坏社会秩序，涉嫌下列情形之一的，应予立案追诉：……（三）多次随意殴打他人的；……

追逐、拦截、辱骂、恐吓他人，破坏社会秩序，涉嫌下列情形之一的，应予立案追诉：（一）多次追逐、拦截、辱骂、恐吓他人，造成恶劣社会影响的；……

强拿硬要或者任意损毁、占用公私财物，破坏社会秩序，涉嫌下列情形之一的，应予立案追诉：……（二）多次强拿硬要或者任意损毁、占用公私财物，造成恶劣社会影响的；……

九、将《立案追诉标准（一）》第 59 条修改为：〔妨害动植物防疫、检疫案（刑法第 337 条）〕……违反有关动植物防疫、检疫的国家规定，有引起重大动植物疫情危险，涉嫌下列情形之一的，应予立案追诉：……（六）一年内携带或者寄递《中华人民共和国禁止携带、邮寄进境的动植物及其产品名录》所列物品进境逃避检疫 2 次以上，或者窃取、抢夺、损毁、抛洒动植物检疫机关截留的《中华人民共和国禁止携带、邮寄进境的动植物及其产品名录》所列物品的；……

十、将《立案追诉标准（一）》第 60 条修改为：〔污染环境案（刑法第 338 条）〕违反国家规定，排放、倾倒或者处置有放射性的废物、含传染病病原体的废物、有毒物质或者其他有害物质，涉嫌下列情形之一的，应予立案追诉：……（六）二年内曾因违反国家规定，排放、倾倒、处置有放射性的废物、含传染病病原体的废物、有毒物质受过 2 次以上行政处罚，又实施前列行为的；……

十一、将《立案追诉标准（一）》第 68 条修改为：〔非法采矿案（刑法

第 343 条第一款）〕违反矿产资源法的规定，未取得采矿许可证擅自采矿，或者擅自进入国家规划矿区、对国民经济具有重要价值的矿区和他人矿区范围采矿，或者擅自开采国家规定实行保护性开采的特定矿种，涉嫌下列情形之一的，应予立案追诉：……（三）二年内曾因非法采矿受过两次以上行政处罚，又实施非法采矿行为的；……

多次非法采矿构成犯罪，依法应当追诉的，或者 2 年内多次非法采矿未经处理的，价值数额累计计算。……

十六、将《立案追诉标准（一）》第 99 条修改为：〔战时拒绝军事征收、征用案（刑法第 381 条）〕战时拒绝军事征收、征用，涉嫌下列情形之一的，应予立案追诉：（一）无正当理由拒绝军事征收、征用 3 次以上的；……

四、《最高人民检察院、公安部关于公安机关管辖的刑事案件立案追诉标准的规定（二）》（2022 年修订）

第二条 〔走私假币案（刑法第一百五十一条第一款）〕走私伪造的货币，涉嫌下列情形之一的，应予立案追诉：……（二）总面额在一千元以上或者币量在一百张（枚）以上，二年内因走私假币受过行政处罚，又走私假币的；……

第三条 〔虚报注册资本案（刑法第一百五十八条）〕申请公司登记使用虚假证明文件或者采取其他欺诈手段虚报注册资本，欺骗公司登记主管部门，取得公司登记，涉嫌下列情形之一的，应予立案追诉：……（四）虽未达到上述数额标准，但具有下列情形之一的：1. 二年内因虚报注册资本受过二次以上行政处罚，又虚报注册资本的；……

第四条 〔虚假出资、抽逃出资案（刑法第一百五十九条）〕公司发起人、股东违反公司法的规定未交付货币、实物或者未转移财产权，虚假出资，或者在公司成立后又抽逃其出资，涉嫌下列情形之一的，应予立案追诉：……（四）虽未达到上述数额标准，但具有下列情形之一的：……3. 二年内因虚假出资、抽逃出资受过二次以上行政处罚，又虚假出资、抽逃出资的；……

第六条 〔违规披露、不披露重要信息案（刑法第一百六十一条）〕依法负有信息披露义务的公司、企业向股东和社会公众提供虚假的或者隐瞒重要事实的财务会计报告，或者对依法应当披露的其他重要信息不按照规定披露，涉嫌下列情形之一的，应予立案追诉：……（五）未按照规定披露的重大诉讼、仲裁、担保、关联交易或者其他重大事项所涉及的数额或者连续十二个月的累计数额达到最近一期披露的净资产百分之五十以上的；……（九）多次提供虚假的或者隐瞒重要事实的财务会计报告，或者多次对依法应当披露的其他重要信息不按照规定披露的；……

第十四条　［伪造货币案（刑法第一百七十条）］伪造货币，涉嫌下列情形之一的，应予立案追诉：……（二）总面额在一千元以上或者币量在一百张（枚）以上，二年内因伪造货币受过行政处罚，又伪造货币的；……

第十五条　［出售、购买、运输假币案（刑法第一百七十一条第一款）］出售、购买伪造的货币或者明知是伪造的货币而运输，涉嫌下列情形之一的，应予立案追诉：……（二）总面额在二千元以上或者币量在二百张（枚）以上，二年内因出售、购买、运输假币受过行政处罚，又出售、购买、运输假币的；……

第十七条　［持有、使用假币案（刑法第一百七十二条）］明知是伪造的货币而持有、使用，涉嫌下列情形之一的，应予立案追诉：……（二）总面额在二千元以上或者币量在二百张（枚）以上，二年内因持有、使用假币受过行政处罚，又持有、使用假币的；……

第十八条　［变造货币案（刑法第一百七十三条）］变造货币，涉嫌下列情形之一的，应予立案追诉：……（二）总面额在一千元以上或者币量在一百张（枚）以上，二年内因变造货币受过行政处罚，又变造货币的；……

第二十三条　［非法吸收公众存款案（刑法第一百七十六条）］……非法吸收或者变相吸收公众存款数额在五十万元以上或者给集资参与人造成直接经济损失数额在二十五万元以上，同时涉嫌下列情形之一的，应予立案追诉：……（二）二年内因非法集资受过行政处罚的；……

第二十五条　［妨害信用卡管理案（刑法第一百七十七条之一第一款）］妨害信用卡管理，涉嫌下列情形之一的，应予立案追诉：……（二）明知是伪造的空白信用卡而持有、运输，数量累计在十张以上的；（三）非法持有他人信用卡，数量累计在五张以上的；……

第二十九条 [擅自发行股票、公司、企业债券案（刑法第一百七十九条）] 未经国家有关主管部门批准或者注册，擅自发行股票或者公司、企业债券，涉嫌下列情形之一的，应予立案追诉：……（二）造成投资者直接经济损失数额累计在五十万元以上的；……

第三十条 [内幕交易、泄露内幕信息案（刑法第一百八十条第一款）] 证券、期货交易内幕信息的知情人员、单位或者非法获取证券、期货交易内幕信息的人员、单位，在涉及证券的发行，证券、期货交易或者其他对证券、期货交易价格有重大影响的信息尚未公开前，买入或者卖出该证券，或者从事与该内幕信息有关的期货交易，或者泄露该信息，或者明示、暗示他人从事上述交易活动，涉嫌下列情形之一的，应予立案追诉：……（四）二年内三次以上实施内幕交易、泄露内幕信息行为的；……

内幕交易获利或者避免损失数额在二十五万元以上，或者证券交易成交额在一百万元以上，或者期货交易占用保证金数额在五十万元以上，同时涉嫌下列情形之一的，应予立案追诉：……（四）二年内因证券、期货违法行为受过行政处罚的；……

第三十一条 [利用未公开信息交易案（刑法第一百八十条第四款）] 证券交易所、期货交易所、证券公司、期货公司、基金管理公司、商业银行、保险公司等金融机构的从业人员以及有关监管部门或者行业协会的工作人员，利用因职务便利获取的内幕信息以外的其他未公开的信息，违反规定，从事与该信息相关的证券、期货交易活动，或者明示、暗示他人从事相关交易活动，涉嫌下列情形之一的，应予立案追诉：……（二）二年内三次以上利用未公开信息交易的；……

利用未公开信息交易，获利或者避免损失数额在五十万元以上，或者证券交易成交额在五百万元以上，或者期货交易占用保证金数额在一百万元以上，同时涉嫌下列情形之一的，应予立案追诉：……（三）二年内因证券、期货违法行为受过行政处罚的；……

第三十二条 [编造并传播证券、期货交易虚假信息案（刑法第一百八十一条第一款）] 编造并且传播影响证券、期货交易的虚假信息，扰乱证券、期货交易市场，涉嫌下列情形之一的，应予立案追诉：……（三）虽未达到上述数额标准，但多次编造并且传播影响证券、期货交易的虚假信息的；……

第三十三条 ［诱骗投资者买卖证券、期货合约案（刑法第一百八十一条第二款）］证券交易所、期货交易所、证券公司、期货公司的从业人员，证券业协会、期货业协会或者证券期货监督管理部门的工作人员，故意提供虚假信息或者伪造、变造、销毁交易记录，诱骗投资者买卖证券、期货合约，涉嫌下列情形之一的，应予立案追诉：……（三）虽未达到上述数额标准，但多次诱骗投资者买卖证券、期货合约的；……

第三十四条 ［操纵证券、期货市场案（刑法第一百八十二条）］操纵证券、期货市场，影响证券、期货交易价格或者证券、期货交易量，涉嫌下列情形之一的，应予立案追诉：（一）持有或者实际控制证券的流通股份数量达到该证券的实际流通股份总量百分之十以上，实施刑法第一百八十二条第一款第一项操纵证券市场行为，连续十个交易日的累计成交量达到同期该证券总成交量百分之二十以上的；（二）实施刑法第一百八十二条第一款第二项、第三项操纵证券市场行为，连续十个交易日的累计成交量达到同期该证券总成交量百分之二十以上的；……

（七）实施刑法第一百八十二条第一款第一项操纵期货市场行为，实际控制的账户合并持仓连续十个交易日的最高值超过期货交易所限仓标准的二倍，累计成交量达到同期该期货合约总成交量百分之二十以上，且期货交易占用保证金数额在五百万元以上的；（八）通过囤积现货，影响特定期货品种市场行情，并进行相关期货交易，实际控制的账户合并持仓连续十个交易日的最高值超过期货交易所限仓标准的二倍，累计成交量达到同期该期货合约总成交量百分之二十以上，且期货交易占用保证金数额在五百万元以上的；（九）实施刑法第一百八十二条第一款第二项、第三项操纵期货市场行为，实际控制的账户连续十个交易日的累计成交量达到同期该期货合约总成交量百分之二十以上，且期货交易占用保证金数额在五百万元以上的；（十）利用虚假或者不确定的重大信息，诱导投资者进行期货交易，行为人进行相关期货交易，实际控制的账户连续十个交易日的累计成交量达到同期该期货合约总成交量百分之二十以上，且期货交易占用保证金数额在五百万元以上的；

(十一)对期货交易标的公开作出评价、预测或者投资建议,同时进行相关期货交易,实际控制的账户连续十个交易日的累计成交量达到同期该期货合约总成交量的百分之二十以上,且期货交易占用保证金数额在五百万元以上的;……

操纵证券、期货市场,影响证券、期货交易价格或者证券、期货交易量,获利或者避免损失数额在五十万元以上,同时涉嫌下列情形之一的,应予立案追诉:……(五)二年内因操纵证券、期货市场行为受过行政处罚的;……

第三十五条 [背信运用受托财产案(刑法第一百八十五条之一第一款)]商业银行、证券交易所、期货交易所、证券公司、期货公司、保险公司或者其他金融机构,违背受托义务,擅自运用客户资金或者其他委托、信托的财产,涉嫌下列情形之一的,应予立案追诉:……(二)虽未达到上述数额标准,但多次擅自运用客户资金或者其他委托、信托的财产,或者擅自运用多个客户资金或者其他委托、信托的财产的;……

第三十六条 [违法运用资金案(刑法第一百八十五条之一第二款)]社会保障基金管理机构、住房公积金管理机构等公众资金管理机构,以及保险公司、保险资产管理公司、证券投资基金管理公司,违反国家规定运用资金,涉嫌下列情形之一的,应予立案追诉:……(二)虽未达到上述数额标准,但多次违反国家规定运用资金的;……

第三十九条 [违规出具金融票证案(刑法第一百八十八条)]银行或者其他金融机构及其工作人员违反规定,为他人出具信用证或者其他保函、票据、存单、资信证明,涉嫌下列情形之一的,应予立案追诉:……(三)多次违规出具信用证或者其他保函、票据、存单、资信证明的;……

第四十一条 [逃汇案(刑法第一百九十条)]公司、企业或者其他单位,违反国家规定,擅自将外汇存放境外,或者将境内的外汇非法转移到境外,单笔在二百万美元以上或者累计数额在五百万美元以上的,应予立案追诉。

第五十二条 [逃税案(刑法第二百零一条)]逃避缴纳税款,涉嫌下列情形之一的,应予立案追诉:……(二)纳税人五年内因逃避缴纳税款受过刑事处罚或者被税务机关给予二次以上行政处罚,又逃避缴纳税款,数额在十万元以上并且占各税种应纳税总额百分之十以上的；……

第五十七条 ［虚开发票案（刑法第二百零五条之一）］虚开刑法第二百零五条规定以外的其他发票，涉嫌下列情形之一的，应予立案追诉：（一）虚开发票金额累计在五十万元以上的；……（三）五年内因虚开发票受过刑事处罚或者二次以上行政处罚，又虚开发票，数额达到第一、二项标准百分之六十以上的。

第五十八条 ［伪造、出售伪造的增值税专用发票案（刑法第二百零六条）］伪造或者出售伪造的增值税专用发票，涉嫌下列情形之一的，应予立案追诉：（一）票面税额累计在十万元以上的；……

第五十九条 ［非法出售增值税专用发票案（刑法第二百零七条）］非法出售增值税专用发票，涉嫌下列情形之一的，应予立案追诉：（一）票面税额累计在十万元以上的；……

第六十条 ［非法购买增值税专用发票、购买伪造的增值税专用发票案（刑法第二百零八条第一款）］非法购买增值税专用发票或者购买伪造的增值税专用发票，涉嫌下列情形之一的，应予立案追诉：……（二）票面税额累计在二十万元以上的。

第六十一条 ［非法制造、出售非法制造的用于骗取出口退税、抵扣税款发票案（刑法第二百零九条第一款）］伪造、擅自制造或者出售伪造、擅自制造的用于骗取出口退税、抵扣税款的其他发票，涉嫌下列情形之一的，应予立案追诉：（一）票面可以退税、抵扣税额累计在十万元以上的；……

第六十二条 ［非法制造、出售非法制造的发票案（刑法第二百零九条第二款）］伪造、擅自制造或者出售伪造、擅自制造的不具有骗取出口退税、抵扣税款功能的其他发票，涉嫌下列情形之一的，应予立案追诉：（一）伪造、擅自制造或者出售伪造、擅自制造的不具有骗取出口退税、抵扣税款功能的其他发票一百份以上且票面金额累计在三十万元以上的；（二）票面金额累计在五十万元以上的；……

第六十三条 ［非法出售用于骗取出口退税、抵扣税款发票案（刑法第二百零九条第三款）］非法出售可以用于骗取出口退税、抵扣税款的其他发票，涉嫌下列情形之一的，应予立案追诉：（一）票面可以退税、抵扣税额累计在十万元以上的；……

第六十四条 [非法出售发票案（刑法第二百零九条第四款）]非法出售增值税专用发票、用于骗取出口退税、抵扣税款的其他发票以外的发票，涉嫌下列情形之一的，应予立案追诉：……（二）票面金额累计在五十万元以上的；……

第六十五条 [持有伪造的发票案（刑法第二百一十条之一）]明知是伪造的发票而持有，涉嫌下列情形之一的，应予立案追诉：（一）持有伪造的增值税专用发票或者可以用于骗取出口退税、抵扣税款的其他发票五十份以上且票面税额累计在二十五万元以上的；（二）持有伪造的增值税专用发票或者可以用于骗取出口退税、抵扣税款的其他发票票面税额累计在五十万元以上的；……（四）持有伪造的第一项规定以外的其他发票票面金额累计在一百万元以上的。

第六十七条 [虚假广告案（刑法第二百二十二条）]广告主、广告经营者、广告发布者违反国家规定，利用广告对商品或者服务作虚假宣传，涉嫌下列情形之一的，应予立案追诉：……（四）虽未达到上述数额标准，但二年内因利用广告作虚假宣传受过二次以上行政处罚，又利用广告作虚假宣传的；……

第六十八条 [串通投标案（刑法第二百二十三条）]投标人相互串通投标报价，或者投标人与招标人串通投标，涉嫌下列情形之一的，应予立案追诉：……（五）虽未达到上述数额标准，但二年内因串通投标受过二次以上行政处罚，又串通投标的；……

第七十条 [组织、领导传销活动案（刑法第二百二十四条之一）]组织、领导以推销商品、提供服务等经营活动为名，要求参加者以缴纳费用或者购买商品、服务等方式获得加入资格，并按照一定顺序组成层级，直接或者间接以发展人员的数量作为计酬或者返利依据，引诱、胁迫参加者继续发展他人参加，骗取财物，扰乱经济社会秩序的传销活动，涉嫌组织、领导的传销活动人员在三十人以上且层级在三级以上的，对组织者、领导者，应予立案追诉。

下列人员可以认定为传销活动的组织者、领导者：……（四）因组织、领导传销活动受过刑事追究，或者一年内因组织、领导传销活动受过行政处罚，又直接或者间接发展参与传销活动人员在十五人以上且层级在三级以上的人员；……

第七十一条　[非法经营案（刑法第二百二十五条）]违反国家规定，进行非法经营活动，扰乱市场秩序，涉嫌下列情形之一的，应予立案追诉：

（一）违反国家烟草专卖管理法律法规，未经烟草专卖行政主管部门许可，无烟草专卖生产企业许可证、烟草专卖批发企业许可证、特种烟草专卖经营企业许可证、烟草专卖零售许可证等许可证明，非法经营烟草专卖品，具有下列情形之一的：……3. 三年内因非法经营烟草专卖品受过二次以上行政处罚，又非法经营烟草专卖品且数额在三万元以上的。

（二）未经国家有关主管部门批准，非法经营证券、期货、保险业务，或者非法从事资金支付结算业务，具有下列情形之一的：……3. 非法从事资金支付结算业务，数额在二百五十万元以上不满五百万元，或者违法所得数额在五万元以上不满十万元，且具有下列情形之一的：……（2）二年内因非法从事资金支付结算业务违法行为受过行政处罚的；……

（三）实施倒买倒卖外汇或者变相买卖外汇等非法买卖外汇行为，扰乱金融市场秩序，具有下列情形之一的：……2. 非法经营数额在二百五十万元以上，或者违法所得数额在五万元以上，且具有下列情形之一的：……（2）二年内因非法买卖外汇违法行为受过行政处罚的；……

（四）出版、印刷、复制、发行严重危害社会秩序和扰乱市场秩序的非法出版物，具有下列情形之一的：……4. 虽未达到上述数额标准，但具有下列情形之一的：（1）二年内因出版、印刷、复制、发行非法出版物受过二次以上行政处罚，又出版、印刷、复制、发行非法出版物的；……

（五）非法从事出版物的出版、印刷、复制、发行业务，严重扰乱市场秩序，具有下列情形之一的：……4. 虽未达到上述数额标准，二年内因非法从事出版物的出版、印刷、复制、发行业务受过二次以上行政处罚，又非法从事出版物的出版、印刷、复制、发行业务的。

（六）采取租用国际专线、私设转接设备或者其他方法，擅自经营国际电信业务或者涉港澳台电信业务进行营利活动，扰乱电信市场管理秩序，具有下列情形之一的：……3. 虽未达到上述数额标准，但具有下列情形之一的：（1）二年内因非法经营国际电信业务或者涉港澳台电信业务行为受过二次以上行政处罚，又非法经营国际电信业务或者涉港澳台电信业务的；……

（八）非法生产、销售"黑广播""伪基站"、无线电干扰器等无线电设备，具有下列情形之一的：……3. 虽未达到上述数额标准，但二年内因非法生产、销售无线电设备受过二次以上行政处罚，又非法生产、销售无线电设备的。

（九）以提供给他人开设赌场为目的，违反国家规定，非法生产、销售具有退币、退分、退钢珠等赌博功能的电子游戏设施设备或者其专用软件，具有下列情形之一的：……3. 虽未达到上述数额标准，但二年内因非法生产、销售赌博机行为受过二次以上行政处罚，又进行同种非法经营行为的；……

（十一）未经监管部门批准，或者超越经营范围，以营利为目的，以超过百分之三十六的实际年利率经常性地向社会不特定对象发放贷款，具有下列情形之一的：1. 个人非法放贷数额累计在二百万元以上的，单位非法放贷数额累计在一千万元以上的；2. 个人违法所得数额累计在八十万元以上的，单位违法所得数额累计在四百万元以上的；3. 个人非法放贷对象累计在五十人以上的，单位非法放贷对象累计在一百五十人以上的；……5. 虽未达到上述数额标准，但具有下列情形之一的：（1）二年内因实施非法放贷行为受过二次以上行政处罚的；……

（十二）从事其他非法经营活动，具有下列情形之一的：……3. 虽未达到上述数额标准，但二年内因非法经营行为受过二次以上行政处罚，又从事同种非法经营行为的；……

第七十三条　［提供虚假证明文件案（刑法第二百二十九条第一款）］承担资产评估、验资、验证、会计、审计、法律服务、保荐、安全评价、环境影响评价、环境监测等职责的中介组织的人员故意提供虚假证明文件，涉嫌下列情形之一的，应予立案追诉：……（四）虽未达到上述数额标准，但二年内因提供虚假证明文件受过二次以上行政处罚，又提供虚假证明文件的；……

第七十五条　[逃避商检案（刑法第二百三十条）]违反进出口商品检验法的规定，逃避商品检验，将必须经商检机构检验的进口商品未报经检验而擅自销售、使用，或者将必须经商检机构检验的出口商品未报经检验合格而擅自出口，涉嫌下列情形之一的，应予立案追诉：……（四）多次逃避商检的；……

第七十八条　[虚假诉讼案（刑法第三百零七条之一）]单独或者与他人恶意串通，以捏造的事实提起民事诉讼，涉嫌下列情形之一的，应予立案追诉：……（四）多次以捏造的事实提起民事诉讼的；……

五、《最高人民检察院、公安部关于公安机关管辖的刑事案件立案追诉标准的规定（三）》（公通字〔2012〕26号）

第一条　[走私、贩卖、运输、制造毒品案（刑法第三百四十七条）]走私、贩卖、运输、制造毒品，无论数量多少，都应予立案追诉。……对不同宗毒品分别实施了不同种犯罪行为的，应对不同行为并列适用罪名，累计计算毒品数量。

第二条　[非法持有毒品案（刑法第三百四十八条）]明知是毒品而非法持有，涉嫌下列情形之一的，应予立案追诉：……非法持有两种以上毒品，每种毒品均没有达到本条第一款规定的数量标准，但按前款规定的立案追诉数量比例折算成海洛因后累计相加达到十克以上的，应予立案追诉。……

第五条　[走私制毒物品案（刑法第三百五十条）]违反国家规定，非法运输、携带制毒物品进出国（边）境，涉嫌下列情形之一的，应予立案追诉：……非法运输、携带两种以上制毒物品进出国（边）境，每种制毒物品均没有达到本条第一款规定的数量标准，但按前款规定的立案追诉数量比例折算成一种制毒物品后累计相加达到上述数量标准的，应予立案追诉。……

第六条　[非法买卖制毒物品案（刑法第三百五十条）]违反国家规定，在境内非法买卖制毒物品，数量达到本规定第五条第一款规定情形之一的，应予立案追诉。

非法买卖两种以上制毒物品，每种制毒物品均没有达到本条第一款规定的数量标准，但按前款规定的立案追诉数量比例折算成一种制毒物品后累计相加达到上述数量标准的，应予立案追诉。……

第十一条 〔容留他人吸毒案（刑法第三百五十四条）〕提供场所，容留他人吸食、注射毒品，涉嫌下列情形之一的，应予立案追诉：（一）容留他人吸食、注射毒品两次以上的；……（三）因容留他人吸食、注射毒品被行政处罚，又容留他人吸食、注射毒品的；……

第十二条 〔非法提供麻醉药品、精神药品案（刑法第三百五十五条）〕依法从事生产、运输、管理、使用国家管制的麻醉药品、精神药品的个人或者单位，违反国家规定，向吸食、注射毒品的人员提供国家规定管制的能够使人形成瘾癖的麻醉药品、精神药品，涉嫌下列情形之一的，应予立案追诉：……（二）虽未达到上述数量标准，但非法提供麻醉药品、精神药品两次以上，数量累计达到前项规定的数量标准百分之八十以上的；（三）因非法提供麻醉药品、精神药品被行政处罚，又非法提供麻醉药品、精神药品的；……

六、《最高人民法院、最高人民检察院、公安部关于办理醉酒驾驶机动车刑事案件适用法律若干问题的意见》（法发〔2013〕15号）

二、醉酒驾驶机动车，具有下列情形之一的，依照刑法第一百三十三条之一第一款的规定，从重处罚：……（七）曾因酒后驾驶机动车受过行政处罚或者刑事追究的；……

七、《最高人民法院关于依法妥善审理高空抛物、坠物案件的意见》（法发〔2019〕25号）

二、依法惩处构成犯罪的高空抛物、坠物行为，切实维护人民群众生命财产安全

……

6.依法从重惩治高空抛物犯罪。具有下列情形之一的，应当从重处罚，一般不得适用缓刑：（1）多次实施的；……

八、《最高人民法院关于审理非法制造、买卖、运输枪支、弹药、爆炸物等刑事案件具体应用法律若干问题的解释》（2009年修正）

第一条 个人或者单位非法制造、买卖、运输、邮寄、储存枪支、弹药、爆炸物，具有下列情形之一的，依照刑法第一百二十五条第一款的规定，以非法制造、买卖、运输、邮寄、储存枪支、弹药、爆炸物罪定罪处罚：……（八）多次非法制造、买卖、运输、邮寄、储存弹药、爆炸物的；……

第九条 ……在公共场所、居民区等人员集中区域非法制造、买卖、运输、邮寄、储存爆炸物，或者因非法制造、买卖、运输、邮寄、储存爆炸物三年内受到两次以上行政处罚又实施上述行为，数量达到本解释规定标准的，不适用前两款量刑的规定。

九、《最高人民法院、最高人民检察院关于办理危害生产安全刑事案件适用法律若干问题的解释》（法释〔2015〕22号）

第十二条 实施刑法第一百三十二条、第一百三十四条至第一百三十九条之一规定[①]的犯罪行为，具有下列情形之一的，从重处罚：……（四）一年内曾因危害生产安全违法犯罪活动受过行政处罚或者刑事处罚的；……

十、《最高人民法院印发〈关于进一步加强危害生产安全刑事案件审判工作的意见〉的通知》（法发〔2011〕20号）

五、准确把握宽严相济刑事政策

14. 造成《关于办理危害矿山生产安全刑事案件具体应用法律若干问题的解释》第四条规定的"重大伤亡事故或者其他严重后果"，同时具有下列情形之一的，也可以认定为刑法第一百三十四条、第一百三十五条规定的

---

① 第一百三十二条是铁路运营安全事故罪。第一百三十四条至第一百三十九条之一规定的犯罪行为依次是：第一百三十四条是重大责任事故罪、强令、组织他人违章冒险作业罪；第一百三十四条之一是危险作业罪；第一百三十五条是重大劳动安全事故罪；第一百三十五条之一是大型群众性活动重大安全事故罪；第一百三十六条是危险物品肇事罪；第一百三十七条是工程重大安全事故罪；第一百三十八条是教育设施重大安全事故罪；第一百三十九条是消防责任事故罪；第一百三十九条之一是不报、谎报安全事故罪。

"情节特别恶劣：……（三）曾因安全生产设施或者安全生产条件不符合国家规定，被监督管理部门处罚或责令改正，一年内再次违规生产致使发生重大生产安全事故的；……

15. 相关犯罪中，具有以下情形之一的，依法从重处罚：……（七）曾因安全生产设施或者安全生产条件不符合国家规定，被监督管理部门处罚或责令改正，一年内再次违规生产致使发生重大生产安全事故的。

十一、《最高人民法院、最高人民检察院关于办理生产、销售伪劣商品刑事案件具体应用法律若干问题的解释》（法释〔2001〕10号）

第二条　……多次实施生产、销售伪劣产品行为，未经处理的，伪劣产品的销售金额或者货值金额累计计算。

十二、《最高人民法院、最高人民检察院关于办理危害食品安全刑事案件适用法律若干问题的解释》（法释〔2013〕12号）

第三条　生产、销售不符合食品安全标准的食品，具有下列情形之一的，应当认定为刑法第一百四十三条规定的"其他严重情节"：……（四）生产、销售金额十万元以上不满二十万元，一年内曾因危害食品安全违法犯罪活动受过行政处罚或者刑事处罚的；……

第六条　生产、销售有毒、有害食品，具有下列情形之一的，应当认定为刑法第一百四十四条规定的"其他严重情节"：……（四）生产、销售金额十万元以上不满二十万元，一年内曾因危害食品安全违法犯罪活动受过行政处罚或者刑事处罚的；……

十三、《最高人民法院、最高人民检察院关于办理危害药品安全刑事案件适用法律若干问题的解释》（法释〔2014〕14号）

第一条　生产、销售假药，具有下列情形之一的，应当酌情从重处罚：……（六）两年内曾因危害药品安全违法犯罪活动受过行政处罚或者刑事处罚的；……

十四、《最高人民法院、最高人民检察院关于办理走私刑事案件适用法律若干问题的解释》（法释〔2014〕10号）

第十七条　刑法第一百五十三条第一款规定的"一年内曾因走私被给予二次行政处罚后又走私"中的"一年内"，以因走私第一次受到行政处罚的生效之日与"又走私"行为实施之日的时间间隔计算确定；"被给予二次行政处罚"的走私行为，包括走私普通货物、物品以及其他货物、物品；"又走私"行为仅指走私普通货物、物品。

第十八条　……刑法第一百五十三条第三款规定的"多次走私未经处理"，包括未经行政处理和刑事处理。

十五、《最高人民法院关于审理非法集资刑事案件具体应用法律若干问题的解释》（2022年修正）

第三条　……非法吸收或者变相吸收公众存款数额在50万元以上或者给存款人造成直接经济损失数额在25万元以上，同时具有下列情节之一的，应当依法追究刑事责任：……（二）二年内曾因非法集资受过行政处罚的；……

第十二条　广告经营者、广告发布者违反国家规定，利用广告为非法集资活动相关的商品或者服务作虚假宣传，具有下列情形之一的，依照刑法第二百二十二条的规定，以虚假广告罪定罪处罚：……（三）二年内利用广告作虚假宣传，受过行政处罚二次以上的；……

十六、《最高人民法院、最高人民检察院关于办理内幕交易、泄露内幕信息刑事案件具体应用法律若干问题的解释》（法释〔2012〕6号）

第六条　在内幕信息敏感期内从事或者明示、暗示他人从事或者泄露内幕信息导致他人从事与该内幕信息有关的证券、期货交易，具有下列情形之一的，应当认定为刑法第一百八十条第一款规定的"情节严重"：……（四）三次以上的；……

第八条　二次以上实施内幕交易或者泄露内幕信息行为，未经行政处理或者刑事处理的，应当对相关交易数额依法累计计算。

十七、《最高人民法院、最高人民检察院关于办理非法从事资金支付结算业务、非法买卖外汇刑事案件适用法律若干问题的解释》（法释〔2019〕1号）

第三条 ……非法经营数额在二百五十万元以上，或者违法所得数额在五万元以上，且具有下列情形之一的，可以认定为非法经营行为"情节严重"：……（二）二年内因非法从事资金支付结算业务或者非法买卖外汇违法行为受过行政处罚的；……

第六条 二次以上非法从事资金支付结算业务或者非法买卖外汇，依法应予行政处理或者刑事处理而未经处理的，非法经营数额或者违法所得数额累计计算。……

十八、《最高人民法院、最高人民检察院关于办理操纵证券、期货市场刑事案件适用法律若干问题的解释》（法释〔2019〕9号）

第二条 操纵证券、期货市场，具有下列情形之一的，应当认定为刑法第一百八十二条第一款规定的"情节严重"：

（一）持有或者实际控制证券的流通股份数量达到该证券的实际流通股份总量百分之十以上，实施刑法第一百八十二条第一款第一项操纵证券市场行为，连续十个交易日的累计成交量达到同期该证券总成交量百分之二十以上的；

（二）实施刑法第一百八十二条第一款第二项、第三项操纵证券市场行为，连续十个交易日的累计成交量达到同期该证券总成交量百分之二十以上的；

……

（四）实施刑法第一百八十二条第一款第一项及本解释第一条第六项操纵期货市场行为，实际控制的账户合并持仓连续十个交易日的最高值超过期货交易所限仓标准的二倍，累计成交量达到同期该期货合约总成交量百分之二十以上，且期货交易占用保证金数额在五百万元以上的；

（五）实施刑法第一百八十二条第一款第二项、第三项及本解释第一条第一项、第二项操纵期货市场行为，实际控制的账户连续十个交易日的累计成交量达到同期该期货合约总成交量百分之二十以上，且期货交易占用保证金数额在五百万元以上的；

（六）实施本解释第一条第五项操纵证券、期货市场行为，当日累计撤回申报量达到同期该证券、期货合约总申报量百分之五十以上，且证券撤回申报额在一千万元以上、撤回申报的期货合约占用保证金数额在五百万元以上的；

......

第三条 操纵证券、期货市场，违法所得数额在五十万元以上，具有下列情形之一的，应当认定为刑法第一百八十二条第一款规定的"情节严重"：......（五）二年内因操纵证券、期货市场行为受过行政处罚的；......

第四条 具有下列情形之一的，应当认定为刑法第一百八十二条第一款规定的"情节特别严重"：

（一）持有或者实际控制证券的流通股份数量达到该证券的实际流通股份总量百分之十以上，实施刑法第一百八十二条第一款第一项操纵证券市场行为，连续十个交易日的累计成交量达到同期该证券总成交量百分之五十以上的；

（二）实施刑法第一百八十二条第一款第二项、第三项操纵证券市场行为，连续十个交易日的累计成交量达到同期该证券总成交量百分之五十以上的；

......

（四）实施刑法第一百八十二条第一款第一项及本解释第一条第六项操纵期货市场行为，实际控制的账户合并持仓连续十个交易日的最高值超过期货交易所限仓标准的五倍，累计成交量达到同期该期货合约总成交量百分之五十以上，且期货交易占用保证金数额在二千五百万元以上的；

（五）实施刑法第一百八十二条第一款第二项、第三项及本解释第一条第一项、第二项操纵期货市场行为，实际控制的账户连续十个交易日的累计成交量达到同期该期货合约总成交量百分之五十以上，且期货交易占用保证金数额在二千五百万元以上的；

......

第六条　二次以上实施操纵证券、期货市场行为，依法应予行政处理或者刑事处理而未经处理的，相关交易数额或者违法所得数额累计计算。

十九、《最高人民法院、最高人民检察院关于办理利用未公开信息交易刑事案件适用法律若干问题的解释》（法释〔2019〕10号）

第五条　利用未公开信息交易，具有下列情形之一的，应当认定为刑法第一百八十条第四款规定的"情节严重"：……（二）二年内三次以上利用未公开信息交易的；……

第六条　利用未公开信息交易，违法所得数额在五十万元以上，或者证券交易成交额在五百万元以上，或者期货交易占用保证金数额在一百万元以上，具有下列情形之一的，应当认定为刑法第一百八十条第四款规定的"情节严重"：……（三）二年内因证券、期货违法行为受过行政处罚的；……

第八条　二次以上利用未公开信息交易，依法应予行政处理或者刑事处理而未经处理的，相关交易数额或者违法所得数额累计计算。

二十、《最高人民法院关于印发〈全国法院审理金融犯罪案件工作座谈会纪要〉的通知》

假币犯罪罪名的确定。假币犯罪案件中犯罪分子实施数个相关行为的，在确定罪名时应把握以下原则：……（2）对不同宗假币实施法律规定为选择性罪名的行为，并列确定罪名，数额按全部假币面额累计计算，不实行数罪并罚。……

二十一、《最高人民法院研究室关于信用卡犯罪法律适用若干问题的复函》（法研〔2010〕105号）

一、对于一人持有多张信用卡进行恶意透支，每张信用卡透支数额均未达到1万元的立案追诉标准的，原则上可以累计数额进行追诉。但考虑到一人办多张信用卡的情况复杂，如累计透支数额不大的，应分别不同情况慎重处理。

二十二、《最高人民法院关于适用〈全国人民代表大会常务委员会关于惩治虚开、伪造和非法出售增值税专用发票犯罪的决定〉的若干问题的解释》（法发〔1996〕30号）

二、根据《决定》第二条规定，伪造或者出售伪造的增值税专用发票的，构成伪造、出售伪造的增值税专用发票罪。

伪造或者出售伪造的增值税专用发票25份以上或者票面额（百元版以每份100元，千元版以每份1000元，万元版以每份1万元计算，以此类推。下同）累计10万元以上的应当依法定罪处罚。

伪造或者出售伪造的增值税专用发票100份以上或者票面额累计50万元以上的，属于"数量较大"；具有下列情形之一的，属于"有其他严重情节"：（1）违法所得数额在1万元以上的；（2）伪造并出售伪造的增值税专用发票60份以上或者票面额累计30万元以上的；（3）造成严重后果或者具有其他严重情节的。

伪造或者出售伪造的增值税专用发票500份以上或者票面额累计250万元以上的，属于"数量巨大"；具有下列情形之一的，属于"有其他特别严重情节"：（1）违法所得数额在5万元以上的；（2）伪造并出售伪造的增值税专用发票300份以上或者票面额累计200万元以上的；（3）伪造或者出售伪造的增值税专用发票接近"数量巨大"并有其他严重情节的；（4）造成特别严重后果或者具有其他特别严重情节的。

伪造并出售伪造的增值税专用发票1000份以上或者票面额累计1000万元以上的，属于"伪造并出售伪造的增值税专用发票数量特别巨大"；具有下列情形之一的，属于"情节特别严重"：（1）违法所得数额在5万元以上的；（2）因伪造、出售伪造的增值税专用发票致使国家税款被骗取100万元以上的；（3）给国家税款造成实际损失50万元以上的；（4）具有其他特别严重情节的。对于伪造并出售伪造的增值税专用发票数量达到特别巨大，又具有特别严重情节，严重破坏经济秩序的，应当依照《决定》第二条第二款的规定处罚。

……

三、根据《决定》第三条规定，非法出售增值税专用发票的，构成非法出售增值税专用发票罪。

非法出售增值税专用发票案件的定罪量刑数量标准按照本解释第二条第二、三、四款的规定执行。

四、根据《决定》第四条规定，非法购买增值税专用发票或者购买伪造的增值税专用发票的，构成非法购买增值税专用发票、伪造的增值税专用发票罪。

非法购买增值税专用发票或者购买伪造的增值税专用发票25份以上或者票面额累计10万元以上的，应当依法定罪处罚。

非法购买真、伪两种增值税专用发票的，数量累计计算，不实行数罪并罚。

二十三、《最高人民法院关于审理骗取出口退税刑事案件具体应用法律若干问题的解释》（法释〔2002〕30号）

第四条 具有下列情形之一的，属于刑法第二百零四条规定的"其他严重情节"：……（二）因骗取国家出口退税行为受过行政处罚，两年内又骗取国家出口退税款数额在30万元以上的；……

第五条 具有下列情形之一的，属于刑法第二百零四条规定的"其他特别严重情节"：……（二）因骗取国家出口退税行为受过行政处罚，两年内又骗取国家出口退税款数额在150万元以上的；……

二十四、《最高人民法院关于审理偷税抗税刑事案件具体应用法律若干问题的解释》（法释〔2002〕33号）

第二条 ……刑法第二百零一条第三款规定的"未经处理"，是指纳税人或者扣缴义务人在五年内多次实施偷税行为，但每次偷税数额均未达到刑法第二百零一条规定的构成犯罪的数额标准，且未受行政处罚的情形。……

第四条 两年内因偷税受过二次行政处罚，又偷税且数额在一万元以上的，应当以偷税罪定罪处罚。

第五条 实施抗税行为具有下列情形之一的，属于刑法第二百零二条规定的"情节严重"：……（三）多次抗税的；……

二十五、《最高人民法院、最高人民检察院关于办理非法从事资金支付结算业务、非法买卖外汇刑事案件适用法律若干问题的解释》（法释〔2019〕1号）

第三条 ……非法经营数额在二百五十万元以上，或者违法所得数额在五万元以上，且具有下列情形之一的，可以认定为非法经营行为"情节严重"：……（二）二年内因非法从事资金支付结算业务或者非法买卖外汇违法行为受过行政处罚的；……

第四条 ……非法经营数额在一千二百五十万元以上，或者违法所得数额在二十五万元以上，且具有本解释第三条第二款规定的四种情形之一的，可以认定为非法经营行为"情节特别严重"。

第六条 二次以上非法从事资金支付结算业务或者非法买卖外汇，依法应予行政处理或者刑事处理而未经处理的，非法经营数额或者违法所得数额累计计算。……

二十六、《最高人民法院关于审理非法出版物刑事案件具体应用法律若干问题的解释》（法释〔1998〕30号）

第二条 以营利为目的，实施刑法第二百一十七条所列侵犯著作权行为之一，个人违法所得数额在五万元以上，单位违法所得数额在二十万元以上的，属于"违法所得数额较大"；具有下列情形之一的，属于"有其他严重情节"：（一）因侵犯著作权曾经两次以上被追究行政责任或者民事责任，两年内又实施刑法第二百一十七条所列侵犯著作权行为之一的；……

第八条 以牟利为目的，实施刑法第三百六十三条第一款规定的行为，具有下列情形之一的，以制作、复制、出版、贩卖、传播淫秽物品牟利罪定罪处罚：……（三）向他人传播淫秽物品达二百至五百人次以上，或者组织播放淫秽影、像达十至二十场次以上的；……

以牟利为目的，实施刑法第三百六十三条第一款规定的行为，具有下列情形之一的，应当认定为制作、复制、出版、贩卖、传播淫秽物品牟利罪"情节严重"：……（三）向他人传播淫秽物品达一千至二千人次以上，或者组织播放淫秽影、像达五十至一百场次以上的;……

以牟利为目的,实施刑法第三百六十三条第一款规定的行为,其数量(数额)达到前款规定的数量(数额)五倍以上的,应当认定为制作、复制、出版、贩卖、传播淫秽物品牟利罪"情节特别严重"。

第十条 向他人传播淫秽的书刊、影片、音像、图片等出版物达三百至六百人次以上或者造成恶劣社会影响的,属于"情节严重",依照刑法第三百六十四条第一款的规定,以传播淫秽物品罪定罪处罚。

组织播放淫秽的电影、录像等音像制品达十五至三十场次以上或者造成恶劣社会影响的,依照刑法第三百六十四条第二款的规定,以组织播放淫秽音像制品罪定罪处罚。

第十四条 实施本解释第十一条规定的行为,经营数额、违法所得数额或者经营数量接近非法经营行为"情节严重"、"情节特别严重"的数额、数量起点标准,并具有下列情形之一的,可以认定为非法经营行为"情节严重"、"情节特别严重":(一)两年内因出版、印刷、复制、发行非法出版物受过行政处罚两次以上的;……

二十七、《最高人民法院、最高人民检察院关于办理侵犯知识产权刑事案件具体应用法律若干问题的解释》(法释〔2004〕19号)

第九条 ……具有下列情形之一的,应当认定为属于刑法第二百一十四条规定的"明知":……(二)因销售假冒注册商标的商品受到过行政处罚或者承担过民事责任,又销售同一种假冒注册商标的商品的;……

第十二条 …… 多次实施侵犯知识产权行为,未经行政处理或者刑事处罚的,非法经营数额、违法所得数额或者销售金额累计计算。

二十八、《最高人民法院、最高人民检察院关于办理侵犯知识产权刑事案件具体应用法律若干问题的解释(二)》(法释〔2007〕6号)

第三条 侵犯知识产权犯罪,符合刑法规定的缓刑条件的,依法适用缓刑。有下列情形之一的，一般不适用缓刑：（一）因侵犯知识产权被刑事处罚或者行政处罚后，再次侵犯知识产权构成犯罪的；……

二十九、《最高人民法院、最高人民检察院关于办理侵犯知识产权刑事案件具体应用法律若干问题的解释（三）》（法释〔2020〕10号）

第八条 具有下列情形之一的，可以酌情从重处罚，一般不适用缓刑：……（二）因侵犯知识产权被行政处罚后再次侵犯知识产权构成犯罪的；……

三十、《最高人民法院、最高人民检察院、公安部印发〈关于办理侵犯知识产权刑事案件适用法律若干问题的意见〉的通知》（法发〔2011〕3号）

十四、关于多次实施侵犯知识产权行为累计计算数额问题

依照最高人民法院、最高人民检察院《关于办理侵犯知识产权刑事案件具体应用法律若干问题的解释》第十二条第二款的规定，多次实施侵犯知识产权行为，未经行政处理或者刑事处罚的，非法经营数额、违法所得数额或者销售金额累计计算。

二年内多次实施侵犯知识产权违法行为，未经行政处理，累计数额构成犯罪的，应当依法定罪处罚。实施侵犯知识产权犯罪行为的追诉期限，适用刑法的有关规定，不受前述二年的限制。

三十一、《最高人民法院关于审理扰乱电信市场管理秩序案件具体应用法律若干问题的解释》（法释〔2000〕12号）

第三条 实施本解释第一条规定的行为，经营数额或者造成电信资费损失数额接近非法经营行为"情节严重"、"情节特别严重"的数额起点标准，并具有下列情形之一的，可以分别认定为非法经营行为"情节严重"、"情节特别严重"：（一）两年内因非法经营国际电信业务或者涉港澳台电信业务行为受过行政处罚两次以上的；……

第四条 单位实施本解释第一条规定的行为构成犯罪的，对单位判处罚

金,并对其直接负责的主管人员和其他直接责任人员,依照本解释第二条、第三条的规定处罚。

三十二、《最高人民法院、最高人民检察院关于办理非法生产、销售烟草专卖品等刑事案件具体应用法律若干问题的解释》(法释〔2010〕7号)

第三条 非法经营烟草专卖品,具有下列情形之一的,应当认定为刑法第二百二十五条规定的"情节严重":……(三)曾因非法经营烟草专卖品三年内受过二次以上行政处罚,又非法经营烟草专卖品且数额在三万元以上的。……

三十三、《最高人民法院、最高人民检察院关于办理危害药品安全刑事案件适用法律若干问题的解释》

第十条 办理生产、销售、提供假药、生产、销售、提供劣药、妨害药品管理等刑事案件,应当结合行为人的从业经历、认知能力、药品质量、进货渠道和价格、销售渠道和价格以及生产、销售方式等事实综合判断认定行为人的主观故意。具有下列情形之一的,可以认定行为人有实施相关犯罪的主观故意,但有证据证明确实不具有故意的除外:……(五)曾因实施危害药品安全违法犯罪行为受过处罚,又实施同类行为的;……

三十四、《最高人民法院、最高人民检察院公安部关于办理组织领导传销活动刑事案件适用法律若干问题的意见》(公通字〔2013〕37号)

二、关于传销活动有关人员的认定和处理问题

下列人员可以认定为传销活动的组织者、领导者:……(四)曾因组织、领导传销活动受过刑事处罚,或者一年以内因组织、领导传销活动受过行政处罚,又直接或者间接发展参与传销活动人员在十五人以上且层级在三级以上的人员;……

四、关于"情节严重"的认定问题

对符合本意见第一条第一款规定的传销组织的组织者、领导者,具有下

列情形之一的，应当认定为刑法第二百二十四条之一规定的"情节严重"：

（一）组织、领导的参与传销活动人员累计达一百二十人以上的；

（二）直接或者间接收取参与传销活动人员缴纳的传销资金数额累计达二百五十万元以上的；

（三）曾因组织、领导传销活动受过刑事处罚，或者一年以内因组织、领导传销活动受过行政处罚，又直接或者间接发展参与传销活动人员累计达六十人以上的；……

三十五、《最高人民法院关于审理走私、非法经营、非法使用兴奋剂刑事案件适用法律若干问题的解释》（法释〔2019〕16号）

第一条 运动员、运动员辅助人员走私兴奋剂目录所列物质，或者其他人员以在体育竞赛中非法使用为目的走私兴奋剂目录所列物质，涉案物质属于国家禁止进出口的货物、物品，具有下列情形之一的，应当依照刑法第一百五十一条第三款的规定，以走私国家禁止进出口的货物、物品罪定罪处罚：（一）一年内曾因走私被给予二次以上行政处罚后又走私的；……

实施前款规定的行为，涉案物质不属于国家禁止进出口的货物、物品，但偷逃应缴税额一万元以上或者一年内曾因走私被给予二次以上行政处罚后又走私的，应当依照刑法第一百五十三条的规定，以走私普通货物、物品罪定罪处罚。

……

三十六、《最高人民法院、最高人民检察院、公安部、司法部关于办理非法放贷刑事案件若干问题的意见》

一、违反国家规定，未经监管部门批准，或者超越经营范围，以营利为目的，经常性地向社会不特定对象发放贷款，扰乱金融市场秩序，情节严重的，依照刑法第二百二十五条第（四）项的规定，以非法经营罪定罪处罚。

前款规定中的"经常性地向社会不特定对象发放贷款"，是指2年内向不特定多人（包括单位和个人）以借款或其他名义出借资金10次以上。

贷款到期后延长还款期限的，发放贷款次数按照 1 次计算。

二、以超过 36% 的实际年利率实施符合本意见第一条规定的非法放贷行为，具有下列情形之一的，属于刑法第二百二十五条规定的"情节严重"，但单次非法放贷行为实际年利率未超过 36% 的，定罪量刑时不得计入：

（一）个人非法放贷数额累计在 200 万元以上的，单位非法放贷数额累计在 1000 万元以上的；

（二）个人违法所得数额累计在 80 万元以上的，单位违法所得数额累计在 400 万元以上的；

（三）个人非法放贷对象累计在 50 人以上的，单位非法放贷对象累计在 150 人以上的；

（四）造成借款人或者其近亲属自杀、死亡或者精神失常等严重后果的。

具有下列情形之一的，属于刑法第二百二十五条规定的"情节特别严重"：

（一）个人非法放贷数额累计在 1000 万元以上的，单位非法放贷数额累计在 5000 万元以上的；

（二）个人违法所得数额累计在 400 万元以上的，单位违法所得数额累计在 2000 万元以上的；

（三）个人非法放贷对象累计在 250 人以上的，单位非法放贷对象累计在 750 人以上的；

（四）造成多名借款人或者其近亲属自杀、死亡或者精神失常等特别严重后果的。

三、非法放贷数额、违法所得数额、非法放贷对象数量接近本意见第二条规定的"情节严重""情节特别严重"的数额、数量起点标准，并具有下列情形之一的，可以分别认定为"情节严重""情节特别严重"：

（一）2 年内因实施非法放贷行为受过行政处罚 2 次以上的；

（二）以超过 72% 的实际年利率实施非法放贷行为 10 次以上的。

五、……非法放贷行为未经处理的，非法放贷次数和数额、违法所得数额、非法放贷对象数量等应当累计计算。

三十七、《最高人民法院、最高人民检察院关于办理利用信息网络实施诽谤等刑事案件适用法律若干问题的解释》（法释〔2013〕21号）

第二条 利用信息网络诽谤他人，具有下列情形之一的，应当认定为刑法第二百四十六条第一款规定的"情节严重"：……（三）二年内曾因诽谤受过行政处罚，又诽谤他人的；……

第四条 一年内多次实施利用信息网络诽谤他人行为未经处理，诽谤信息实际被点击、浏览、转发次数累计计算构成犯罪的，应当依法定罪处罚。

三十八、《最高人民法院最高人民检察院关于办理侵犯公民个人信息刑事案件适用法律若干问题的解释》（法释〔2017〕10号）

第五条 非法获取、出售或者提供公民个人信息，具有下列情形之一的，应当认定为刑法第二百五十三条之一规定的"情节严重"：……（九）曾因侵犯公民个人信息受过刑事处罚或者二年内受过行政处罚，又非法获取、出售或者提供公民个人信息的；……

第六条 为合法经营活动而非法购买、收受本解释第五条第一款第三项、第四项规定以外的公民个人信息，具有下列情形之一的，应当认定为刑法第二百五十三条之一规定的"情节严重"：……（二）曾因侵犯公民个人信息受过刑事处罚或者二年内受过行政处罚，又非法购买、收受公民个人信息的；……

第七条 单位犯刑法第二百五十三条之一规定之罪的，依照本解释规定的相应自然人犯罪的定罪量刑标准，对直接负责的主管人员和其他直接责任人员定罪处罚，并对单位判处罚金。

第十一条 ……向不同单位或者个人分别出售、提供同一公民个人信息的，公民个人信息的条数累计计算。……

三十九、《最高人民法院、最高人民检察院、公安部、司法部印发〈关于依法惩治拐卖妇女儿童犯罪的意见〉的通知》（法发〔2010〕7号）

20. 明知是被拐卖的妇女、儿童而收买，具有下列情形之一的，以收买被拐卖的妇女、儿童罪论处；同时构成其他犯罪的，依照数罪并罚的规定处罚：……（4）所收买的妇女、儿童被解救后又再次收买，或者收买多名被拐卖的妇女、儿童的；……

28. 对于拐卖妇女、儿童犯罪集团的首要分子，情节严重的主犯，累犯，偷盗婴幼儿、强抢儿童情节严重，将妇女、儿童卖往境外情节严重，拐卖妇女、儿童多人多次、造成伤亡后果，或者具有其他严重情节的，依法从重处罚；情节特别严重的，依法判处死刑。……

33. 同时具有从严和从宽处罚情节的，要在综合考察拐卖妇女、儿童的手段、拐卖妇女、儿童或者收买被拐卖妇女、儿童的人次、危害后果以及被告人主观恶性、人身危险性等因素的基础上，结合当地此类犯罪发案情况和社会治安状况，决定对被告人总体从严或者从宽处罚。

四十、《最高人民法院、最高人民检察院、公安部、司法部印发〈关于依法惩治性侵害未成年人犯罪的意见〉的通知》（法发〔2013〕12号）

25. 针对未成年人实施强奸、猥亵犯罪的，应当从重处罚，具有下列情形之一的，更要依法从严惩处：……（5）猥亵多名未成年人，或者多次实施强奸、猥亵犯罪的；……

四十一、《最高人民法院最高人民检察院公安部民政部关于依法处理监护人侵害未成年人权益行为若干问题的意见》（法发〔2014〕24号）

35. 被申请人有下列情形之一的，人民法院可以判决撤销其监护人资格：……（五）胁迫、诱骗、利用未成年人乞讨，经公安机关和未成年人救助保护机构等部门三次以上批评教育拒不改正，严重影响未成年人正常生活和学习的；……

40. 人民法院经审理认为申请人确有悔改表现并且适宜担任监护人的，可以判决恢复其监护人资格，原指定监护人的监护人资格终止。

申请人具有下列情形之一的，一般不得判决恢复其监护人资格：……

(二) 虐待、遗弃未成年人六个月以上、多次遗弃未成年人，并且造成重伤以上严重后果的；……

四十二、《最高人民法院、最高人民检察院、公安部、司法部印发〈关于依法办理家庭暴力犯罪案件的意见〉的通知》（法发〔2015〕4号）

17. 依法惩处虐待犯罪。……根据司法实践，具有虐待持续时间较长、次数较多；……属于刑法第二百六十条第一款规定的虐待"情节恶劣"，应当依法以虐待罪定罪处罚。

……对于被告人主观上不具有侵害被害人健康或者剥夺被害人生命的故意，而是出于追求被害人肉体和精神上的痛苦，长期或者多次实施虐待行为，逐渐造成被害人身体损害，过失导致被害人重伤或者死亡的；……属于刑法第二百六十条第二款规定的虐待"致使被害人重伤、死亡"，应当以虐待罪定罪处罚。……

18. 切实贯彻宽严相济刑事政策。……因酗酒、吸毒、赌博等恶习而长期或者多次实施家庭暴力；……，可以酌情从重处罚。

四十三、《最高人民法院、最高人民检察院关于办理与盗窃、抢劫、诈骗、抢夺机动车相关刑事案件具体应用法律若干问题的解释》（法释〔2007〕11号）

第二条 伪造、变造、买卖机动车行驶证、登记证书，累计三本以上的，依照刑法第二百八十条第一款的规定，以伪造、变造、买卖国家机关证件罪定罪……伪造、变造、买卖机动车行驶证、登记证书，累计达到第一款规定数量标准五倍以上的，属于刑法第二百八十条第一款规定中的"情节严重"……

四十四、《最高人民法院、最高人民检察院关于办理抢夺刑事案件适用法律若干问题的解释》（法释〔2013〕25号）

第二条 抢夺公私财物，具有下列情形之一的，"数额较大"的标准按照前条规定标准的百分之五十确定：……（二）一年内曾因抢夺或者哄抢受过行政处罚的；（三）一年内抢夺三次以上的；……

四十五、《最高人民法院关于审理抢劫刑事案件适用法律若干问题的指导意见》（法发〔2016〕2号）

一、关于审理抢劫刑事案件的基本要求

坚持贯彻宽严相济刑事政策。对于多次结伙抢劫……要在法律规定的量刑幅度内从重判处。

……对因家庭成员就医等特定原因初次实施抢劫，主观恶性和犯罪情节相对较轻的，要与多次抢劫以及为了挥霍、赌博、吸毒等实施抢劫的案件在量刑上有所区分。……

四十六、《最高人民法院、最高人民检察院关于办理诈骗刑事案件具体应用法律若干问题的解释》（法释〔2011〕7号）

第五条　……利用发送短信、拨打电话、互联网等电信技术手段对不特定多数人实施诈骗，诈骗数额难以查证，但具有下列情形之一的，应当认定为刑法第二百六十六条规定的"其他严重情节"，以诈骗罪（未遂）定罪处罚：……（二）拨打诈骗电话五百人次以上的；……

四十七、《最高人民法院、最高人民检察院关于办理盗窃刑事案件适用法律若干问题的解释》（法释〔2013〕8号）

第二条　盗窃公私财物，具有下列情形之一的，"数额较大"的标准可以按照前条规定标准的百分之五十确定：（一）曾因盗窃受过刑事处罚的；（二）一年内曾因盗窃受过行政处罚的；……

第三条　二年内盗窃三次以上的，应当认定为"多次盗窃"。……

四十八、《最高人民法院、最高人民检察院关于办理敲诈勒索刑事案件适用法律若干问题的解释》（法释〔2013〕10号）

第二条　敲诈勒索公私财物，具有下列情形之一的，"数额较大"的标准可以按照本解释第一条规定标准的百分之五十确定：（一）曾因敲诈勒索受过刑事处罚的；（二）一年内曾因敲诈勒索受过行政处罚的；……

第三条 二年内敲诈勒索三次以上的，应当认定为刑法第二百七十四条规定的"多次敲诈勒索"。

四十九、《最高人民法院、最高人民检察院、公安部关于办理电信网络诈骗等刑事案件适用法律若干问题的意见》（法发〔2016〕32号）

二、依法严惩电信网络诈骗犯罪

（一）……二年内多次实施电信网络诈骗未经处理，诈骗数额累计计算构成犯罪的，应当依法定罪处罚。

（二）实施电信网络诈骗犯罪，达到相应数额标准，具有下列情形之一的，酌情从重处罚：……5.曾因电信网络诈骗犯罪受过刑事处罚或者二年内曾因电信网络诈骗受过行政处罚的；……

（四）实施电信网络诈骗犯罪，犯罪嫌疑人、被告人实际骗得财物的，以诈骗罪（既遂）定罪处罚。诈骗数额难以查证，但具有下列情形之一的，应当认定为刑法第二百六十六条规定的"其他严重情节"，以诈骗罪（未遂）定罪处罚：1.发送诈骗信息五千条以上的，或者拨打诈骗电话五百人次以上的；2.在互联网上发布诈骗信息，页面浏览量累计五千次以上的。具有上述情形，数量达到相应标准十倍以上的，应当认定为刑法第二百六十六条规定的"其他特别严重情节"，以诈骗罪（未遂）定罪处罚。上述"拨打诈骗电话"，包括拨出诈骗电话和接听被害人回拨电话。反复拨打、接听同一电话号码，以及反复向同一被害人发送诈骗信息的，拨打、接听电话次数、发送信息条数累计计算。……

三、全面惩处关联犯罪

（五）明知是电信网络诈骗犯罪所得及其产生的收益，以下列方式之一予以转账、套现、取现的，依照刑法第三百一十二条第一款的规定，以掩饰、隐瞒犯罪所得、犯罪所得收益罪追究刑事责任。但有证据证明确实不知道的除外：……3.多次使用或者使用多个非本人身份证明开设的信用卡、资金支付结算账户或者多次采用遮蔽摄像头、伪装等异常手段，帮助他人转账、套现、取现的；……

五十、《最高人民法院关于审理拒不支付劳动报酬刑事案件适用法律若干问题的解释》（法释〔2013〕3号）

第三条　具有下列情形之一的，应当认定为刑法第二百七十六条之一第一款规定的"数额较大"：……（二）拒不支付十名以上劳动者的劳动报酬且数额累计在三万元至十万元以上的。……

五十一、《最高人民法院、最高人民检察院关于办理赌博刑事案件具体应用法律若干问题的解释》（法释〔2005〕3号）

第一条　以营利为目的，有下列情形之一的，属于刑法第三百零三条规定的"聚众赌博"：（一）组织3人以上赌博，抽头渔利数额累计达到5000元以上的；（二）组织3人以上赌博，赌资数额累计达到5万元以上的；（三）组织3人以上赌博，参赌人数累计达到20人以上的；……

五十二、《最高人民法院、最高人民检察院关于办理危害计算机信息系统安全刑事案件应用法律若干问题的解释》（法释〔2011〕19号）

第三条　提供侵入、非法控制计算机信息系统的程序、工具，具有下列情形之一的，应当认定为刑法第二百八十五条第三款规定的"情节严重"：（一）提供能够用于非法获取支付结算、证券交易、期货交易等网络金融服务身份认证信息的专门性程序、工具五人次以上的；（二）提供第（一）项以外的专门用于侵入、非法控制计算机信息系统的程序、工具二十人次以上的；（三）明知他人实施非法获取支付结算、证券交易、期货交易等网络金融服务身份认证信息的违法犯罪行为而为其提供程序、工具五人次以上的；（四）明知他人实施第（三）项以外的侵入、非法控制计算机信息系统的违法犯罪行为而为其提供程序、工具二十人次以上的；……

实施前款规定行为，具有下列情形之一的，应当认定为提供侵入、非法控制计算机信息系统的程序、工具"情节特别严重"：（一）数量或者数额达到前款第（一）项至第（五）项规定标准五倍以上的；……

第六条 故意制作、传播计算机病毒等破坏性程序，影响计算机系统正常运行，具有下列情形之一的，应当认定为刑法第二百八十六条第三款规定的"后果严重"：……（三）提供计算机病毒等破坏性程序十人次以上的；……

实施前款规定行为，具有下列情形之一的，应当认定为破坏计算机信息系统"后果特别严重"：……（二）数量或者数额达到前款第（二）项至第（四）项规定标准五倍以上的；……

第九条 明知他人实施刑法第二百八十五条、第二百八十六条规定的行为，具有下列情形之一的，应当认定为共同犯罪，依照刑法第二百八十五条、第二百八十六条的规定处罚：（一）为其提供用于破坏计算机信息系统功能、数据或者应用程序的程序、工具，违法所得五千元以上或者提供十人次以上的；……

实施前款规定行为，数量或者数额达到前款规定标准五倍以上的，应当认定为刑法第二百八十五条、第二百八十六条规定的"情节特别严重"或者"后果特别严重"。

五十三、《最高人民法院、最高人民检察院关于办理寻衅滋事刑事案件适用法律若干问题的解释》（法释〔2013〕18号）

第一条 ……行为人因婚恋、家庭、邻里、债务等纠纷，实施殴打、辱骂、恐吓他人或者损毁、占用他人财物等行为的，一般不认定为"寻衅滋事"，但经有关部门批评制止或者处理处罚后，继续实施前列行为，破坏社会秩序的除外。

第二条 随意殴打他人，破坏社会秩序，具有下列情形之一的，应当认定为刑法第二百九十三条第一款第一项规定的"情节恶劣"：……（三）多次随意殴打他人的；……

第三条 追逐、拦截、辱骂、恐吓他人，破坏社会秩序，具有下列情形之一的，应当认定为刑法第二百九十三条第一款第二项规定的"情节恶劣"：（一）多次追逐、拦截、辱骂、恐吓他人，造成恶劣社会影响的；……

第四条　强拿硬要或者任意损毁、占用公私财物，破坏社会秩序，具有下列情形之一的，应当认定为刑法第二百九十三条第一款第三项规定的"情节严重"：……（二）多次强拿硬要或者任意损毁、占用公私财物，造成恶劣社会影响的；……

第六条　纠集他人三次以上实施寻衅滋事犯罪，未经处理的，应当依照刑法第二百九十三条第二款的规定处罚。

五十四、《最高人民法院关于审理编造、故意传播虚假恐怖信息刑事案件适用法律若干问题的解释》（法释〔2013〕24号）

第三条　编造、故意传播虚假恐怖信息，严重扰乱社会秩序，具有下列情形之一的，应当依照刑法第二百九十一条之一的规定，在五年以下有期徒刑范围内酌情从重处罚：……（二）多次编造、故意传播虚假恐怖信息的；……

五十五、《最高人民法院、最高人民检察院关于办理组织、利用邪教组织破坏法律实施等刑事案件适用法律若干问题的解释》（法释〔2017〕3号）

第二条　组织、利用邪教组织，破坏国家法律、行政法规实施，具有下列情形之一的，应当依照刑法第三百条第一款的规定，处三年以上七年以下有期徒刑，并处罚金：……（七）曾因从事邪教活动被追究刑事责任或者二年内受过行政处罚，又从事邪教活动的；……（十二）利用通讯信息网络宣扬邪教，具有下列情形之一的：……2.编发信息、拨打电话一千条（次）以上的；3.利用在线人数累计达到一千以上的聊天室，或者利用群组成员、关注人员等账号数累计一千以上的通讯群组、微信、微博等社交网络宣扬邪教的；……

第六条　多次制作、传播邪教宣传品或者利用通讯信息网络宣扬邪教，未经处理的，数量或者数额累计计算。

制作、传播邪教宣传品，或者利用通讯信息网络宣扬邪教，涉及不同种类或者形式的，可以根据本解释规定的不同数量标准的相应比例折算后累计计算。

五十六、《最高人民法院、最高人民检察院关于办理扰乱无线电通讯管理秩序等刑事案件适用法律若干问题的解释》（法释〔2017〕11号）

第二条　违反国家规定，擅自设置、使用无线电台（站），或者擅自使用无线电频率，干扰无线电通讯秩序，具有下列情形之一的，应当认定为刑法第二百八十八条第一款规定的"情节严重"：……（九）曾因扰乱无线电通讯管理秩序受过刑事处罚，或者二年内曾因扰乱无线电通讯管理秩序受过行政处罚，又实施刑法第二百八十八条规定的行为的；……

五十七、《最高人民法院、最高人民检察院关于办理组织考试作弊等刑事案件适用法律若干问题的解释》（法释〔2019〕13号）

第二条　在法律规定的国家考试中，组织作弊，具有下列情形之一的，应当认定为刑法第二百八十四条之一第一款规定的"情节严重"：……（五）多次组织考试作弊的；……

第五条　为实施考试作弊行为，非法出售或者提供法律规定的国家考试的试题、答案，具有下列情形之一的，应当认定为刑法第二百八十四条之一第三款规定的"情节严重"：……（四）多次非法出售或者提供试题、答案的；……

五十八、《最高人民法院、最高人民检察院关于办理非法利用信息网络、帮助信息网络犯罪活动等刑事案件适用法律若干问题的解释》（法释〔2019〕15号）

第五条　拒不履行信息网络安全管理义务，致使影响定罪量刑的刑事案件证据灭失，具有下列情形之一的，应当认定为刑法第二百八十六条之一第一款第三项规定的"情节严重"：……（三）多次造成刑事案件证据灭失的；……

第六条　拒不履行信息网络安全管理义务，具有下列情形之一的，应当认定为刑法第二百八十六条之一第一款第四项规定的"有其他严重情节"：……

（二）二年内经多次责令改正拒不改正的；……

第十条 非法利用信息网络，具有下列情形之一的，应当认定为刑法第二百八十七条之一第一款规定的"情节严重"：……（二）设立用于实施违法犯罪活动的网站，数量达到三个以上或者注册账号数累计达到二千以上的；……（六）二年内曾因非法利用信息网络、帮助信息网络犯罪活动、危害计算机信息系统安全受过行政处罚，又非法利用信息网络的；……

第十一条 为他人实施犯罪提供技术支持或者帮助，具有下列情形之一的，可以认定行为人明知他人利用信息网络实施犯罪，但是有相反证据的除外：（一）经监管部门告知后仍然实施有关行为的；……

第十二条 明知他人利用信息网络实施犯罪，为其犯罪提供帮助，具有下列情形之一的，应当认定为刑法第二百八十七条之二第一款规定的"情节严重"：……（五）二年内曾因非法利用信息网络、帮助信息网络犯罪活动、危害计算机信息系统安全受过行政处罚，又帮助信息网络犯罪活动的；……

第十六条 多次拒不履行信息网络安全管理义务、非法利用信息网络、帮助信息网络犯罪活动构成犯罪，依法应当追诉的，或者二年内多次实施前述行为未经处理的，数量或者数额累计计算。

五十九、《最高人民法院、最高人民检察院、公安部关于办理网络赌博犯罪案件适用法律若干问题的意见》（公通字〔2010〕40号）

一、关于网上开设赌场犯罪的定罪量刑标准

……实施前款规定的行为，具有下列情形之一的，应当认定为刑法第三百零三条第二款规定的"情节严重"：（一）抽头渔利数额累计达到3万元以上的；（二）赌资数额累计达到30万元以上的；（三）参赌人数累计达到120人以上的；……

二、关于网上开设赌场共同犯罪的认定和处罚

明知是赌博网站，而为其提供下列服务或者帮助的，属于开设赌场罪的共同犯罪，依照刑法第三百零三条第二款的规定处罚：……（三）为10个以上赌博网站投放与网址、赔率等信息有关的广告或者为赌博网站投放广告

累计100条以上的。

实施前款规定的行为,数量或者数额达到前款规定标准5倍以上的,应当认定为刑法第三百零三条第二款规定的"情节严重"。

实施本条第一款规定的行为,具有下列情形之一的,应当认定行为人"明知",但是有证据证明确实不知道的除外:(一)收到行政主管机关书面等方式的告知后,仍然实施上述行为的;……

六十、《最高人民法院、最高人民检察院、公安部关于办理利用赌博机开设赌场案件适用法律若干问题的意见》(公通字〔2014〕17号)

二、关于利用赌博机开设赌场的定罪处罚标准

设置赌博机组织赌博活动,具有下列情形之一的,应当按照刑法第三百零三条第二款规定的开设赌场罪定罪处罚:……(四)违法所得累计达到5000元以上的;(五)赌资数额累计达到5万元以上的;(六)参赌人数累计达到20人以上的;(七)因设置赌博机被行政处罚后,两年内再设置赌博机5台以上的;(八)因赌博、开设赌场犯罪被刑事处罚后,五年内再设置赌博机5台以上的;……

设置赌博机组织赌博活动,具有下列情形之一的,应当认定为刑法第三百零三条第二款规定的"情节严重":(一)数量或者数额达到第二条第一款第一项至第六项规定标准六倍以上的;(二)因设置赌博机被行政处罚后,两年内再设置赌博机30台以上的;(三)因赌博、开设赌场犯罪被刑事处罚后,五年内再设置赌博机30台以上的;……

四、关于生产、销售赌博机的定罪量刑标准

以提供给他人开设赌场为目的,违反国家规定,非法生产、销售具有退币、退分、退钢珠等赌博功能的电子游戏设施设备或者其专用软件,情节严重的,依照刑法第二百二十五条的规定,以非法经营罪定罪处罚。

实施前款规定的行为,具有下列情形之一的,属于非法经营行为"情节严重":……(三)虽未达到上述数额标准,但两年内因非法生产、销售赌博机行为受过二次以上行政处罚,又进行同种非法经营行为的;……

六十一、《最高人民法院关于审理黑社会性质组织犯罪的案件具体应用法律若干问题的解释》（法释〔2000〕42号）

第六条 国家机关工作人员包庇、纵容黑社会性质的组织，有下列情形之一的，属于刑法第二百九十四条第四款规定的"情节严重"：……（三）多次实施包庇、纵容行为的；……

六十二、《最高人民法院、最高人民检察院、公安部、司法部印发〈关于办理黑恶势力犯罪案件若干问题的指导意见〉的通知》（法发〔2018〕1号）

5.……参加黑社会性质组织并具有以下情形之一的，一般应当认定为"积极参加黑社会性质组织"：多次积极参与黑社会性质组织的违法犯罪活动……

11.……通过实施违法犯罪活动，或者利用国家工作人员的包庇或者不依法履行职责，放纵黑社会性质组织进行违法犯罪活动的行为，称霸一方，并具有以下情形之一的，可认定为"在一定区域或者行业内，形成非法控制或者重大影响，严重破坏经济、社会生活秩序"：……（6）多次干扰、破坏党和国家机关、行业管理部门以及村委会、居委会等基层群众自治组织的工作秩序，或者致使上述单位、组织的职能不能正常行使的；……

14. 具有下列情形的组织，应当认定为"恶势力"：经常纠集在一起，以暴力、威胁或者其他手段，在一定区域或者行业内多次实施违法犯罪活动，为非作恶，欺压百姓，扰乱经济、社会生活秩序，造成较为恶劣的社会影响，但尚未形成黑社会性质组织的违法犯罪组织。……

15. 恶势力犯罪集团是符合犯罪集团法定条件的恶势力犯罪组织，其特征表现为：有三名以上的组织成员，有明显的首要分子，重要成员较为固定，组织成员经常纠集在一起，共同故意实施三次以上恶势力惯常实施的犯罪活动或者其他犯罪活动。

17.……《关于办理寻衅滋事刑事案件适用法律若干问题的解释》第二条至第四条中的"多次"一般应当理解为二年内实施寻衅滋事行为三次以

上。二年内多次实施不同种类寻衅滋事行为的,应当追究刑事责任。

……为追讨合法债务或者因婚恋、家庭、邻里纠纷等民间矛盾而雇佣、指使,没有造成严重后果的,一般不作为犯罪处理,但经有关部门批评制止或者处理处罚后仍继续实施的除外。

18. 黑恶势力有组织地多次短时间非法拘禁他人的,应当认定为《刑法》第二百三十八条规定的"以其他方法非法剥夺他人人身自由"。非法拘禁他人三次以上、每次持续时间在四小时以上,或者非法拘禁他人累计时间在十二小时以上的,应以非法拘禁罪定罪处罚。

六十三、《最高人民法院、最高人民检察院、公安部、司法部关于办理恶势力刑事案件若干问题的指导意见》(法发〔2018〕1号)

6. 恶势力一般为3人以上,纠集者相对固定。纠集者,是指在恶势力实施的违法犯罪活动中起组织、策划、指挥作用的违法犯罪分子。成员较为固定且符合恶势力其他认定条件,但多次实施违法犯罪活动是由不同的成员组织、策划、指挥,也可以认定为恶势力,有前述行为的成员均可以认定为纠集者。

恶势力的其他成员,是指知道或应当知道与他人经常纠集在一起是为了共同实施违法犯罪,仍按照纠集者的组织、策划、指挥参与违法犯罪活动的违法犯罪分子,包括已有充分证据证明但尚未归案的人员,以及因法定情形不予追究法律责任,或者因参与实施恶势力违法犯罪活动已受到行政或刑事处罚的人员。……

7. "经常纠集在一起,以暴力、威胁或者其他手段,在一定区域或者行业内多次实施违法犯罪活动",是指犯罪嫌疑人、被告人于2年之内,以暴力、威胁或者其他手段,在一定区域或者行业内多次实施违法犯罪活动,且包括纠集者在内,至少应有2名相同的成员多次参与实施违法犯罪活动。对于"纠集在一起"时间明显较短,实施违法犯罪活动刚刚达到"多次"标准,且尚不足以造成较为恶劣影响的,一般不应认定为恶势力。

9. 办理恶势力刑事案件,"多次实施违法犯罪活动"至少应包括1次犯罪活动。对于反复实施强迫交易、非法拘禁、敲诈勒索、寻衅滋事等单一性质的违法行为，单次情节、数额尚不构成犯罪，但按照刑法或者有关司法解释、规范性文件的规定累加后应作为犯罪处理的，在认定是否属于"多次实施违法犯罪活动"时，可将已用于累加的违法行为计为 1 次犯罪活动，其他违法行为单独计算违法活动的次数。……

10. 认定"扰乱经济、社会生活秩序，造成较为恶劣的社会影响"，应当结合侵害对象及其数量、违法犯罪次数、手段、规模、人身损害后果、经济损失数额、违法所得数额、引起社会秩序混乱的程度以及对人民群众安全感的影响程度等因素综合把握。

13. ……对于恶势力、恶势力犯罪集团的其他成员……认罪认罚或者仅参与实施少量的犯罪活动且只起次要、辅助作用，符合缓刑条件的，可以适用缓刑。

六十四、《最高人民法院、最高人民检察院、公安部、司法部关于办理利用信息网络实施黑恶势力犯罪刑事案件若干问题的意见》

6. 利用信息网络威胁、要挟他人，索取公私财物，数额较大，或者多次实施上述行为的，依照刑法第二百七十四条的规定，以敲诈勒索罪定罪处罚。

12. 通过线上线下相结合的方式，有组织地多次利用信息网络实施违法犯罪活动，侵犯不特定多人的人身权利、民主权利、财产权利，破坏经济秩序、社会秩序的，应当认定为符合刑法第二百九十四条第五款第三项规定的黑社会性质组织行为特征。……

13. 对利用信息网络实施黑恶势力犯罪非法控制和影响的"一定区域或者行业"，应当结合危害行为发生地或者危害行业的相对集中程度，以及犯罪嫌疑人、被告人在网络空间和现实社会中的控制和影响程度综合判断。虽然危害行为发生地、危害的行业比较分散，但涉案犯罪组织利用信息网络多次实施强迫交易、寻衅滋事、敲诈勒索等违法犯罪活动，在网络空间和现实社会造成重大影响，严重破坏经济、社会生活秩序的，应当认定为"在一定区域或者行业内，形成非法控制或者重大影响"。

六十五、《最高人民法院、最高人民检察院、公安部、司法部印发〈关于依法严惩利用未成年人实施黑恶势力犯罪的意见〉的通知》（高检发〔2020〕4号）

（二）利用未成年人实施黑恶势力犯罪，具有下列情形之一的，应当从重处罚：……6. 利用多人或者多次利用未成年人实施犯罪的；……

六十六、《最高人民法院、最高人民检察院、公安部、司法部关于办理实施"软暴力"的刑事案件若干问题的意见》

三、行为人实施"软暴力"，具有下列情形之一，可以认定为足以使他人产生恐惧、恐慌进而形成心理强制或者足以影响、限制人身自由、危及人身财产安全或者影响正常生活、工作、生产、经营：……（三）曾因组织、领导、参加黑社会性质组织、恶势力犯罪集团、恶势力以及因强迫交易、非法拘禁、敲诈勒索、聚众斗殴、寻衅滋事等犯罪受过刑事处罚后又实施的；……

五、采用"软暴力"手段，使他人产生心理恐惧或者形成心理强制，分别属于《刑法》第二百二十六条规定的"威胁"、《刑法》第二百九十三条第一款第（二）项规定的"恐吓"，同时符合其他犯罪构成要件的，应当分别以强迫交易罪、寻衅滋事罪定罪处罚。

《关于办理寻衅滋事刑事案件适用法律若干问题的解释》第二条至第四条中的"多次"一般应当理解为二年内实施寻衅滋事行为三次以上。三次以上寻衅滋事行为既包括同一类别的行为，也包括不同类别的行为；既包括未受行政处罚的行为，也包括已受行政处罚的行为。

六、有组织地多次短时间非法拘禁他人的，应当认定为《刑法》第二百三十八条规定的"以其他方法非法剥夺他人人身自由"。非法拘禁他人三次以上、每次持续时间在四小时以上，或者非法拘禁他人累计时间在十二小时以上的，应当以非法拘禁罪定罪处罚。

八、以非法占有为目的，采用"软暴力"手段强行索取公私财物，同时符合《刑法》第二百七十四条规定的其他犯罪构成要件的，应当以敲诈勒索罪定罪处罚。

《关于办理敲诈勒索刑事案件适用法律若干问题的解释》第三条中"二年内敲诈勒索三次以上",包括已受行政处罚的行为。

十一、……因本人及近亲属合法债务、婚恋、家庭、邻里纠纷等民间矛盾而雇佣、指使,没有造成严重后果的,一般不作为犯罪处理,但经有关部门批评制止或者处理处罚后仍继续实施的除外。

六十七、《最高人民法院最高人民检察院公安部关于依法惩治袭警违法犯罪行为的指导意见》

二、实施暴力袭警行为,具有下列情形之一的,在第一条规定的基础上酌情从重处罚:……6. 曾因袭警受过处罚,再次袭警的;……

六十八、《最高人民法院关于审理掩饰、隐瞒犯罪所得、犯罪所得收益刑事案件适用法律若干问题的解释》(2021年修正)

第一条 明知是犯罪所得及其产生的收益而予以窝藏、转移、收购、代为销售或者以其他方法掩饰、隐瞒,具有下列情形之一的,应当依照刑法三百一十二条第一款的规定,以掩饰、隐瞒犯罪所得、犯罪所得收益罪定罪处罚:(一)一年内曾因掩饰、隐瞒犯罪所得及其产生的收益行为受过行政处罚,又实施掩饰、隐瞒犯罪所得及其产生的收益行为的;……

第三条 掩饰、隐瞒犯罪所得及其产生的收益,具有下列情形之一的,应当认定为刑法三百一十二条第一款规定的"情节严重":……(二)掩饰、隐瞒犯罪所得及其产生的收益十次以上,或者三次以上且价值总额达到五万元以上的;……

第四条 ……多次实施掩饰、隐瞒犯罪所得及其产生的收益行为,未经行政处罚,依法应当追诉的,犯罪所得、犯罪所得收益的数额应当累计计算。

六十九、《最高人民法院、最高人民检察院关于办理虚假诉讼刑事案件适用法律若干问题的解释》(法释〔2018〕17号)

第二条 以捏造的事实提起民事诉讼,有下列情形之一的,应当认定为刑法第三百零七条之一第一款规定的"妨害司法秩序或者严重侵害他人合法权益"：……（四）多次以捏造的事实提起民事诉讼的；（五）曾因以捏造的事实提起民事诉讼被采取民事诉讼强制措施或者受过刑事追究的；……

七十、《最高人民法院关于审理拒不执行判决、裁定刑事案件适用法律若干问题的解释》（2020年修正）

第二条　负有执行义务的人有能力执行而实施下列行为之一的，应当认定为全国人民代表大会常务委员会关于刑法第三百一十三条的解释中规定的"其他有能力执行而拒不执行，情节严重的情形"：（一）具有拒绝报告或者虚假报告财产情况、违反人民法院限制高消费及有关消费令等拒不执行行为，经采取罚款或者拘留等强制措施后仍拒不执行的；……

七十一、《最高人民法院、最高人民检察院关于办理妨害国（边）境管理刑事案件应用法律若干问题的解释》（法释〔2012〕17号）

第五条　偷越国（边）境，具有下列情形之一的，应当认定为刑法第三百二十二条规定的"情节严重"：……（二）偷越国（边）境三次以上或者三人以上结伙偷越国（边）境的；……（五）因偷越国（边）境被行政处罚后一年内又偷越国（边）境的；……

七十二、《最高人民法院、最高人民检察院关于办理妨害文物管理等刑事案件适用法律若干问题的解释》（法释〔2015〕23号）

第三条　……故意损毁国家保护的珍贵文物或者被确定为全国重点文物保护单位、省级文物保护单位的文物，具有下列情形之一的，应当认定为刑法第三百二十四条第一款规定的"情节严重"：……（四）多次损毁或者损毁多处全国重点文物保护单位、省级文物保护单位的本体的；……

第四条　……故意损毁国家保护的名胜古迹，具有下列情形之一的，应当认定为刑法第三百二十四条第二款规定的"情节严重"：……（二）多次损毁或者损毁多处名胜古迹的;……

七十三、《最高人民法院、最高人民检察院关于办理非法采供血液等刑事案件具体应用法律若干问题的解释》(法释〔2008〕12号)

第二条 对非法采集、供应血液或者制作、供应血液制品,具有下列情形之一的,应认定为刑法第三百三十四条第一款规定的"不符合国家规定的标准,足以危害人体健康",处五年以下有期徒刑或者拘役,并处罚金:……(三)使用不符合国家规定的药品、诊断试剂、卫生器材,或者重复使用一次性采血器材采集血液,造成传染病传播危险的;(四)违反规定对献血者、供血浆者超量、频繁采集血液、血浆,足以危害人体健康的;……

第五条 对经国家主管部门批准采集、供应血液或者制作、供应血液制品的部门,具有下列情形之一的,应认定为刑法第三百三十四条第二款规定的"不依照规定进行检测或者违背其他操作规定":……(九)对献血者、供血浆者超量、频繁采集血液、血浆的;……(十二)重复使用一次性采血器材的;……

七十四、《最高人民法院关于审理非法行医刑事案件具体应用法律若干问题的解释》(2016年修正)

第二条 具有下列情形之一的,应认定为刑法第三百三十六条第一款规定的"情节严重":……(四)非法行医被卫生行政部门行政处罚两次以后,再次非法行医的;……

七十五、《最高人民法院关于审理破坏土地资源刑事案件具体应用法律若干问题的解释》(法释〔2000〕14号)

第一条 以牟利为目的,违反土地管理法规,非法转让、倒卖土地使用权,具有下列情形之一的,属于非法转让、倒卖土地使用权"情节严重",依照刑法第二百二十八条的规定,以非法转让、倒卖土地使用权罪定罪处罚:……(五)非法转让、倒卖土地接近上述数量标准并具有其他恶劣情节的,如曾因非法转让、倒卖土地使用权受过行政处罚或者造成严重后果等。

第九条 多次实施本解释规定的行为依法应当追诉的，或者一年内多次实施本解释规定的行为未经处理的，按照累计的数量、数额处罚。

七十六、《最高人民法院关于审理破坏森林资源刑事案件具体应用法律若干问题的解释》（法释〔2000〕36号）

第七条 对于一年内多次盗伐、滥伐少量林木未经处罚的，累计其盗伐、滥伐林木的数量，构成犯罪的，依法追究刑事责任。

第十二条 林业主管部门的工作人员违反森林法的规定，超过批准的年采伐限额发放林木采伐许可证或者违反规定滥发林木采伐许可证，具有下列情形之一的，属于刑法第四百零七条规定的"情节严重，致使森林遭受严重破坏"，以违法发放林木采伐许可证罪定罪处罚：（一）发放林木采伐许可证允许采伐数量累计超过批准的年采伐限额，导致林木被采伐数量在十立方米以上的；……

七十七、《最高人民法院、最高人民检察院关于办理破坏野生动物资源刑事案件适用法律若干问题的解释》（法释〔2022〕12号）

第二条 走私国家禁止进出口的珍贵动物及其制品，价值二十万元以上不满二百万元的，应当依照刑法第一百五十一条第二款的规定，以走私珍贵动物、珍贵动物制品罪处五年以上十年以下有期徒刑，并处罚金；……

实施前款规定的行为，具有下列情形之一的，从重处罚：……（三）二年内曾因破坏野生动物资源受过行政处罚的。……

第三条 在内陆水域，违反保护水产资源法规，在禁渔区、禁渔期或者使用禁用的工具、方法捕捞水产品，具有下列情形之一的，应当认定为刑法第三百四十条规定的"情节严重"，以非法捕捞水产品罪定罪处罚……

实施前款规定的行为，具有下列情形之一的，从重处罚：……（二）二年内曾因破坏野生动物资源受过行政处罚的；……

第六条 非法猎捕、杀害国家重点保护的珍贵、濒危野生动物，或者非法收购、运输、出售国家重点保护的珍贵、濒危野生动物及其制品，价值二万元以上不满二十万元的，应当依照刑法第三百四十一条第一款的规定，以危害珍贵、濒危野生动物罪处五年以下有期徒刑或者拘役，并处罚金……

实施前款规定的行为，具有下列情形之一的，从重处罚：……（四）二年内曾因破坏野生动物资源受过行政处罚的。……

第七条　违反狩猎法规，在禁猎区、禁猎期或者使用禁用的工具、方法进行狩猎，破坏野生动物资源，具有下列情形之一的，应当认定为刑法第三百四十一条第二款规定的"情节严重"，以非法狩猎罪定罪处罚……

实施前款规定的行为，具有下列情形之一的，从重处罚：……（三）二年内曾因破坏野生动物资源受过行政处罚的。……

第十二条　二次以上实施本解释规定的行为构成犯罪，依法应当追诉的，或者二年内实施本解释规定的行为未经处理的，数量、数额累计计算。

七十八、《最高人民法院关于审理破坏森林资源刑事案件具体应用法律若干问题的解释》（法释〔2023〕8号）

第九条　多次实施本解释规定的行为，未经处理，且依法应当追诉的，数量、数额累计计算。

七十九、《最高人民法院关于审理破坏草原资源刑事案件应用法律若干问题的解释》（法释〔2012〕15号）

第二条　非法占用草原，改变被占用草原用途，数量在二十亩以上的，或者曾因非法占用草原受过行政处罚，在三年内又非法占用草原，改变被占用草原用途，数量在十亩以上的，应当认定为刑法第三百四十二条规定的"数量较大"。……

第六条　多次实施破坏草原资源的违法犯罪行为，未经处理，应当依法追究刑事责任的，按照累计的数量、数额定罪处罚。

八十、《最高人民法院、最高人民检察院关于办理非法采矿、破坏性采矿刑事案件适用法律若干问题的解释》（法释〔2016〕25号）

第三条　实施非法采矿行为，具有下列情形之一的，应当认定为刑法第三百四十三条第一款规定的"情节严重"：……（三）二年内曾因非法采矿受过两次以上行政处罚，又实施非法采矿行为的；……

第八条 多次非法采矿、破坏性采矿构成犯罪，依法应当追诉的，或者二年内多次非法采矿、破坏性采矿未经处理的，价值数额累计计算。

八十一、《最高人民法院、最高人民检察院关于办理环境污染刑事案件适用法律若干问题的解释》（法释〔2016〕29号）

第一条 实施刑法第三百三十八条规定的行为，具有下列情形之一的，应当认定为"严重污染环境"：……（六）二年内曾因违反国家规定，排放、倾倒、处置有放射性的废物、含传染病病原体的废物、有毒物质受过两次以上行政处罚，又实施前列行为的；……

第十七条 本解释所称"二年内"，以第一次违法行为受到行政处罚的生效之日与又实施相应行为之日的时间间隔计算确定。……

八十二、《最高人民法院、最高人民检察院、公安部、司法部、生态环境部关于办理环境污染刑事案件有关问题座谈会纪要》

3.……实践中，具有下列情形之一，犯罪嫌疑人、被告人不能作出合理解释的，可以认定其故意实施环境污染犯罪，但有证据证明确系不知情的除外：……（4）生态环境部门责令限制生产、停产整治或者予以行政处罚后，继续生产放任污染物排放的；……

7.……对重污染天气预警期间，违反国家规定，超标排放二氧化硫、氮氧化物，受过行政处罚后又实施上述行为或者具有其他严重情节的，可以适用《环境解释》第一条第十八项规定的"其他严重污染环境的情形"追究刑事责任。

11.……具有下列情形之一的，一般不适用不起诉、缓刑或者免予刑事处罚：……（4）曾因环境污染违法犯罪行为受过行政处罚或者刑事处罚的；……

八十三、《最高人民法院、最高人民检察院、公安部、司法部印发〈关于依法惩治非法野生动物交易犯罪的指导意见〉的通知》(公通字〔2020〕19号)

四、二次以上实施本意见第一条至第三条规定的行为①构成犯罪，依法应当追诉的，或者二年内二次以上实施本意见第一条至第三条规定的行为未经处理的，数量、数额累计计算。

八十四、《最高人民法院关于审理毒品犯罪案件适用法律若干问题的解释》(法释〔2016〕8号)

第四条 走私、贩卖、运输、制造毒品，具有下列情形之一的，应当认定为刑法第三百四十七条第四款规定的"情节严重"：(一)向多人贩卖毒品或者多次走私、贩卖、运输、制造毒品的；……

第六条 包庇走私、贩卖、运输、制造毒品的犯罪分子，具有下列情形之一的，应当认定为刑法第三百四十九条第一款规定的"情节严重"：……(二)包庇多名或者多次包庇走私、贩卖、运输、制造毒品的犯罪分子的；……

为走私、贩卖、运输、制造毒品的犯罪分子窝藏、转移、隐瞒毒品或者毒品犯罪所得的财物，具有下列情形之一的，应当认定为刑法第三百四十九条第一款规定的"情节严重"：……(三)为多人或者多次为他人窝藏、转移、隐瞒毒品或者毒品犯罪所得的财物的；……

第七条 ……违反国家规定，非法生产、买卖、运输制毒物品、走私制毒物品，达到前款规定的数量标准最低值的百分之五十，且具有下列情形之一的，应当认定为刑法第三百五十条第一款规定的"情节较重"：……(二)二年内曾因非法生产、买卖、运输制毒物品、走私制毒物品受过行政处罚的；(三)一次组织五人以上或者多次非法生产、买卖、运输制毒物品、走私制毒物品，或者在多个地点非法生产制毒物品的；……

---

① 本意见第一条至第三条涉及的罪名有：非法猎捕、杀害珍贵、濒危野生动物罪，非法狩猎罪，非法捕捞水产品罪，非法收购、运输、出售珍贵、濒危野生动物、珍贵、濒危野生动物制品罪，走私珍贵动物、珍贵动物制品罪。

第十一条 引诱、教唆、欺骗他人吸食、注射毒品，具有下列情形之一的，应当认定为刑法第三百五十三条第一款规定的"情节严重"：（一）引诱、教唆、欺骗多人或者多次引诱、教唆、欺骗他人吸食、注射毒品的；……

第十二条 容留他人吸食、注射毒品，具有下列情形之一的，应当依照刑法第三百五十四条的规定，以容留他人吸毒罪定罪处罚：……（二）二年内多次容留他人吸食、注射毒品的；（三）二年内曾因容留他人吸食、注射毒品受过行政处罚的；……

第十三条 依法从事生产、运输、管理、使用国家管制的麻醉药品、精神药品的人员，违反国家规定，向吸食、注射毒品的人提供国家规定管制的能够使人形成瘾癖的麻醉药品、精神药品，具有下列情形之一的，应当依照刑法第三百五十五条第一款的规定，以非法提供麻醉药品、精神药品罪定罪处罚：……（二）二年内曾因非法提供麻醉药品、精神药品受过行政处罚的；（三）向多人或者多次非法提供麻醉药品、精神药品的；……

具有下列情形之一的，应当认定为刑法第三百五十五条第一款规定的"情节严重"：……（二）非法提供麻醉药品、精神药品达到前款第一项规定的数量标准，且具有前款第三项至第五项规定的情形之一的；……

八十五、《最高人民法院关于印发〈全国部分法院审理毒品犯罪案件工作座谈会纪要〉的通知》（法〔2008〕324号）

一、毒品案件的罪名确定和数量认定问题

……对不同宗毒品分别实施了不同种犯罪行为的，应对不同行为并列确定罪名，累计毒品数量，不实行数罪并罚。……

二、毒品犯罪的死刑适用问题

审理毒品犯罪案件，应当切实贯彻宽严相济的刑事政策，突出毒品犯罪的打击重点。必须依法严惩……多次、大量或者向多人贩卖……等情节的毒品犯罪分子。……

具有下列情形之一的，可以判处被告人死刑：……（3）毒品数量达到实际掌握的死刑数量标准，并具有多次走私、贩卖、运输、制造毒品……等情节的;……

毒品数量达到实际掌握的死刑数量标准,具有下列情形之一的,可以不判处被告人死刑立即执行:……(2)已查获的毒品数量未达到实际掌握的死刑数量标准,到案后坦白尚未被司法机关掌握的其他毒品犯罪,累计数量超过实际掌握的死刑数量标准的;……

三、运输毒品罪的刑罚适用问题

……多次运输毒品或者其他严重情节的,应当按照刑法、有关司法解释和司法实践实际掌握的数量标准,从严惩处,依法应判处死刑的必须坚决判处死刑。

八十六、《最高人民法院、最高人民检察院关于办理组织、强迫、引诱、容留、介绍卖淫刑事案件适用法律若干问题的解释》(法释〔2017〕13号)

第二条 组织他人卖淫,具有下列情形之一的,应当认定为刑法第三百五十八条第一款规定的"情节严重":(一)卖淫人员累计达十人以上的;(二)卖淫人员中未成年人、孕妇、智障人员、患有严重性病的人累计达五人以上的;……

第五条 协助组织他人卖淫,具有下列情形之一的,应当认定为刑法第三百五十八条第四款规定的"情节严重":(一)招募、运送卖淫人员累计达十人以上的;(二)招募、运送的卖淫人员中未成年人、孕妇、智障人员、患有严重性病的人累计达五人以上的;……

第六条 强迫他人卖淫,具有下列情形之一的,应当认定为刑法第三百五十八条第一款规定的"情节严重":(一)卖淫人员累计达五人以上的;(二)卖淫人员中未成年人、孕妇、智障人员、患有严重性病的人累计达三人以上的;……

第八条 引诱、容留、介绍他人卖淫,具有下列情形之一的,应当依照刑法第三百五十九条第一款的规定定罪处罚:……(四)一年内曾因引诱、容留、介绍卖淫行为被行政处罚,又实施容留、介绍卖淫行为的;……

第十条 组织、强迫、引诱、容留、介绍他人卖淫的次数,作为酌定情节在量刑时考虑。

第十四条 ……具有下列情形之一的，应当认定为刑法第三百六十二条规定的"情节严重"：……（二）二年内通风报信三次以上的；（三）一年内因通风报信被行政处罚，又实施通风报信行为的；……

八十七、《最高人民法院、最高人民检察院关于办理利用互联网、移动通讯终端、声讯台制作、复制、出版、贩卖、传播淫秽电子信息刑事案件具体应用法律若干问题的解释》（法释〔2004〕11号）

第五条 以牟利为目的，通过声讯台传播淫秽语音信息，具有下列情形之一的，依照刑法第三百六十三条第一款的规定，对直接负责的主管人员和其他直接责任人员以传播淫秽物品牟利罪定罪处罚：（一）向一百人次以上传播的；……

八十八、《最高人民法院、最高人民检察院关于办理利用互联网、移动通讯终端、声讯台制作、复制、出版、贩卖、传播淫秽电子信息刑事案件具体应用法律若干问题的解释（二）》（法释〔2010〕3号）

第九条 一年内多次实施制作、复制、出版、贩卖、传播淫秽电子信息行为未经处理，数量或者数额累计计算构成犯罪的，应当依法定罪处罚。

八十九、《最高人民法院、最高人民检察院关于办理贪污贿赂刑事案件适用法律若干问题的解释》（法释〔2016〕9号）

第一条 ……受贿数额在一万元以上不满三万元，具有前款第二项至第六项规定的情形之一，或者具有下列情形之一的，应当认定为刑法第三百八十三条第一款规定的"其他较重情节"，依法判处三年以下有期徒刑或者拘役，并处罚金：（一）多次索贿的；……

第十五条 对多次受贿未经处理的，累计计算受贿数额。

国家工作人员利用职务上的便利为请托人谋取利益前后多次收受请托人

财物，受请托之前收受的财物数额在一万元以上的，应当一并计入受贿数额。

九十、《最高人民法院关于审理挪用公款案件具体应用法律若干问题的解释》（法释〔1998〕9号）

第三条 ……挪用公款"情节严重"，是指……多次挪用公款；……

第四条 多次挪用公款不还，挪用公款数额累计计算；多次挪用公款，并以后次挪用的公款归还前次挪用的公款，挪用公款数额以案发时未还的实际数额认定。

九十一、《最高人民法院、最高人民检察院关于办理行贿刑事案件具体应用法律若干问题的解释》（法释〔2012〕22号）

第五条 多次行贿未经处理的，按照累计行贿数额处罚。

第十条 实施行贿犯罪，具有下列情形之一的，一般不适用缓刑和免予刑事处罚：……（二）因行贿受过行政处罚或者刑事处罚的；……

九十二、《最高人民检察院关于渎职侵权犯罪案件立案标准的规定》（高检发释字〔2006〕2号）

一、渎职犯罪案件

（十）失职致使在押人员脱逃案（第四百条第二款）

……涉嫌下列情形之一的，应予立案：……2、致使犯罪嫌疑人、被告人、罪犯脱逃3人次以上的；……

（十二）徇私舞弊不移交刑事案件案（第四百零二条）

……涉嫌下列情形之一的，应予立案：……2、不移交刑事案件涉及3人次以上的；……

（十四）徇私舞弊不征、少征税款案（第四百零四条）

……涉嫌下列情形之一的，应予立案：1、徇私舞弊不征、少征应征税款，致使国家税收损失累计达10万元以上的；2、上级主管部门工作人员指使税务机关工作人员徇私舞弊不征、少征应征税款，致使国家税收损失累计达10万元以上的；……

（十五）徇私舞弊发售发票、抵扣税款、出口退税案（第四百零五条第一款）

……涉嫌下列情形之一的，应予立案：1、徇私舞弊，致使国家税收损失累计达 10 万元以上的；……

（十六）违法提供出口退税凭证案（第四百零五条第二款）

……涉嫌下列情形之一的，应予立案：1、徇私舞弊，致使国家税收损失累计达 10 万元以上的；……

（十八）违法发放林木采伐许可证案（第四百零七条）

……涉嫌下列情形之一的，应予立案：1、发放林木采伐许可证允许采伐数量累计超过批准的年采伐限额，导致林木被超限额采伐 10 立方米以上的；……

（二十三）放纵走私案（第四百一十一条）

……涉嫌下列情形之一的，应予立案：……2、因放纵走私致使国家应收税额损失累计达 10 万元以上的；3、放纵走私行为 3 起次以上的；……

（三十一）不解救被拐卖、绑架妇女、儿童案（第四百一十六条第一款）

……涉嫌下列情形之一的，应予立案：……3、对被拐卖、绑架的妇女、儿童不进行解救 3 人次以上的；……

（三十四）招收公务员、学生徇私舞弊案（第四百一十八条）

……涉嫌下列情形之一的，应予立案：……3、徇私舞弊招收不合格的公务员、学生 3 人次以上的；……

二、国家机关工作人员利用职权实施的侵犯公民人身权利、民主权利犯罪案件

（一）国家机关工作人员利用职权实施的非法拘禁案（第二百三十八条）

……涉嫌下列情形之一的，应予立案：……5、非法拘禁 3 人次以上的；……

（二）国家机关工作人员利用职权实施的非法搜查案（第二百四十五条）

……涉嫌下列情形之一的，应予立案：……4、非法搜查 3 人（户）次以上的；……

（三）刑讯逼供案（第二百四十七条）

……涉嫌下列情形之一的，应予立案：……6、刑讯逼供3人次以上的；……

（四）暴力取证案（第二百四十七条）

……涉嫌下列情形之一的，应予立案：……5、暴力取证3人次以上的；……

（五）虐待被监管人案（第二百四十八条）

……涉嫌下列情形之一的，应予立案：……5、殴打或者体罚虐待3人次以上的；……

九十三、《最高人民法院关于审理危害军事通信刑事案件具体应用法律若干问题的解释》（法释〔2007〕13号）

第二条 实施破坏军事通信行为，具有下列情形之一的，属于刑法第三百六十九条第一款规定的"情节特别严重"，以破坏军事通信罪定罪，处十年以上有期徒刑、无期徒刑或者死刑：……（三）破坏重要军事通信三次以上的；……